元脱脱等撰

宋史

第三二册

卷三四八至卷三六四（傳）

中華書局

宋史卷三百四十八

列傳第一百七

傅楫　沈畸 蕭服附　徐勣　張汝明　黃葆光　石公弼 張克公附

毛注　洪彥昇　鍾傳　陶節夫　毛漸　王祖道　張莊

趙遹

傅楫字元通，興化軍仙遊人。少自刻厲，從孫覺、陳襄學。第進士，調揚州司戶參軍，擢天長令，發擿隱伏，姦猾屛跡。轉福淸丞，知龍泉縣。孫覺爲御史中丞，語之曰：「朝廷欲用君，盍少留！」楫曰：「仕宦所以樂居中者，免外臺督責耳。今俯首權門，與外臺奚擇？且外官，己所當得也。」遂去不顧。

道除太學博士，居四年，未嘗一跡大臣門。旣滿，徑赴銓曹。楫丞福淸時，受知郡守曾鞏，鞏弟布方執政，由是薦爲太常博士。徽宗以端王就資善堂學，擇師傅爲說書，升楫記室參軍，進侍講、翊善。中人沿事于府者，多與宮僚狎，楫獨漠然不可親，一府嚴憚之。五年不遷。鄒浩得罪貶，楫以贐行免官。

徽宗即位，召爲司封員外郎，歷監察御史、國子司業、起居郎，拜中書舍人。時曾布當國，自以於楫有汲引恩，冀爲之用。楫略無所傾下，凡命令有不當，用人有未厭，悉極論之，雖屢卻不爲奪，布大失望。帝以舊學故，多所延訪，楫每以遵祖宗法度、安靜自然爲言。他日，李清臣勸帝清心省事，帝曰：「近臣中唯傅楫嘗道此。」

楫在朝歲餘，見時事寖異，竊歎曰：「禍其始此乎！」聞者甚之，楫笑曰：「後當信吾言。」遂上疏丐去，以龍圖待制知亳州〔一〕。卒，年六十一。帝念其藩邸舊臣，賜絹三百匹。

沈畸字德侔，湖州德清人。第進士，歷官州、縣。崇寧中，爲尚書議禮局編修官，召對，擢監察御史。畸至臺，欲有所論建，而六察無言事法，乃詣匭上十事，言花石擾民，土木弊國，冗費多，恩澤濫，議論異同，下情睽隔。其論當十、夾錫錢最爲剴當，略曰：「小錢之便於民，久矣。古者軍興用乏，或以一當百，至于當千，此權時之術，非可行於無事之世。今當十之議，固足紓目前，然使游手鼓鑄，無故有倍稱之息，何憚而不爲？雖日加斷斬，勢不可止。恐未能期歲，東南小錢輕，錢輕則物重，物重則民愈困，此盜賊所由起也。陝西舊無銅錢，故以夾錫爲貴，一切改鑄，則猶前日鐵錢耳。今東南方私鑄，又將使西北効之，是導民犯法也。」

進殿中侍御史。嘗經國子監門，有小內侍從數騎絕道突過，騶卒追問不爲止，臺檄諸司捕之不獲。畸曰：「風憲之地，可但已乎？」入言之，徽宗下內省跡治，竟抵罪。

蔡京興蘇州錢獄，欲陷章綖兄弟，遣開封尹李孝壽、御史張茂直鞫之。株逮至千百，強抑使承盜鑄罪，死者甚衆，京猶以爲緩。帝獨意其非辜，遣畸及御史蕭服往代。京將啖以顯仕，白爲左正言，又擢侍御史。畸至蘇，卽日決釋無左證者七百人，歎曰：「爲天子耳目司，而可傅會權要，殺人以苟富貴乎？」遂閱實平反以聞。京大怒，削畸三秩，貶監信州酒稅，未幾，卒。既而獄事竟，復羈管明州。使者持敕至家，將發棺驗實，畸子濬泣訴，乃止。建炎初，贈龍圖閣直學士。濬官至右正言。

蕭服字昭甫，廬陵人。第進士，調望江令，治以教化爲本。訪古跡，得王祥臥冰池、孟宗泣筍臺，皆爲築亭。又刻唐縣令鞠信陵文于石，俾民知所嚮。已而邑人朱氏女刲股愈母疾，人頌傳之，以爲治化所致。知高安縣，尉獲凶盜，獄具矣，服審其辭，疑之，且視其刀室不與刃合，頃之而殺人者得，四蓋平民也。徙知康州，未行，改親賢宅教授。提舉淮西常平，召爲將作少監。

以使事得入對，論人主聽言之要，以謂唐、虞盛世，猶畏巧言而聖讒說。纚纚數百言，徽宗謂有爭臣風，擢監察御史。奉詔作崇寧備官記，帝稱善，詔輔臣曰：「服文辭勁麗，宜居翰苑。朕愛其鯁諤，顧臺諫中何可闕此人？」俄偕沈畸使鞫獄，坐羈管處州，踰歲得歸。張商英當國，引爲吏部員外郎。送遼使，得疾於道，遂致仕。旣愈，還舊職，以父老，得請知蘄州。卒，年五十六。

徐勣字元功，宣州南陵人。舉進士，調吳江尉，選桂州教授。王師討交趾，轉運使檄勣從軍。餉路瘴險，民當役者多避匿，捕得千餘人，使者使勣杖之，勣曰：「是固有罪，然皆飢羸病乏，不足勝杖，姑涅臂以戒，亦可已。」使者怒，欲并劾勣，勣力爭不變，使者不能奪。郭逵宿留不進，勣謂副使趙卨曰：「師出淹時，而主帥無討賊意，何由成功？」因具蠻人情狀疏于朝，謂斷者人主之利器，今諸將首鼠不進，惟斷自上意而已。旣而逵、卨果皆以無功貶。

舒亶聞其名，將以御史薦，勣惡亶爲人，辭不答。求知建平縣，入爲諸王宮教授，通判通州。瀕海有捍隄，廢不治，歲苦漂溺。勣躬督防卒護築之，隄成，民賴其利。復教授廣陵、申王院，改諸王府記室參軍。哲宗見其文，論獎之，欲俟滿歲以爲左右史，未及用。

徽宗立，擢寶文閣待制兼侍講，遷中書舍人，修神宗史。時紹聖黨與尙在朝，人懷異意，以沮新政。帝謂勣曰：「朕每聽臣僚進對，非詐則諛；惟卿鯁正，朕所倚賴。」因論擇相之難，云已召范純仁、韓忠彥。勣頓首賀曰：「得人矣！」詔與蔡京同校五朝寶訓。勣不肯與京聯職，固辭；奏京之惡，引盧杞爲喻。遷給事中、翰林學士。上疏陳六事：曰時要，曰任賢，曰求諫，曰選用，曰破朋黨，曰明功罪。

國史久不成，勣言：「神宗正史，今更五閏矣，未能成書。蓋由元祐、紹聖史臣好惡不同，范祖禹等專主司馬光家藏記事，蔡京兄弟純用王安石日錄，各爲之說，故論議紛然。當時輔相之家，家藏記錄，何得無之？臣謂宜盡取用，參訂是非，勒成大典。」帝然之，命勣草詔戒史官，俾盡心去取，毋使失實。

帝之初政，銳欲損革新法之害民，曾布始以爲然，已乃密陳紹述之說。帝不能決，以問勣，勣曰：「聖意得非欲兩存乎？今是非未定，政事未一，若不考其實，姑務兩存，臣未見其可也。」又因論棄湟州，請「自今勿妄興邊事，無邊事則朝廷之福，有邊事則臣下之利。自古失於輕舉以貽後悔，皆此類也。」

勔與何執中偕事帝於王邸，蔡京以宮僚之舊，每曲意事二人，勔不少降節。謁歸視親病，或言翰林學士未有出外者，帝曰：「勔謁告歸爾，非去朝廷也，奈何輕欲奪之！」俄而遭憂。京入輔，執中亦預政，擿勔行章惇詞，以爲詆先烈。服闋，以主管靈仙觀，入黨籍中。起知江寧府，言者復論爲元祐姦朋，必不能推行學政，罷歸。

大觀三年，知太平州。召入覲，極論茶鹽法爲民病，帝曰：「以用度不足故也。」對曰：「生財有道，理財有義，用財有法。今國用不足，在陛下明詔有司，推講而力行之耳。」帝曰：「不見卿久，今日乃聞嘉言。」加龍圖閣直學士，留守南京。

蔡京自錢塘召還，過宋見勔，微言撼之曰：「元功遭遇在伯通右，伯通旣相矣。」勔笑曰：「人各有志，吾豈以利祿易之哉？」京慙不能對，勔亦終不復用。以疾，除顯謨閣學士致仕。卒，年七十九。贈資政殿學士、正奉大夫。勔挺挺持正，尤爲帝所禮重，而不至大用，時議惜之。

張汝明字舜文，世爲廬陵人，徙居眞州。兄侍御史汝賢，元豐中以論尙書左丞王安禮，與之俱罷。未幾，卒。汝明少嗜學，刻意屬文，下筆輒千百言。入太學，有聲一時。國子司業黃隱將以子妻之，汝明約無飾華侈，協力承親歡，然後受室。

登進士第，歷衞眞、江陰、宜黃、華陰四縣主簿，杭州司理參軍，亳州鹿邑丞。母病疽，更數醫不効，汝明刺血調藥，傅之而愈。江陰尉貧且病，市物不時予直，部使者欲繩以法，汝明爲鬻槖中裝，代償之。華陰修嶽廟，費鉅財窘，令以屬汝明。汝明嚴與爲期，民德其不擾，相與出力佐役，如期而成。他廟非典祀、妖巫憑以惑衆者，則毀而懲其人。滯州縣二十年，未嘗出一語干進，故無薦者。

大觀中，或言其名，召寘學制局，預考貢士，去取皆有題品。值不悅者誣以背王氏學，詔究其事，得所謂去取錄，徽宗覽之曰：「考校盡心，寧復有此？」特改宣教郎。

擢監察御史。嘗攝殿中侍御史，即日具疏劾政府市恩招權，以蔡京爲首。帝獎其介直。京頗憚之，徙司門員外郎，猶虞其復用，力排之，出通判寧化軍。地界遼，文移數往來，汝明名觸其諱，遼以檄暴於朝。安撫使問故，衆欲委罪於吏，汝明曰：「詭辭欺君，吾不爲也。」坐責監壽州廨步場。遇赦，簽書漢陽判官。田法行，受牒按境內。時主者多不親行，汝明使四隅日具官吏所至，而躬臨以閱實，雖雨雪不渝，以故吏不得通賕謝，而稅均於一路最。晚知岳州，屬邑得古編鍾，求上獻。汝明曰：「天子命我以千里，懼不能仰承德意，敢越職以幸賞乎？」卒於官，年五十四。

汝明事親孝，執喪，水漿不入口三日，日飯脫粟，飲水，無醯鹽草木之滋。寖病羸，行輒踣。夢父授以服天南星法，用之，驗，人以爲孝感。汝明學精微，研象數，貫穿經史百家，所著書不蹈襲前人語，有易索書、張子卮言、太究經傳於世。

黃葆光字元暉，徽州黟人。應舉不第，以從使高麗得官，試吏部銓第一，賜進士出身。由齊州司理參軍爲太學博士，遷祕書省校書郎，擢監察御史、左司諫。始涖職，卽言：「三省吏猥多，如遷補、升轉、奉入、賞勞之類，非元豐舊制者，其大弊有十，願一切革去。」徽宗卽命釐正之，一時士論翕然。而蔡京怒其異己，密白帝，請降御筆云：「當豐亨豫大之時，爲衰亂減損之計。」徙葆光符寶郎。省吏醵錢入寶籙宮，作千道齋報上恩，帝思其忠，明年，復拜侍御史。

遼人李良嗣來歸，上平夷書規進用，擢祕書丞。葆光論其五不可，大概言「良嗣凶黠忿鷙，犯不赦之罪於鄰國，逃命逭死，妄作平夷等書，萬一露泄，爲患不細。中祕圖書之府，豈宜以罪人爲之？宜厚其祿賜，寘諸畿甸之外。」又言：「君尊如天，臣卑如地。剛健者君之德，而其道不可屈；柔順者臣之常，而其分不可亢。苟致屈以求合，則是傷仁，非所以馭下也；苟矯亢以求伸，則是犯分，非所以尊君也。」帝感悟，命近臣讀其奏於殿中。

自崇寧後，增朝士，兼局多，葆光以爲言。乃命蔡京財定，京陽請一切廢罷，以激怒士大夫。葆光言：「如禮制局詳議官至七員、檢討官至十六員，製造局至三十餘員，豈不能省去一二，上副明天子之意？」時皆壯之。

政和末，歲旱，帝以爲念。葆光上疏曰：「陛下德足以動天，恩足以感人，檢身治事，常若不及，而不能感召和氣，臣所以不能無疑也。蓋人君有屈己逮下之心，而人臣無歸美報上之意者，能致陰陽之變；人君有慈惠惻怛之心，而人臣無將順欽承之意者，能致陰陽之變。陛下恭儉敦朴以先天下，而太師蔡京侈大過制，非所以明君臣之分；陛下以紹述爲心，而京所行乃背元豐之法，彊悍自專，不肯上承德意。太宰鄭居中、少宰余深依違畏避，不能任天下之責。此天氣下而地不應，大臣不能尙德以應陛下之所求者如此。」疏入不報。

且欲再上章，京權勢震赫，舉朝結舌，葆光獨出力攻之。京懼，中以它事，貶知昭州立山縣。又使言官論其附會交結，泄漏密語，詔以章揭示朝堂，安置昭州。京致仕，召爲職方員外郎，改知處州。州當方臘殘亂之後，盡心牧養，民列上其狀。加直祕閣，再任，卒，年五十八，州人祠之。

葆光善論事，會文切理，不爲橫議所移，時頗推重。本出鄭居中門，故極論蔡京無所顧，然其他不能不迎時好。方作神霄萬壽宮，温州郭敦實、泗州葉點皆坐是得罪。葆光遂疏建昌軍陳井、秀州蔡崈、岳州傅惟肖、祁門令葛長卿不即奉行制書，存留僧寺形勝、佛像，及決罰道流，乞第行竄黜，遂悉坐停廢，議者尤之。

石公弼字國佐，越州新昌人。登進士第，調衞州司法參軍。淇水監牧馬逸，食人稻，爲田主所傷。時牧法至密，郡守韓宗哲欲坐以重辟。公弼當此人無罪，宗哲曰：「人傷官馬，奈何無罪？」公弼曰：「禽獸食人食，主者安得不禦，禦之豈能無傷？使上林虎豹絕檻害人，可無殺乎？今但當懲圉者，民不可罪。」宗哲怒，以屬吏。既而使者來慮囚，如公弼議。獲嘉民甲與乙鬥，傷指；病小愈，復與丙鬥，病指流血死。郡吏具獄，兩人以他物傷人，當死。公弼以爲疑，駮而鞫之，乃甲捽丙髮，指脫瘕中風死，非由擊傷也。兩人皆得免。

章惇求太學官，或薦公弼，使往見。謝曰：「丞相資侮人，見者阿意苟容，所不忍也。」再調漣水丞。供奉高公備綱舟行淮，以溺告。公弼曰：「數日無風，安有是？」使尉覈其所載，錢失百萬。呼舟人物色之，乃公備與寓客妻通，殺其夫，畏事覺，所至竊官錢賂其下，故詭爲此說。即收捕窮治，皆服辜。

知廣德縣，召爲宗正寺主簿。入見，言：「朝廷比日所爲，直詞罕聞，頌聲交至，未有爲陛下廷爭可否者。願崇忠正以銷諛佞，通諫爭以除壅蔽。」徽宗善之。擢監察御史，進殿中侍御史。三舍法行，士子計等第，頗事告訐。公弼言：「設學校者，要以仁義漸摩，欲人有士君子之行。顧使之相告訐，非所以建學本意也。」又言：「删定敕令官、寺監丞簿，比多以執政近臣子弟爲之，未有資考，不習政事。請一切汰遣，以開寒畯之路。」從之。

由右正言改左司諫。論東南軍政之敝，以爲「有兵之籍，無兵之技。以太半之賦，養無用之兵，異日懼有未然之患。」其後睦盜起，如其言。太史保章正朱汝楫冒奉得罪，而內侍失察者皆不坐。公弼言：「是皆矯稱詔旨，安得勿論？請自今中旨雖不當覆者，亦令有司審奏。」

遷侍御史〔三〕。蘇杭造作局工盛，公弼陳擾民之害，請革技巧之靡麗者，稍罷進奉，帝納之。蔡京始與公弼有連，故因得進用，至是，意寖異，京忌焉。徙太常少卿，遷起居郎，兼定王、嘉王記室。故事，初至宮，例得金繒之賜二百萬，公弼辭不受。

大觀二年，拜御史中丞。執政言：「國朝未有由左史爲中執法者。」帝曰：「公弼嘗爲侍御史矣。」時斥賣元豐庫縑帛，賤估其直，許朝士分售，皆有定數，從官至二千匹。公弼得券，上還之。宰相有已取萬匹者，卽日反其故。

水官趙霆建開直河議，謂自此無水憂，已而決壞鉅鹿，法當斬。霆善交結，但削一官，猶爲太僕少卿。公弼論爲失刑，霆坐貶。京西轉運使張徽言欲因方田籍增立汝、襄、鄧三州稅，公弼以爲「方田之制，奠天下之地征，正欲均其賦耳，而徽言掊克重斂，民何以堪？」詔罷之。遂劾蔡京罪惡，章數十上，京始罷。又言吏員猥冗，戾元豐舊制。於是堂選歸吏部者數千員，罷宮廟者千員、都水知埽六十員，縣非大郡悉省丞，在京茶事歸之戶部，諸道市舶歸之轉運司，仕塗爲清。

京雖上相印，猶提舉修實錄。公弼復言：「京盤旋京師無去志，其餘威震於羣臣。願持必斷之決，以消後悔。」又因星變言之，竟出京杭州。及劉逵主國柄，公弼復論其廢紹述良法，啓用元祐邪黨學術，人以是知其非一意於正者。進兵部尚書兼侍讀。上疏言：「崇寧以來，臣下專務生事，開邊興利，營繕傜役，蹶民根本，因之飢饉。汴西挽運花石，農桑廢業，徒弊所有，以事無用。宜使之休息，以承天意。」

張商英入相，欲引爲執政，何執中、吳居厚交沮之。以樞密直學士知揚州。羣不逞爲俠於閭里，自號「亡命社」。公弼取其魁桀痛治，社遂破散。江賊巢穴菰蘆中，白晝出剽，吏畏不敢問。公弼嚴賞罰督捕，盡除之。改述古殿直學士、知襄州。蔡京再輔政，羅致其罪，責秀州團練副使，台州安置。踰年，遇赦歸。卒，年五十五。後三歲，復其官。

公弼初名公輔，徽宗以與楊公輔同名，改爲公弼云。

張克公字介仲，潁昌陽翟人。起進士。大觀中，爲監察御史，遷殿中侍御史。蔡京再相，克公與中丞石公弼論其罪，京罷，克公徙起居舍人。踰月，進中書舍人，改右諫議大夫。京猶留京師，會星文變，克公復論之，中其隱慝，語在京傳。京致仕，張商英爲相，與鄭居中不合。克公由兵部侍郎拜御史中丞，治堂吏訟，歸曲商英，且疏其罪十。商英罷，京復召，銜克公弗置。徽宗知之，爲徙吏部尚書。京欲以銓綜稽違中克公，既又擿其知貢舉事，帝以爲所取得人，不問也。居吏部六年，卒，贈資政殿學士。

毛注字聖可，衢州西安人。舉進士，知南陵、高苑、富陽三縣，皆以治辦稱。大觀中，御史中丞吳執中薦爲御史，詔賜對，未及而執中罷，注辭焉。徽宗固命之，既見，謂曰：「今士大夫方寡廉鮮恥，而卿獨知義命，故特召卿。」卽以爲主客員外郞，俄擢殿中侍御史。蔡京免相留京師，注疏其擅持威福，動搖中外，以葉夢得爲腹心，交植黨與。帝爲逐夢得，而遷注侍御史。遂極論京「受孟翊妖姦之書，與逆人張懷素游處，引凶朋林攄置政府，用所親宋喬年尹京。其門人播傳，咸謂陛下恩眷不衰，行且復用。」於是論者相繼，京遂致仕。

四年，彗再見，注又言：「臣累論蔡京罪積惡大，天人交譴，雖罷相致政，猶怙恩恃寵，偃居賜第，以致上天威怒。推原其咎，實在於京。考京之罪，蓋不可以縷數：陛下去黨碑以開自新之路，京疾其異己而別爲防禁；陛下頒明詔以來天下之言，京惡其議己而重致於法；以嚴刑峻罰脅持海內，以美官重祿交結人心，錢鈔屢更而商賈不行，邊事數興而國力大匱。聲焰所震，中外憤疾，宜早令去國，消弭災咎。」奏上，京始出居錢塘。

注復采當世之急務，曰省邊事，足財用，收士心，禁技巧。大概謂：「近年以來，邊民僥倖苟得：昔所入貢者，今必城爲郡縣；昔所羈縻者，今盡納其土疆。以內地金帛，而事窮荒不可計之費。今黔南已有處分，如夔、渝新邊，宜在裁省。運鹽昔主於漕計，今移於它司；常平昔積於外州，今輸於都下。經費安得不匱，財貨何以轉移？願詔有司，悉講復元豐舊制。湯之遭旱，以士失職爲辭。今學校養士，蓋有常額，額外之人，不復可預教養，歲貢之餘，略無可進之地。願留貢籍三分，暫存科舉，以待學外之士，使無失職。東南造作奇玩、花石綱舟，與後苑工徒、京城營繕，並宜暫罷，以抑末敦本。凡此，皆聖政之所當先，人心悅則天意解矣。」注所論切於世務類此。

遷左諫議大夫。張商英爲相，言者攻之力，注亦言其無大臣體，然訖以與之交通，罷提舉洞霄宮，居家數歲，卒。建炎末，追復諫議大夫。

洪彥昇字仲達，饒州樂平人。登第，調常熟尉。奉母之官，既至，前尉欲申期三月以規薦，而中分奉入。彥昇處僧舍，卻奉不納，如約，始交印。歷郴州判官，簽書鎮東軍節度判官。

彥昇嘗辟廣西經略府，或稱其才，擢提舉常平。御史中丞石公弼薦新提舉廣西學事幸義可御史，及陛辭，適與同日，徽宗兩留之，遂爲監察御史，遷殿中侍御史。彥昇孤立，任言責閱五年，論：「蔡京再居元宰，假紹述之名，一切更張，敗壞先朝法度，朋姦誤國，公私困弊。既已上印，而偃蹇都城，上憑眷顧之恩，中懷跋扈之志。願早賜英斷，遣之出京。」「何執中緣潛邸之舊，德薄位尊，當軸處中，殊不事事，見利忘義，唯貨殖是圖。願解其機政，以全晚節。」「呂惠卿與張懷素厚善，序其所注般若心經云：『我遇公爲黃石之師。』且張良師黃石之策，爲漢祖定天下，惠卿安得輒以爲比？」他如鄧洵仁、蔡嶷、劉拯、李孝稱、許光凝、許幾、盛章、李譓、任熙明之流，皆條摭其過，一不爲回隱。

右僕射張商英與給事中劉嗣明爭曲直，事下御史。彥昇蔽罪商英，商英去。又累疏抨郭天信以談命進用，交結竄斥；因請禁士大夫毋語命術，毋習釋教。

先是，詔諸道監司具法令未備，若未便於民者，久而弗上。彥昇言：「吏狃於勢，隨時俯仰，不能上承德音，因緣爲姦者衆。有因追科而欲害熙寧保伍之法，因身丁而故搖崇寧學校之政；省事原情，當有勸沮。宜遣官編彙，辨其邪正，以行賞罰。」皆從之。遷給事中。嘗謁告一日，而張商英復官之旨經門下，言者以爲顧避封駁，出知滁州。尋加右文殿修撰，進徽猷閣待制，知吉州。久之，知潭州，未行，卒，年六十三。贈太中大夫。

論曰：蔡京用事，焱燄熾然，其勢莫敢遏。此數子者，迺力數其罪而連攻之，似矣。然葆光、克公主鄭居中，公弼、注朋張商英，皆非端直士也。若楫先見，畸、服不阿，汝明不欺，彥昇孤立，其賢乎！唯勸宮邸舊學，人望攸屬，而不使躋政地；至京則暫罷亟起，始終倚任焉。善善而不能用，惡惡而不能去，徽宗以之，此齊桓公所以嗤於郭亡也。

鍾傳字弱翁，饒州樂平人。本書生，用李憲薦，爲蘭州推官。坐對獄不實，羈管郴州。紹聖中，章惇興邊事，奏還其官。得入對，爲哲宗言：「兵貴智而不貴力，夏衆夥而勇，難以一舉滅。但當擇城險要，以正不朝削地之法，坐待其斃。」帝然之，命幹當熙河、涇原、秦鳳三路公事。

夏人陷金明，渭帥毛漸出兵攻其沒煙砦，傳合擊破之，又與熙州王文郁進築安西城〔三〕，論功加祕閣校理。章楶帥渭，命傳所置將苗履統衆會涇原之靈平，夏人悉力來拒，傳步騎二萬，出不意造河梁以濟師，遂作金城關，又獻白草原捷，遷進集賢殿修撰、知熙州。傳自始仕至此，僅再歲。遂擅帥熙、秦騎四萬出塞，無功而還。惇方主其議，不加罪。

初，傳請合三路兵從青南訥心或顛耳關築天都城，以包淺井、乩囉、和市。工既集，復言水源不壯，不可興役。朝論以所奏乖異，將罷傳，曾布爲言，但褫職。俄而白草原詐增首虜事覺，責監永州稅，再貶連州別駕。崇寧中，復起知河中府，歷鄆、瀛、渭三州，擢顯謨閣待制。建言：「河南要地，靈武爲根本。其西十五州，六爲王土。其東由淸遠距羅山走靈州不及百里，夏以五監軍統焉。若選將簡師先擊之，以趨韋州，可斷其右臂。徐當拊納離畔，漸規進取，訖城蕭關，可斷其左臂。」乃條上十四事，未報。

詔諸道進討，傳遣將折可適領銳騎出蕭關，至靈州川，有功。進龍圖閣直學士。會別將高永年沒於西，而可適遇雨失道，爲虜所乘，乃班師。傳以稽違逗撓，黜知汝州，奪學士。未幾，復爲杭州、眞定、永興、太原、延安府，以故職卒。贈端明殿學士。傳從布衣致通顯，所行事大氐欺妄，故屢起屢僨云。

陶節夫字子禮，饒州鄱陽人，晉大司馬侃之裔也。第進士，起家爲廣州錄事參軍。楊元寇暴山谷間，捕繫獄，屢越以逸，且不承爲盜，既累年。節夫詰以數語，元即吐服，將適市，與諸囚訣曰：「陶公長者，雖死可無憾。」知新會縣，廣守章楶重其材，楶帥涇原，辟入府。崇寧初，爲講議司檢討官，進虞部員外郎，遷陝西轉運副使，徙知延安府。以招降羌有功，加集賢殿修撰。築石堡等四城。石堡以天澗爲隍，可趨者唯一路，夏人窖粟其間，以千數。既爲宋有，其酋驚曰：「漢家取我金窟堝！」亟發鐵騎來爭。節夫分部將士遮禦之，斬獲統軍以下數十百人。夏人度不可得，斂兵退。連擢顯謨閣待制、龍圖閣直學士。

方議城銀州，諜告夏人已東。節夫料必西趨涇原，官屬不肯從。節夫曰：「吾計之熟矣。」乃遣裨將耿端彥疾驅至銀州，五日城成，夏人果從涇原至，則城備已固，遂遁去。進樞密直學士。

節夫在延安日久，蔡京、張康國從中助之，故唯京意是徇。夏人欲款塞，拒弗納。放牧者執殺之，夏人怨怒，大入鎮戎軍，殺鹵數萬口。節夫尋領經制環慶、涇原、河東邊事，言：「今既得石堡，又城銀州，西夏洪、宥皆在吾顧盼中。橫山之地，十有七八，興州巢穴淺露，直可以計取。」遂陳取興、靈之策。加龍圖閣學士。會朝廷罷經制司，且棄所城地，節夫乃求內郡。徙洪州，改江寧府，歷青秦二州、太原府。

羣盜李勉起遂州、北平之間，河東、河北騷動，兩路帥臣、憲臣皆罪去，至出臺郎督捕之。節夫請悉罷所遣兵，卒以計獲勉。坐上疏乞留本道兵勿移戍，降爲待制知永興軍，數月，卒。追復龍圖閣學士。

毛漸字正仲，衢州江山人。第進士，知寧鄉縣。熙寧經理五溪，漸條利害以上察訪使，使者諉以區畫，遂建新化、安化二縣。漸用是得著作佐郎、知安化縣。召爲司農丞，提舉京西南路常平。

元祐初，知高郵軍，遷廣東轉運判官。渠陽蠻擾邊，近臣言漸習知蠻事，徙荊湖北路轉運判官。時朝廷議棄地，漸曰：「蠻徭畔服不常，非稍威以兵，未易懷德。今一犯邊卽棄地，非計也。」不報。渠陽既棄，蠻復大入鈔略，覆官軍，荆土爲大擾。

漸歷提點江西刑獄、江東兩浙轉運副使。浙部水溢，詔賜緡錢二百萬以振之。漸言：「數州被害卽捐二百萬，儻仍歲如之，將何以繼？」乃案錢氏有國時故事，起長安堰至鹽官，徹淸水浦入于海；開無錫蓮蓉河，武進廟堂港，常熟疎涇、梅里入大江；又開崐山七耳、茜涇、下張諸浦，東北道吳江，開大盈、顧匯、柘湖，下金山小官浦以入海。自是水不爲患。

加集賢校理，入爲吏部右司郎中。以祕閣校理爲陝西轉運使，攝渭、秦、熙三州。未幾，復攝帥涇原。日夜治兵，乘夏人犯邊，遣將擣其虛，遂破沒煙砦。進直龍圖閣、知渭州，命下，卒，年五十九。優贈龍圖閣待制。

王祖道字若愚，福州人。第進士，又舉制科，會罷，調韓城尉，知松陽、白馬二縣。爲司農丞、監察御史。數言事，以論樞密承旨張誠一試補吏挾私、延州呂惠卿遣禁卒餽徐禧公使物非是，改司封員外郎、知汀、泉、福三州。歷使諸路，入爲戶部、吏部員外郎，左司諫。言陝西兵未可減，徽宗謂其論事無足行，依阿苟容，出知海州。拜祕書少監，再爲福州。加直龍圖閣、知桂州。

蔡京開邊，祖道欲乘時徼富貴，誘王江酋楊晟免等使納土，夸大其辭，言：「向慕者百二十峒、五千九百家、十餘萬口，其旁通江洞之衆，尙未論也。王江在諸江合流之地，山川形勢，據諸峒要會，幅員二千里。宜開建城邑，控制百蠻，以武臣爲守，置溪峒司主之。」詔以爲懷遠軍，且頒諸司使至殿侍軍將告命，使第補其首領。置二砦，爲立學。

又言：「黎人爲患六十年，道路不通。今願爲王民，得地千五百里。」遂以安口隘爲允州，中古州地爲格州，增提舉溪峒官三員。又言覊縻知地州羅文誠、文州羅更晏、蘭州韋晏鬧、那州羅更從皆內附，請於黎母山心立鎭州，爲下都督府，賜軍額曰靜海，知州領海南安撫都監，徙萬安軍於水口。南丹州莫公佞獨拒命，發兵討擒之，遂築懷遠軍爲平州，格州爲從州，南丹爲觀州，幷允、地、文、蘭、那五州置黔南路。擢祖道顯謨閣待制，進龍圖閣直學士。

召爲兵部尙書，未行，與融州張莊謀，使莊奏言海南一千二十峒皆已團結，所未得者百七十峒，今黎人款化，則未得者才十之一耳。於是猺、黎渠帥不勝忿，蜂起侵剽，圍新萬安軍及觀州，殺官吏。初，祖道徙城時，言黎人伐木助役。及是詔問，不能對。京芘之，猶除端明殿學士、知福州，復以刑部尙書召。大觀二年，卒，贈宣奉大夫。

祖道在桂四年，厚以官爵金帛挑諸夷，建城邑，調兵鎮戍，輦輸內地錢布、鹽粟，無復齊限。地瘴癘，戍者歲亡什五六，實無尺地一民益於縣官。蔡京既自以爲功，至謂：「混中原風氣之殊，當天下輿圖之半。」祖道用是超取顯美。張商英爲相，治其誕罔，追貶昭信軍節度副使。京再輔政，復還之。然其所創名州縣，不旋踵皆罷。是後龐恭孫、張莊、趙遹、程鄰皆以拓地受上賞，大氐皆規模祖道。祖道起冗散，驟取美官，而朝廷受其敝云。

張莊，應天府人也。元豐三年，擢進士第。歷提舉司、講議司檢討官，出提舉荆湖、夔州等路香鹽事。改提舉荆湖北路常平、本路提點刑獄，進龍圖閣直學士、廣南西路轉運副使。王祖道既請立朱崖諸州縣，徙萬安軍，詔莊按覆相度，實與祖道相表裏。祖道召爲兵部尚書，授莊集賢殿修撰、知桂州。祖道既留，以莊知融州。已而祖道徙福州，莊復知桂州。奏：「安化上三州一鎭地土，及恩廣監洞蒙光明、落安知洞程大法、都丹團黃光明等納土，共五萬一千一百餘戶，二十六萬二千餘人，幅員九千餘里。」尋又奏：「寬樂州、安沙州、譜州、四州、七源等州納土，計二萬人，一十六州、三十三縣、五十餘峒，幅員萬里。」蔡京帥百官表賀，進莊兼黔南路經略安撫使、知靖州。

王子武者，惠恭皇后族子也。靖州界接平、允、從三州，子武欲通之，因請復元祐所棄渠陽軍。渠陽既城，迺上言：「湖北至廣西，繇湖南則迂若弓背，自渠陽而往，猶弓弦耳。」因以利啗諸蠻使納土，立里堠。莊忌之，且欲蠻之多屬廣西爲己功，因誘復水蠻石盛唐毁其烽表、橋梁。渠陽蠻酋楊惟聰請討之，子武以聞，朝議謂其生事，罷子武。

未幾，安化蠻納土，莊遣黄忱往築州城。忱，蠻將也，知蠻情僞，力言不可。莊怒，遣忱護築溪州，別遣胡超、儂昌等築安化城，果爲蠻所拚，超等沒者幾千人。中書舍人宇文粹中言：「祖道及莊擅興師旅，啓釁邀功，妄言諸蠻效順，納款得地。當時柄臣攬爲綏撫四夷之功，奏賀行賞，張皇其事。自昔欺君，無大於此。」朝廷既追貶祖道，莊責舒州團練副使，永州安置，再貶連州，移和州。

起知荆南府，徙江寧。復進徽猷閣直學士，歷知涓亳襄州、鎭江東平府。宣和六年，坐繕治東平城不加功輒復摧圮，降兩官，提舉嵩山崇福宮。卒，贈宣奉大夫。

趙遹，開封人。大觀初，以發運司勾當公事爲梓州路轉運司判官。瀘、戎諸夷納土，命遹相置，以建立純州縣、呰劳，加直祕閣。升轉運副使，俄授龍圖閣直學士，爲正使。

政和五年，晏州夷酋卜漏反，陷梅嶺堡，知砦高公老遁。公老之妻，宗女也，常出金玉器飲卜漏等酒，漏心豔之。會瀘帥賈宗諒以斂竹木擾夷部，且誣致其酋斗箇旁等罪，夷人咸怨。漏遂相結，因上元張燈襲破砦，虜公老妻及其器物，四出剽掠。遹行部昌州，聞之，倍道趣瀘州。賊分攻樂共城、長寧軍、武寧縣，宗諒皆遣將拒卻之。已而樂共城監押潘虎，誘殺羅始党族首領五十人，其族蠻憤怒，合漏等復攻樂共城。遹并劾之，詔斬虎，罷宗諒，代以康延魯，而聽遹節制。遹陰有專討意，兵端益大矣。於是詔發陝西軍、義軍、土軍、保甲三萬人，以遹爲瀘南招討使。遹與別將馬覺、張思正分道出，期會于晏州。思峨州近而固，遹遣王育先破之，村囤諸落相繼而克，因其積穀食士卒。

既抵晏州，覺、思正各以兵來會。漏據輪縛大囤，其山崛起數百仭，林箐深密，夷奔潰者悉赴之。乃壘石爲城，外樹木柵，當道穿阬阱，仆巨枿，布渠荅，夾以守障，俯瞰官軍。矢石所中皆靡碎，遹軍不能進。間從巡檢种友直、田祐恭按視，其旁山崖壁特峭絕，賊恃之無守備。遹欲襲取，命友直、祐恭軍其下，而身當賊衝，番軍迭攻之。未旦，鼓而進，迨夕則止，賊并力拒戰，不得息。

友直所部多思、黔土丁，習山險，而山多生猱，遹遣土丁捕之。伐去蒙密，緣崩石挽藤葛而上，得猱數十頭，束麻作炬，灌以膏蠟，縛於猱背。暮夜，復遣土丁負繩梯登崖顚，酒縋梯引下，人人銜枚，挈猱蟻附而上。比雞鳴，友直、祐恭與其衆悉登，擁刀斧穿箐入。及賊柵，出火然炬，猱熱狂跳，賊廬舍皆茅竹，猱竄其上，火輒發，賊號呼奔撲，猱益驚，火益熾。官軍鼓譟破柵，遹望見火，麾軍躡雲梯攻其前。兩軍相應，賊擾亂，不復能抗，赴火墮崖死者不可計，俘斬數千人。卜漏突圍走，至輪多囤，追獲之。晏州平，諸夷落皆降，拓地環二千里。遹爲建城砦，畫疆畝，募人耕種，且習戰守，號曰「勝兵」。詔置沿邊安撫司，以轉運副使孫羲叟爲安撫使。高公老妻不辱而死，詔贈節義族姬。

加遹龍圖閣直學士、熙河蘭湟經略安撫使〔四〕。遹以疾請祠，不許。既入對，賜上舍出身，拜兵部尚書。遹與童貫有隙，力請去，以提舉醴泉觀兼詳定一司敕令。六年，出知成德軍，拜延康殿學士，賜其子永裔上舍出身、祕書省校書郎。

淶水人董才得罪亡命，因聚衆爲賊，攻敗城邑，遼人不能制。中山帥府陰與才通，誘使來歸，才尋爲遼所破，遂上書請取全燕以自效。王黼、童貫大喜，將許之，遹言不可。客或以沮朝廷密謀止遹，遹曰：「帥臣所部，封境雖異，事無異也。且論思獻納，侍從之職，遹今以侍從備帥臣，而眞定、中山邊接，隙苟一開，吾境得無事乎？」疏奏，上然之，乃斥還才書。才窮蹙，轉入河東。詔以問遹，遹復具疏極論其害。洎遹徙熙州，黼等卒納才，又慮遹過闕入見有所陳，趣使便道赴鎮。諸蕃聞遹至，相賀曰：「吾父來，朝廷眞欲無事矣！」爭出鉏耨，牛價爲頓高。

時議更陝西大鐵錢，價與銅錢輕重等。遹上言曰：「銅重鐵輕，自然之理，今反其理，民誰信之？以人奪天，雖厲其禁，終不可行也。」居數月，以疾乞致仕，命提舉嵩山崇福宮。起知中山、順昌、應昌府〔五〕。金人舉兵，召遹赴闕，尋卒。

永裔歷知眉州。言者論遹欺罔朝廷以軍功，永裔遂放罷。

論曰：夏人時蹈寇，逐之使出則已。章惇、蔡京故撓之用兵，塗邊人肝腦于地，以倖己功，不亦傎乎？諸蠻溪峒，茅瘴非人域，鵂𫛢與居，況無敢闖吾圉。京迺使祖道、張莊之徒鑿空爲功，舉中國重貲，棄諸不毛，而文飾姦慝，鋪張表賀，徽宗亦偃然受其欺。好大黷武之心一侈，而燕朔之謀作矣。詩曰：「池之竭矣，不云自頻；泉之竭矣，不云自中。」徽之耗內貪外，馴召禍敗，跡所從來，此其本也。嗚呼，可不戒哉！

校勘記

〔一〕亳州　原作「博州」，據編年綱目卷二六、汪藻浮溪集卷二六傅楫墓誌銘改。

〔二〕遷侍御史　「侍」字原脫，東都事略卷一〇五本傳作「侍御史」；下文也有「公弼嘗爲侍御史」語。據改。

〔三〕安西城　「安西」二字原倒，據本書卷一八哲宗紀、卷三五〇王文郁傳乙正。

〔四〕熙河蘭湟經略安撫使　「河」原作「州」。按宋代所建之路此時實名「熙河蘭湟」，見本書卷二〇徽宗紀、宋會要方域六之一，據改。

〔五〕應昌府　按宋代無「應昌府」，疑此有誤。

宋史卷三百四十九

列傳第一百八

郝質　賈逵　竇舜卿　劉昌祚　盧政　燕達　姚兕弟麟　子雄　古　楊遂(一)　劉舜卿　宋守約子球

郝質字景純，汾州介休人。少從軍，挽彊爲第一。充殿前行門，換供奉官，爲府州駐泊都監，主管麟府軍馬。與田朏將兵護軍須餽麟州，道遇西夏數千騎寇鈔，質先驅力戰，斬首，獲馬數百。又與朏行邊，至柏谷，敵塹道以阻官軍，質禦之於寒嶺下，轉鬥逐北，遂修復寧遠諸栅，以扼賊衝。宣撫使杜衍、安撫使明鎬連薦之，且條上前後功狀，超遷內殿承制、并代路都監。大名賈昌朝又薦爲路鈐轄。

使討貝州，文彥博至，命部城西面。河上有亭甚壯，彥博慮爲賊焚，遣小校藺千守，而質使千往他營庋戰具，千辭，質曰：「亭焚，吾任其責。」千去而亭焚。彥博將斬千，質趨至帳下曰：「千之去，質實使之，罪乃在質，願代千死。」彥博壯其義，兩釋之。質自此益知名。賊平，遷六宅使，歷高陽關、定州、幷代鈐轄，駐泊副都部署，龍神衞、捧日天武都指揮使，馬軍殿前都虞候，加領賀州刺史、英州團練、眉州防禦使。奉詔城豐州，進步軍副都指揮使、宿州觀察使。召還宿衞，改馬軍。英宗立，遷武昌軍節度觀察留後，加安德軍節度使，爲殿前副指揮使。神宗立，易節安武軍，爲都指揮使。元豐元年，卒，帝親臨其喪，贈侍中，謚曰武莊。

質御軍有紀律，犯者不貸，而享犒豐渥，公錢不足，出己奉助之。平居自奉簡儉，食不重肉，篤于信義。田朏不振而死，爲表揭前功，官其一孫。在幷州，與朝士董熙善，約爲婚姻。熙死，家貧無依，質已爲節度使，竟以女歸董氏。自爲官，不上伐閱，從微至貴，皆以功次遷云。

賈逵，眞定藁城人。隸拱聖爲卒，至殿前班副都知，換西染院副使。從狄青征儂智高，戰於歸仁驛。既陳，青誓衆曰：「不待令而舉者斬！」時左將孫節戰死，逵爲右先鋒將，私念所部兵數困易衄，兵法先據高者勝，苟復待命而賊乘勝先登，吾事去矣。卽日引軍趨山。

既定，賊至，逵麾衆馳下，仗劍大呼，斷賊爲二。賊首尾不相救，遂潰。逵詣青請罪，青拊其背勞謝之。邕州城空，青使逵入括公私遺墜，固辭。是時，將校多以搜城故匿竊金寶，獨逵無所犯。遷西染院使、嘉州刺史、秦鳳路鈐轄。

初，逵少孤，厚賂繼父，得其母奉以歸。至是，以母老辭，不許，而賜母冠帔。秦山多巨木，與夏人錯壤，逵引輕兵往采伐。羌酋馳至，畫地立表約決勝負。逵引弓連三中的，酋下馬拜伏，從逵取盈而歸。徙幷代路，專主管麟府軍馬。熟戶散處邊關，苦於寇略，逵差度遠近，聚爲二十七堡，次第相望，自是害乃息。畫鐵爲的，激種豪使射，久皆成勁兵。一夕，烽火屢發，左右白當起，逵臥不應。旦而謂人曰：「此必妄也。脫有警，可夜出乎？」徐問之，果邊人燭遺物也。復徙秦鳳，去之十日，而代者郭恩敗。朝廷以逵爲能，連擢捧日天武四廂都指揮使、馬步殿前都虞候，歷涇原、高陽關、鄜延路〔三〕副都總管，以利州觀察使入爲步軍副都指揮使。

都城西南水暴溢，注安上門，都水監以急變聞。英宗遣逵督護，亟囊土塞門，水乃止。議者欲穴隄以泄其勢，逵請觀水所行，諭居民徙高避水，然後決之。軍校營城外者，每常朝，即未曉啓門鑰，或輟朝失報，啓鑰如平時。逵言：「禁城當謹啓閉，不宜憑報者。」乃治鐵鑄「常朝」字，俾持以示信。

遷馬軍副都指揮使，復總鄜延兵。延州舊有夾河兩城，始，元昊入寇據險，城幾不能守。逵相伏龍山、九州臺之間可容窺覘，請於其地築保障，與城相望，延人以爲便。轉昭信軍節度觀察留後。逵言：「种諤處綏州降人於夷偏，初云萬三千戶，今乃千二百戶耳，逋逃之餘，所存纔八百。蕃漢兩下殺傷，皆不啻萬計。自延州運粟至懷寧，率以四百錢致一石。而緣邊居人，壯者但日給一升，罔冒何啻太半。諤徒欲妄興邊事以自爲功，不可不察也。」元豐初，拜建武軍節度使、殿前都指揮使。請不俟郊赦贈三世官，神宗曰：「逵武人，能有念親之志，其特聽之。」數月而卒，年六十九。贈侍中，謚曰武恪。

竇舜卿字希元，相州安陽人。以蔭爲三班奉職，監平鄉縣酒稅。有僧欲授以化汞爲白金之術，謝曰：「吾祿足養親，不願學也。」辟府州兵馬監押。夏人犯塞，舜卿欲襲擊，舉烽求援於大將王凱，凱弗應。舜卿度事急，提州兵出戰，勝之。明日，經略使問狀，凱懼，要以同出爲報。舜卿驩然相許，不自以爲功。爲青淄路都監。海盜行劫，執博昌鎭官吏，肆剽掠，舜卿募士三百，悉擒之。使契丹，主客馬祐言：「昔先公客省善射，君當傳家法。」置酒請射，舜卿發輒中。祐使奴持二弓示之，一挽皆折。

湖北蠻徭彭仕羲叛，徙爲鈐轄，兼知辰州。建請築州城，不擾而辦。帥師取富州，蠻將萬年州據石狗崖。舜卿選壯卒奮擊，蠻矢石交下，卒蒙盾直前，發強弩射，萬年州斃于崖下，遂拔之。左右欲盡勦其衆，舜卿不許，曰：「仕羲願內附，特爲此輩所脅，今死矣，何以多殺爲？」引兵入北江，仕羲降。擢康州刺史，加龍神衞、捧日天武四廂指揮使、馬軍殿前都虞候，三遷邕州觀察使，歷邠寧環慶路副都總管。熙寧中，十上章求退，且丐易文階。改刑部侍郎，提舉嵩山崇福宮。以光祿大夫致仕，再轉金紫光祿大夫。卒，年八十八。謚曰康敏。

劉昌祚字子京，眞定人。父賀，戰沒于定川。錄爲右班殿直，主秦州威遠砦。青唐〔三〕聚兵鹽井，經年不散。昌祚奉帥命往詰之，諸酋曰：「聞漢家欲取吾鹽井。」昌祚曰：「國家富有四海，何至與汝爭此邪？」與酋俱來，犒賚之，歡然帥衆去。遷西路都巡檢。使遼還，神宗臨試馳射，授通事舍人。夏人寇劉溝堡，昌祚領騎二千出援。虜伏萬騎於黑山而僞遁，卒遇之，戰不解。薄暮，大酋突而前，昌祚抽矢，一發殪之，餘衆悉遁。帥李師中上其功曰：「西事以來，以寡抗衆，未有如昌祚者。」知階州，討平毋家等族，又平疊州。轉作坊使，爲熙河路都監。

從王中正入蜀，破箄篥羌。加皇城使、榮州刺史、秦鳳路鈐轄，又加西上閤門使、果州團練使，知河州。元豐四年，爲涇原副都總管。王師西征，詔與總管姚麟率蕃漢兵五萬，受環慶高遵裕節制。令兩路合軍以出，旣入境，而慶兵不至。昌祚出胡盧川，次磨齊隘，夏衆十萬扼險不可前。昌祚挾兩盾先登，夏人小卻，師乘之，斬首千七百級。進次鳴沙川，取其窖粟，遂薄靈州。城未及闔，先鋒奪門幾入，遵裕馳遣使止之，昌祚曰：「城不足下，脫朝廷謂我爭功，奈何？」命按甲勿攻。是夕，慶兵始距城三十里而軍，遇敵接戰，昌祚遣數千騎赴之。遲明，賊已退，遂謁遵裕，遵裕訝應援之緩，有誅昌祚意。旣見，問下城如何，昌祚曰：「比欲攻城，以幕府在後未敢。前日磨齊之戰，夏衆退保東關，若乘銳破之，城必自下。」遵裕艴然，曰：「吾夜以萬人負土囊傅壘，至旦入矣。」怒未解，欲奪其兵付姚麟，麟不敢受，乃已。明日，遣昌祚巡營，凡所得馬糧，悉爲慶兵所取，涇師忿譟。遵裕圍城十八日，不能下，夏人決七級渠以灌遵裕師，軍遂潰。卽南還，復命涇師爲殿。昌祚手劍水上，待衆濟然後行，爲虜所及，戰退之。至渭州，粮盡，士爭入，無復行伍，坐貶永興軍鈐轄。

明年，復徙涇原，加龍、神衞四廂都指揮使，知延州。時永樂方陷，士氣不振，昌祚先修馬政，令軍中校技擊，優者乃給焉。自義合至德靖砦，綿亙七百里，堡壘疏密不齊，烽燧不相應。昌祚度屯戍險易、地望遠近、事力彊弱，立爲定式，上諸朝。夏人寇塞門、安遠砦，拒破之，殺其統軍葉悖麻、咩吪埋二人，蓋始謀攻永樂者。圖其形以獻。帝喜，遣近侍勞軍。哲宗立，進步軍都虞候、雄州團練使、知渭州，歷馬軍殿前都虞候。渭地宜牧養，故時弓箭手人授田二頃，有馬者復增給之，謂之「馬口分地」。其後馬死不補，而據地自若。昌祚按舉其法，不二年，耗馬復初。又括隴山閒田得萬頃，募士五千，別置將統之，勁悍出諸軍右。朝廷歸夏人四砦，昌祚以爲不可。再遷殿前副都指揮使、冀州觀察使、武康軍節度使。卒，年六十八。贈開府儀同三司，謚曰毅肅。

昌祚氣貌雄偉，最善騎射，箭出百步之外。夏人得箭以爲神，持歸事之。所著射法行於世。

盧政，太原文水人。以神衞都頭從劉平與夏人戰延州。虜薄西南隅，兵不得成列，政引數騎挑戰，發伏弩二百射卻之。日且暮，政說平曰：「今處山間，又逼汚澤，宜速退保後山，須明決鬥；不然，彼夜出，乘高覺我，何以禦之？」平不聽，遂敗。政脫身歸，黃德和誣平降賊，仁宗引政問狀，政言：「平被執，非降也。」因自陳失主將當死。帝義其言，赦之，以爲供奉官、德州兵馬監押。預討貝州，率勇敢數百人，飛縆絓堞而登，守者莫能亢，大軍乘之以入。遷內殿承制。南征儂智高，亦有功。歷秦鳳、高陽關都鈐轄。治平、熙寧中，爲捧日、天武四廂都指揮使，三衞都虞候、副都指揮使，涇原、定州、并代、眞定四路副都總管，累轉祁州團練、昌州防禦、黔州觀察使。拜武泰軍節度使，政時年七十五，氣貌不衰，侍立殿下，雖久無惰容，能上馬踊躍，觀者壯之。早朝暴卒，贈開府儀同三司。

燕達字逢辰，開封人。爲兒時，與儕輩戲，輒爲軍陳行列狀，長老異之。既長，容體魁梧，善騎射。以材武隸禁籍，授內殿崇班，爲延州巡檢，戍懷寧砦。夏人三萬騎薄城，戰竟日不決，達所部止五百人，躍馬奮擊，所向披靡。擢鄜延都監，數帥兵深入敵境，九戰皆以勝歸。囉兀之棄也，遣達援取戍卒輜重，爲賊所邀，且戰且南，失亡頗多。神宗以達孤軍遇敵，所全亦不爲少，累遷西上閤門使、領英州刺史，爲秦鳳副總管。討破河州羌，遂降木征。遷東上閤門使、副都總管，眞拜忠州刺史、龍神衞四廂都指揮使。

郭逵招討安南，爲行營馬步軍副都總管。入辭，神宗諭之曰：「卿名位已重，不必親矢石，第激勉將士可也。」達頓首謝曰：「臣得憑威靈滅賊，雖死何憚！」初度嶺，聞前鋒遇敵苦戰，欲往援，偏校有言當先爲家基然後進者，達曰：「彼戰已危，詎忍爲自全計。」下令敢言安營者斬。乃卷甲趨之，士皆自奮，傳呼太尉來，蠻驚潰，卽定廣源。師次富良江，蠻艤門舸於南岸，欲戰不得，達默計曰：「兵法致人而不致於人，吾示之以虛，彼必來戰。」已而蠻果來，擊之，大敗，乃請降。師還，拜榮州防禦使。以主帥得罪而獨蒙賞，乞同責，不聽。元豐中，遷金州觀察使，加步軍都虞候，改馬軍，超授副都指揮使。以訓閱精整，除一子閤門祗候。數被詔獎，進殿前副都指揮使、武康軍節度使。哲宗立，遷爲使，徙節武信。卒，贈開府儀同三司，謚曰毅敏。

達起行伍，喜讀書，神宗以其忠實可任，每燕見，未嘗不從容。嘗問：「用兵當何先？」對曰：「莫如愛。」帝曰：「威克厥愛可乎？」達曰：「威非不用，要以愛爲先耳。」帝善之。

姚兕字武之，五原人。父寶，戰死定川，兕補右班殿直，爲環慶巡檢。與夏人戰，一矢斃其酋，衆潰，因乘之，遂破蘭浪。敵大舉寇邊，諸砦皆受圍。兕時駐荔原堡，先羌未至，據險張疑兵，伺便輒出。有悍酋臨陣甚武，兕前射中其目，斬首還，一軍讙呼。明日，來攻益急，兕手射數百人，裂指流血。又遣子雄引壯騎馳掩其後，所向必克。敵度不可破，乃退攻大順城。兕復往救，轉鬬三日，凡斬級數千，卒全二城。慶軍叛，兕以親兵守西關，盜衆不得入而奔。兕追及，下馬與語，皆感泣羅拜，誓無復爲亂。

神宗聞其名，召入覲，試以騎射，屢中的，賜銀槍、袍帶。遷爲路都監，徙鄜延、涇原。從攻河州，飛矢貫耳，戰益力。河州旣得，又爲鬼章所圍，兕曰：「解圍之法，當攻其所必救。」乃往擊隴宗，圍遂解。累遷皇城使，進鈐轄。從攻交阯有功，領雅州刺史。破乞弟，領忠州團練使，進副總管，遷東上閤門使，徙熙河。與种誼合兵討鬼章於洮州，破六逋宗城，夜斷浮橋，援兵不得度，遂擒鬼章。眞拜通州團練使。卒於鄜延總管，贈忠州防禦使。

兕幼失父，事母孝，凡圖畫器用，皆刻「仇讎未報」字。力學兵法，老不廢書，尤喜顏眞卿翰墨，曰：「吾慕其人耳。」弟麟，亦有威名，關中號「二姚」。子雄、古。

麟字君瑞，兄兕攻河州時，俱在兵間。中矢透骨，鏃留不去，以彊弩出之，笑語自若。積功至皇城使，爲秦鳳副總管。從李憲討生羌，擒冷鷄朴。再轉東上閤門使、英州刺史。元豐西討，以涇原副總管從劉昌祚出戰，勝於磨哆隘。轉戰向鳴沙，趨靈州，而高遵裕敗還，降爲皇城使、永興軍路鈐轄，復爲涇原副總管。夏人修貢，且乞蘭會壤土，麟言：「夏人囚其主，王師是征。今秉常不廢，卽爲順命，可因以息兵矣。獨蘭會不可與。願戒將帥飭邊備，示進討之形，以絕其望。」從之。督諸將討堪哥平，經略使盧秉上其功狀，賜金帛六百。

元祐初，擢威州團練使、龍神衞四廂都指揮使，歷步軍殿前都虞候、步軍馬軍副都指揮使。紹聖三年，以建武軍節度觀察留後出知渭州。安燾請留之，曾布曰：「臣嘗訪麟禦邊之策及熙河疆域，俱不能知。願加敕儆，使之盡力。」韓忠彥曰：「奏對語言，非所以責此輩。」哲宗乃留麟不遣。尋拜武康軍節度使、殿前副都指揮使。王贍取青唐，麟以爲朝廷討伐方息肩，奈何復生此大患。已而贍果敗。徽宗立，進都指揮使，節度建雄、定武軍，檢校司徒。卒，帝詣其第臨奠，贈開府儀同三司。

麟爲將沈毅，持軍不少縱捨。宿衞士嘗犯法，詔釋之，麟杖之于庭而後請拒詔之罪，故所至肅然。

雄字毅夫，少勇鷙有謀，年十八卽佐父征伐。從討金湯，以百騎先登奪隘，又成荔原之功。韓絳薦其材，閱試延和殿。安南、瀘川之役，皆在軍行。歷涇原、秦鳳將，駐甘谷城，知通遠鎭戎軍、岷州，官累左騏驥使。紹聖中，渭帥章楶城平夏，雄部熙河兵策援，夏人傾國來，與之鏖鬥，流矢注肩，戰采厲，賊引卻，追躡大破之，斬首三千級，俘虜數萬。先五日，折可適敗於沒煙，士氣方沮，雄賈勇得雋，諸道始得并力。城成，擢東上閤門使、秦州刺史。

明年，虜攻平夏，勢銳甚，城幾不守。雄與弟古合兵卻之。徙知會州，領熙河鈐轄。王贍略地青唐，羌人攻湟、鄯，詔雄與苗履援之。邈川方急，雄適至，羌望見塵起，驚而潰。圍既解，遂趨鄯州。履後期乃至，贍言蘭溪宗有遺寇，宜席勝平之。履卽往，雄諫不聽，戒所部嚴備以待。俄而履師退，賊追及，雄整衆迎擊，破之，獻馘二千。哲宗遣中使持詔勞問，徙河州。种朴戰沒，王贍軍陷敵中，雄自鄯至湟，四戰皆捷，拔出之。遂築安鄉關，夾河立堡，以護浮梁，通湟水漕運，商旅負販入湟者，始絡繹於道。加復州防禦使。

建中靖國初，議棄湟州，詔訪雄利害。雄以爲可棄，遂以賜趙懷德，徙雄知熙州，進華州觀察使。蔡京用王厚復河湟，治棄地罪，停雄官，光州居住。三年〔四〕，得自便。後論爲責輕，復竄金州。明年，乃聽歸。高永年死，西寧諸戍阻絕，起雄權經略熙河、安輯復新邊使。知滄州，加捧日、天武四廂都指揮使，復爲熙州，遷安德軍節度觀察留後、步軍副都指揮使，拜武康軍節度使。召詣闕，爲中太一宮使。引疾納節鉞，改左金吾衞上將軍，又以武康節知熙州。熙河十八年間更十六帥，唯雄三至，凡六年。未幾，以檢校司空、奉寧軍節度使致仕。卒，贈開府儀同三司，謚武憲。

古亦以邊功，官累熙河經略。靖康元年，金兵逼京城，古與秦鳳經略种師中及折彥質、折可求等俱勤兵勤王。時朝命种師道爲京畿、河北路制置使，趣召之，師道與古子平仲先已率兵入衞。欽宗拜師道同知樞密院、宣撫京畿、河北、河東，平仲爲都統制。上方倚師道等卻敵，而种氏、姚氏素爲山西巨室，兩家子弟各不相下。平仲恐功獨歸种氏，忌之，乃以士不得速戰爲言，欲夜劫斡离不營。謀泄，反爲所敗。

既而議和，金兵退，詔古與种師中、折彥質、范瓊等領兵十餘萬護送之。粘罕陷隆德府，以古爲河東制置，种師中副之。古總兵援太原，師中援中山、河間諸郡。粘罕圍太原，內外不相通。古進兵復隆德府、威勝軍，阨南北關，與金人戰，互有勝負。太原圍不解，詔古與師中掎角，師中進次平定軍，乘勝復壽陽、榆次等縣。朝廷數遣使趣戰，師中約古及張灝兩軍齊進，而二人失期不至。師中回趨榆次，兵敗而死。金人進兵迎古，遇于盤陀，古兵潰，退保隆德。詔以解潛代之。古之屯威勝軍也，帳下統制官焦安節妄傳寇至以動軍情，既又勸古遁去，故兩郡皆潰。李綱召安節，斬于瓊林苑。中丞陳過庭奏古罪不可恕，詔安置廣州。

楊遂，開封人。善騎射，應募隸軍籍，從征貝州，穴城以入。賊平，功第一，補神衞指揮使。又從征儂蠻，數挑戰，手殺數十人，衆乘之而捷。擢萬勝都指揮使，遷榮州團練使、京城左廂巡檢。救濮宮火，英宗識其面，及卽位，以爲鄧州防禦使、步軍都虞候。歷環慶、涇原、鄜延三路副都總管，至馬軍副都指揮使，由容州觀察使拜寧遠軍節度、殿前副都指揮使。卒，贈侍中，謚曰莊敏。

遂初穴貝州城時，爲叛兵所傷，同行卒劉順救之，得免。及貴，順已死，訪恤其家甚至。故人妻子貧不能活者，一切收養之。人推其義。

劉舜卿字希元，開封人。父鈞，監鎭戎兵馬，慶曆中，與子堯卿戰死於好水。舜卿年十歲，錄爲供奉官，歷昌州駐泊都監。諭降瀘水蠻八百人，誅其桀驁者。知水洛城。神宗經略西邊，近臣薦其能，召問狀，對曰：「自元昊稱臣，秦中不復戒嚴。今宜先自治。」帝善之，命訓京東將兵。一年，入閤於內殿，帝歎曰：「坐作有度，其可用也。爾無忘世讎，勉思忠孝，期以盡敵。」舜卿泣謝，卽日加通事舍人。

環慶有警，詔帥長安兵赴之，乃單騎馳往慶州，至則難已解。知原州，改秦鳳鈐轄。襲擊西市城，先登有功，遷皇城副使。久之，知代州，加客省副使。遼遣諜盜西關鎖，舜卿密易舊鐍而大之。數日，虜以鎖來歸，舜卿曰：「吾未嘗亡鎖也。」引視，納之不能受，遂慚去，誅諜者。

轉西上閤門使、知雄州。始視事，或告契丹游騎大集，請甲以俟，舜卿不爲動，乃妄也。契丹繫州民，檄索之，不聽。會有使者至，因捕取其一以相當，必得釋乃遣。在雄六年，恩信周浹。

元祐初，進龍神衞四廂都指揮使、高州刺史、知熙州。夏人聚兵天都，連西羌鬼章青宜結，先城洮州，將大舉入寇，舜卿欲乘其未集擊之，會諸將議方略。使姚兕部洮西，領武勝兵合河州熟羌擣講珠城，遣人間道焚河橋以絕西援；种誼部洮東，由哥龍谷宵濟邦金川，黎明，至臨洮城下，一鼓克之，俘鬼章幷首領九人，斬馘數千計。遷馬軍都虞候，再遷徐州觀察使、步軍副都指揮使、知渭州。召還宿衞，未上道，卒，贈奉國軍節度使，謚曰毅敏。

舜卿知書，曉吏事，謹文法，善料敵，著名北州。

宋守約，開封酸棗人。以父任爲左班殿直，至河北緣邊安撫副使，遷知恩州。仁宗諭以亂後撫御之意，對曰：「恩與他郡等耳，而爲守者猶以反側待之，故人心不自安。臣願盡力。」徙益州路鈐轄，累遷文州刺史、康州團練使、知雄州，歷龍神衞、捧日天武都指揮使，馬步殿前都虞候。

入宿衞，遷洋州觀察使。衞兵以給粟陳譁譟，執政將付有司治，守約曰：「御軍安用文法！」遣一牙校語之曰：「天子太倉粟，不請何爲？我不貸汝。」衆懼而聽命。進步軍副都指揮使、威武軍留後。神宗以禁旅驕惰，爲簡練之法，屯營可併者併之。守約率先推行，約束嚴峻，士始怨終服。或言其持軍太急，帝密戒之，對曰：「臣爲陛下明紀律，不忍使恩出於臣，而怨歸陛下。」帝善之，欲擢寘樞府，宰相難之，乃止。故事，當郊之歲，先期籍士卒之兇悍者，配下軍以警衆，當受糧而倩人代負者罰，久而寖弛，守約悉舉行之。所居肅然無人聲，至蟬噪於庭亦擊去，人以爲過。涖職十年卒，年七十一。贈安武軍節度使，謚曰勤毅。

子球，以蔭幹當禮賓院。條秦、川券馬四弊，羣牧使用其議，馬商便之。再使高麗，密訪山川形勢、風俗好尙，使還，圖紀上之，神宗稱善，進通事舍人。帝崩，告哀契丹，至，則使易吉服，球曰：「通和歲久，憂患是同，大國安則爲之。」契丹不能奪。積遷西上閤門使、樞密副都承旨。爲人謹密，朝日所聞上語，雖家人不以告。卒於官。

論曰：自郝質至宋守約，皆悃直忠篤，爲一時名將。遭世承平，邊疆少警，擁節旄，立殿陛，高爵重祿，以壽考終，宜也。姚氏世用武奮，兕與弟麟並有威名，關中號「二姚」。兕之子雄，亦以戰功至節度使，而古竟以敗貶，其才否可見已。

校勘記

〔一〕楊遂　原作「楊燧」。按編年綱目卷一四記他從狄青出戰儂智高，本書卷一五神宗紀、長編卷二九六記他除寧遠軍節度使，宋會要儀制一一之一六記他贈侍中，都作「楊遂」。東都事略卷八四有楊遂傳，宋大詔令集卷一〇一有楊遂寧遠軍節度使殿前副都指揮使制和加恩制。據改。下文同。

〔二〕鄜延路　原作「麟延路」，按宋無此路名，本書卷八七地理志有鄜延路，東都事略卷八四本傳正作「鄜延路」，據改。

〔三〕青唐　原作「青塘」，按本書卷四九二吐蕃傳，青唐是吐蕃邈川大首領唃廝囉的居地，本卷姚麟、姚雄傳都載有此名；東都事略卷八四本傳記此事，正作「青唐」，據改。

〔四〕三年　承上文此當指建中靖國三年，但建中靖國無三年，長編紀事本末卷一三九繫此事於崇寧三年，此處失書「崇寧」紀元。

宋史卷三百五十

列傳第一百九

苗授 子履　王君萬 子贍　張守約　王文郁　周永清
劉紹能　王光祖　李浩　和斌 子詵　劉仲武　曲珍
劉闃　郭成　賈嵓　張整　張蘊　王恩　楊應詢　趙隆

苗授字授之，潞州人。父京，慶曆中，以死守麟州抗元昊者也。少從胡翼之學，補國子生，以蔭至供備庫副使。

王韶取鎮洮，授爲先鋒，破香子城，拔河府。羌雖敗，氣尙銳，輒圍香子以迎歸師。韶遣將田瓊救之，瓊死，乃簡騎五百屬授，授奮擊敗之。休士二日，羌復要於架麻平，注矢如雨，衆懼，授令曰：「第進毋恐！氊牌數百且至。」行前者傳呼，羌驚亂。力戰數十，斬首四千級。又破之於牛精谷，取珂諾城，盡得河湟地。

知德順軍，三遷西上閤門使。鬼章寇河州，詔授往，一戰克撒宗，論功第一，遂知州事。加四方館使、榮州刺史。從燕達取銀川，降木征，獻之京師，加引進使、果州團練使、涇原都鈐轄。

召使契丹，神宗勞之曰：「曩香子之役，非汝以寡擊衆，幾敗吾事。」以爲秦鳳副總管，徙熙河，復知河州。副李憲討生羌於露骨山，斬首萬級，獲其大酋冷雞朴，羌族十萬七千帳內附，威震洮西。拜昌州團練使、龍神衞四廂都指揮使，徙知雄州、熙州。

元豐西討，授出古渭取定西，蕩禹藏花麻諸族，降戶五萬。城蘭州，遇賊數萬於女遮谷，登山逆戰，敗退伏壘中，半夜遁去。授踰天都山，焚南牟，屯沒煙，凡師行百日，轉鬥千里，始入塞。

授遇事持議不苟合。初在德順，或議城籛南，授曰：「地阻大河，糧道不濟，非萬全計也。」役卽止。師征靈武，詔令援高遵裕，卽條上進退利害甚切。歷進步軍副都指揮使、威武軍節度觀察留後。元祐三年，遷武泰軍節度使、殿前副都指揮使。踰歲，以保康節度知潞州，提舉上淸太平宮，復使殿前。薨，年六十七，贈開府儀同三司，謚曰莊敏。子履。

履束髮從戎。授之降木征也，履護送至京，得閤門祗候。歷熙、延、渭、秦四路鈐轄，知鎮戎軍。及其父時，已官四方館使、吉州防禦使矣，以事竄房州，起爲西上閤門副使、熙河都監。又責右淸道率府率，監峽州酒稅。元符初，悉還其官，以熙河蘭會都鈐轄知蘭州。詔同王贍取靑唐，與姚雄合兵討巉羌籛羅結〔二〕。贍將李忠戰敗，羅結大集衆，宣言欲圍靑唐。履、雄將至，羌列陣以待，勢甚盛。履叱軍士納弓於韃，拔刀而入。羌怙巢穴殊死鬭，梟將陳迪、王亨輩皆反走，履獨駐馬不動。有酋靑袍白馬突而前，手劍擊履，帳下王拱以弓格之，僅免。復繞出履背，欲斷軍爲二，別將高永年率所部力戰數十合，羌退，乘勝圍蘭宗堡，弗能拔。日暮，收兵入營，羌宵潰。明日，縱兵四掠，焚其族帳而還。

旣而阿章叛，詔履與种朴過河討蕩，辭以兵少，朴遂陷。錄履前功，擢龍神衞四廂都指揮使、成州團練使，知慶州，徙渭州，進捧日、天武都指揮使。是後史失其傳。子傅，在叛臣傳。

王君萬，秦州寧遠人。以殿侍爲秦鳳指揮使。王韶開邊，靑唐大酋俞龍珂歸國，獨別羌新羅結不從。經略使韓縝期諸將一月取之。君萬詐爲獵者逐禽至其居，稍相親狎，與同獵，乘間撾之，墜馬，斬首馳歸以獻。甫及一月，積功得閤門祗候。

王師定武勝，首領欒厮逋邀劫于闐貢物，帥師討焉。君萬出南山，履險略地。羌潛伏山谷間，忽一騎躍出，橫矛將及，君萬亟側身避之，回首奮擊，斬以徇。其衆驚號，相率聽命，所斬乃欒厮逋也。復破北關、南市，功最多，擢熙河路鈐轄，進領英州刺史、達州團練使，賜絹五百。

洮西羌叛，圍河州，君萬請於王韶，以爲南撒宗城小而堅，彊勇所聚，若併兵破之，圍當自解。韶用其計，圍果解。累官客省使，爲副總管。坐貸結糴錢數萬緡，爲轉運使孫迥所糾，貶秩一等。討西山、鐵城有功，復故官職。君萬怨孫迥，使番官木丹訟之，鞫于秦、隴，又貶爲鳳翔鈐轄，籍家貲償逋，遂以憤卒。子贍。

贍始因李憲以進。立戰功，積官至皇城使，領開州團練使。元符中，知河州。熙帥鍾傳以冒白草原賞，獄治于秦，詔轉運使張詢諭諸將得自首。贍具伏詐增首級，因說詢云：「青唐人有叛瞎征意，可取也。」詢信之，即具奏言已令贍結約起兵。哲宗與輔臣罪其狂妄專輒，亟罷詢，而命孫迥究實。獄上，奪贍十一官，猶令領州。

贍欲以功贖過，乃密畫取青唐之策，遣客詣章惇言狀。惇下其事於孫路，路以爲可取。贍遂引兵趣邈川。路知贍狡獪難制，使總管王愍統軍，而以贍副。贍爲前鋒渡河，先下隴朱黑城。忌愬分其功，紿之曰：「晨食畢乃發。」愬信之。夜半，贍忽傳發。平明，入邈川，據府庫，徑上捷書，不以白軍府。愬過午始至，以事訴於路，路亦怒，顓以兵柄付愬，而留贍屯邈川。

宗哥酋舍欽脚求內附，贍遣裨將王詠率五千騎〔三〕赴之。既入，而諸羌變，詠馳書告急，王厚使高永年救之，乃免。贍與愬交訟，又訴路指畫相違。惇主贍而不直路，曰：「首謀者贍也，路欲掩其功，故抑贍。」乃徙路河南，罷愬統制，以胡宗回爲帥。

時瞎征已來降，青唐戍將惟心牟欽氈父子百餘人在。贍不卽取，二羌遂迎溪巴温之子隴拶入守。始，孫路乞先全邈川及河南北諸城，然後進師。贍怨路，因言青唐不煩大兵可下，而路逗遛失機會。曁宗回至，乃云夏人謀攻邈川，當爲守備，青唐未可取。宗回責其反覆，日夜督出師，遣使威以軍法，且聲言欲使王愬代將。贍懼，急進攻隴拶及心牟等，皆出降。贍入據其城。詔建爲鄯州，進贍四方館使、榮州防禦使，知州事。黃履謂賞薄，乃拜維州團練使，爲路鈐轄。

贍縱所部剽敓，羌衆攜貳，心牟等結諸族帳謀復青唐，其在山南者先發。贍遣將李賓領二千騎掩襲心牟以下，自守西城與羌鬥。賓踰南山入保敦谷討蕩，羌戰敗奔北，四山皆空。贍戮心牟等九人，悉捕斬城中羌，積級如山。

初，瞻諷諸酋籍勝兵者涅其臂，無應者。鏒羅結請歸帥本路爲唱，瞻聽之去，遂嘯集外叛，以數千人圍邈川，夏衆十萬助之，城中危甚。苗履、姚雄來援，圍始解。已而王吉、魏釗、种朴相繼敗沒，將士奪氣。書聞，帝震駭，於是轉運使李譓、秦希甫劾瞻盜取二城財物，因此致變；又殺心牟欽氊以滅口。曾布言瞻創造事端以生邊害，萬死不塞責。詔貶右千牛將軍，房州安置。言者論之不已，熙河又奏青唐諸族怨瞻入骨髓，日圖報復，樞密院乞斬瞻以謝一方。詔配昌化軍，行至穰縣而縊。崇寧初，蔡京入相，錢遹訟瞻功；及王厚平鄯、廓，於是追贈保平軍節度觀察留後，除其子珏通事舍人。

張守約字希參，濮州人。以蔭主原州截原砦，招羌酋水令逋等十七族萬一千帳。爲廣南走馬承受公事，當儂寇之後，二年四詣闕，陳南方利害，皆見納用。歐陽脩薦其有智略、知邊事，擢知融州。峒將吳儂恃險爲邊患，捕誅之。脩復薦守約可任將帥，爲定州路駐泊都監，徙秦鳳。居職六年，括生羌隱土千頃以募射手，築硤石堡、甘谷城，第功最多。夏人萬騎來寇，守約適巡邊，與之遇，不解鞍，簡兵五百逆戰，衆寡不侔，勢小卻。夏人張兩翼來，守約挺身立陣前，自節金鼓，發彊弩殪其酋，敵遂退。

神宗開拓熙河，召問曰：「王韶能辦事否？」對曰：「以天威臨之，當無不濟；但董氈忠勤效順，恐不宜侵逼。」因請名古渭爲軍，以根本隴右。帝從之，建爲通遠軍。加通事舍人、熙河鈐轄，仍統秦鳳羌兵駐通遠。

河州羌率衆三萬屯于敦波，欲復舊地，守約度洮水擊破之，取窖粟食軍。羌老弱畜產走南山，左右欲邀之，云可獲萬萬。守約曰：「彼非敢迎戰，逃死耳，輒出者斬！」鬼章圍岷州，守約提敢死士鳴鼓張幟高山上，賊驚顧而遁，遂知岷州，降其首領千七百人。遷西上閤門使、知鎭戎軍，徙環州。

慕家族頡佷難制，搖動種落，勒兵討擒之，餘遁入夏國。守約駐師境上，檄取不置，居數日，械以來，斬於市。

從征靈武，至淸遠軍，言於高遵裕曰：「此去靈州不三百里，用以前軍先出，直擣其城。今夏人以一方之力，應五路之師，橫山無人，靈州城中惟僧道數百。若裹十日糧，疾馳三日可至，軍無事矣。」又勸高遵裕令士衆護糧餉，以防抄掠，不聽，果以敗還。守約有捍海南鹹平之功，亦不錄。

進爲環慶都鈐轄、知邠州，徙涇原、鄜延、秦鳳副總管，領康州刺史。夏人十萬屯南牟，畏其名，引去。知涇州，涇水善暴城，每春必增治隄堰，費不貲。適歲饑，罷其役。或曰：「如水害何？」守約曰：「歉歲勞民，甚於河患，吾且徐圖之。」河神祠故在南壖，禱而遷諸北，以殺河怒。一夕雷雨，明日，河徙而南，其北遂爲沙磧。以龍、神衞四廂都指揮使召還，道卒，年七十五。

守約典七州，皆有惠愛可紀。神宗嘗謂武臣可任者，以燕達、劉昌祚、姚麟、王崇極、劉舜卿等對，其後皆爲名將，時稱知人。

王文郁字周卿，麟州新秦人。以供奉官爲府州巡檢。韓琦薦其材，加閤門祗候、麟府駐泊都監。

熙寧討夏國，文郁敗之吐渾河。其將香崖夜遣使以劍爲信，欲舉衆降，許之。旦而至，與偕行，衆情忽變，譟以出。文郁擊之，追奔二十里。據險大戰，矢下如雨，文郁徐引度河，謂吏士曰：「前追彊敵，後背天險，韓信驅市人且破趙，況爾曹皆百戰驍勇邪？」士感奮進擊，夏人大潰，降其衆二千。遷通事舍人。夏人踰屈野河掠塞上，文郁追至長城坂，盡奪所掠而還。

神宗召見，問曰：「向者招納香崖，羣議不一，其爲朕言之。」對曰：「此乃致敵上策，恨未能多爾。並邊生羌善馳突，識鄉導，儻能撫柔之，所謂以外夷而攻外夷也。」帝於是決意招納，多獲其用。知文郁善左射，并招其子弟閱肄殿庭，文郁九發八中，詔官其二子。知鎭戎、德順軍，預定洮、河，遷左騏驥副使、知麟州。夏衆踐稼，襲敗之，部使者劾爲生事，奪郡印。

未幾，爲熙河將。李憲討靈武，文郁得羌戶萬餘，遷路鈐轄。夏人圍蘭州，已奪兩關門，文郁募死士夜縋而下，持短兵突賊，卽掃營去。擢東上閤門使〔三〕、知蘭州。諜知夏人將大入，淸野以俟，果擧國趨皐蘭，文郁乘城禦之，殺傷如積，圍九日而解，收其尸爲京觀。加榮州團練使，以捧日、天武都指揮使爲副都總管，以殿前都虞候知河州。築安西城、金城關，進秦州防禦、冀州觀察使。卒，年六十六。

周永淸字肅之，世家靈州，州陷，祖美歸京師。永淸以廕從仕，宰相龐籍言其忠勇，加閤門祗候。押時服賜夏國，至宥州，夏人受賜不跪，詰之，恐而跪。遷通事舍人、渭州鈐轄。渭兵勁而陳伍不講，永淸訓以李靖法。帥蔡挺嘉其整，圖上之，詔推於諸道。

知德順軍，夏衆入寇，擊擒其酋呂效忠。又募勇士夜馳百里，擣賊巢穴，斬首三百級，俘數千人，獲槖駝、甲馬萬計，城中無知者。並砦禁地三百里，盜耕不可禁，永淸拓籍數千頃，置射士二千，聲聞敵廷。降者引入帳下，待之不疑，多得其死力。

徙秦鳳鈐轄、河北沿邊安撫副使、知代州。契丹無名求地，朝廷命韓縝分畫，永淸貳焉，入對言：「疆境不可輕與人，臣職守土，不願行。」固遣之，復上章陳利害，竟以母病辭。歷高陽關、定州、涇原路鈐轄，知涇州、保州，又爲定州路副總管，終東上閤門使。

劉紹能字及之，保安軍人。世爲諸族巡檢，父懷忠，官內殿崇班、閤門祗候。元昊叛，厚以金幣及王爵招之，懷忠毀印斬使，洎入寇，力戰以死。錄紹能右班殿直，賜以名，爲軍北巡檢。擊破夏右樞密院党移賞粮數萬衆於順寧。夏人圍大順城，紹能爲軍鋒，毀其栅，至奈王川，邀擊於長城嶺；熙寧中，又敗夏人於破囉川，皆策功最。累遷洛苑使、英州刺史、鄜延兵馬都監。舊制，內屬者不與漢官齒，至是，悉如之，仍以其子襲故職。

元豐西討，召詣闕，神宗訪以計，對曰：「師旅遠征，儲偫不繼爲大患。若俟西成後，因粮深入，乃可以得志。」帝以爲然，命統兩軍進討。紹能世世邊將，爲敵所忌，每設疑以間之。帝獨明其不然，手詔云：「紹能戰功最多，忠勇第一，此必夏人畏忌，爲間害之計耳。」紹能捧詔感泣。嘗坐讒逮對，按驗卒無實。守邊圉四十七年，大小五十戰，以皇城使、簡州團練使卒。

王光祖字君俞，開封人。父珪，爲涇原勇將，號「王鐵鞭」，戰死好水川。錄光祖爲供奉官、閤門祗候。

熙寧中，同提點河北刑獄，改沿邊安撫都監，進副使。界河巡檢趙用擾北邊，契丹以兵數萬壓境，造浮橋，如欲度者。光祖在舟中，對其衆盡徹戶牖。或謂：「契丹方陣，而以單舟臨之，如不測何？」光祖曰：「彼所顧者，信誓也；其來，欲得趙用耳。避之則勢張，吾死不足塞責。」

已而契丹欲相與言，光祖卽命子襄往。兵刃四合，然語唯在用，襄隨機折塞之。其將蕭禧遽揮兵去，且邀襄食，付所戴青羅泥金笠以爲信，卽上之。時已有詔罷光祖矣，吳充曰：「向非光祖以身對壘，又使子冒白刃取從約，則事未可知。宜賞而黜，何以示懲勸？」乃除眞定鈐轄。

徙梓夔。渝獠叛，詔熊本安撫，而命內藏庫使楊萬、成都鈐轄賈昌言、梓夔都監王宣與光祖同致討，皆受本節度。本疑光祖不爲用，分三道進師，使光祖將後軍，出黃沙坎。比發，日已暮，士以杖索塗，相挽而前，夜半，抵絕頂。質明，獠望見，大駭，一鼓而潰。萬等困於松谿，又亟往援。出石門，斂其險，促黔兵先登襲賊，賊舍去。光祖夜泊松嶺上，且始遇萬等，與俱還。本愧謝，上其功第一。

吐蕃圍茂州，光祖領兵三千，會王中正破雞宗關，賊據石鼓村，扼其半道。中正召諸將問計，光祖獨請行。既抵石鼓，擇銳兵分襲吐蕃背，出其不意，皆驚遁，遂會中正于茂。瀘夷乞弟殺王宣，詔從韓存寶討之，軍于梅嶺。夷數萬衆出駐落箇棧，欲老我師。霖雨不止，光祖勸存寶早決戰，不聽。林廣至，復從征，蕩其巢窟。積功至四方館使、知瀘州。置瀘南安撫使，俾兼領，邊事聽顓決。遷客省使、嘉州刺史。歷涇原、河東、定州路副總管，卒。

李浩字直夫，家本綏州，徙西河。浩務學，通兵法，以父定蔭，從軍破儂智高。韓絳城囉兀，領兵戰賞堡嶺川，殺大首領訛革多移，斬首千三百餘級。積官供備庫副使、廣西都監。裒西北疆事著安邊策，謁王安石。安石言之神宗，召對，改管幹麟府兵馬。未行，又從章惇於南江，引兵由三路屯鎮江，入敍州，討舒光貴，破盈口栅，下天府，會于治州，入懿州。蠻酋田元猛、元喆合猪狰拒官軍，浩分兵擊之，殺猪狰，降元猛、元喆，遂城懿州。進討黔江蠻，復城黔江。惇上其功，謂不當與他將比，擢引進副使、熙河鈐轄。

李憲討山後羌，浩將右軍至合龍嶺會戰，遣降羌乞嚾輕騎突敵帳，俘其酋冷雞朴、李密撒，馘三千。遷東上閤門使，爲副總管、知河州、安撫洮西。五路大擧，浩將前軍，復蘭州。遷引進使、隴州防禦使〔四〕、知蘭州兼熙河涇原安撫副使。坐西關失守及報上不實，再貶秩。旋以戰吃囉、瓦井連立功，復之。

哲宗卽位，拜忠州防禦使、捧日天武都指揮使、馬軍都虞候，進黔州觀察使，歷鄜延、太原、永興、環慶路副都總管，再知蘭州。卒，贈安化軍留後。

和斌字勝之，濮州鄄城人。選隸散直，爲德順軍指揮使，凡五年，數扞敵，被重創十餘。知軍事劉兼濟以兄平敗沒，執送京師，并逮其家。斌慰安調護，爲寓金帛他所，密告兼濟勿以家爲恤。平寃旣伸，兼濟獲免，家賴以全。定川之役，將曹俟喪所乘馬，斌輟騎與之，且戰且行，與俱免。

狄青南征，使部騎兵爲前鋒。青駐賓州十日以怠寇，既乃倍道兼行。斌以兵疲於險，利在速戰，即日度關。鏖賊歸仁驛，孫節死，斌引騎血戰，繞出賊後，遂敗之。師還，張破賊陳形於殿廷，仁宗拊勞，擢文思副使、權廣西鈐轄。改秦鳳，廣西以蠻事乞留，秦州亦請之，詔留廣西。

累歲，徙涇原。召對，議者謂交州可取，斌盛言有害無益，願戒邊臣無妄動。神宗歎曰：「卿質直如此，乃知兩路爭卿，爲不誣矣。」進帶御器械。渭部饑，帥王廣淵命吏賑給，斌曰：「救之無術，是殺之耳。」廣淵以委斌，斌擇地營居，養視有法，所活以萬數。

安南入寇，復徙廣西。累遷皇城使、昭州刺史。撫水蠻羅世念犯宜州，守將戰死。斌提步騎三千進討，方暑，晝夜趣兵，至懷遠寨，曰：「此要害之地，得之則生。」或曰：「奈何背龍江邪？」笑曰：「是所以生也。」因示弱驕之，蠻果大至，斌選將迎敵，戒以遇之則走，誘至平坂，列八陣以待之。張疑兵左右山上，蠻登嶺望見，始大驚。斌分騎翼其旁，自被甲步出，爲衆士先，殊死戰。蠻大敗，世念率酋黨四千八百內附。遂以榮州團練使知宜州，遷西上閤門使、知邕州，以老請還，除高陽關副總管，歷永興軍路。召拜龍、神衞四廂都指揮，至步軍都虞候，卒，年八十。贈寧州防禦使。

斌老於爲將，以恩信得邊人心，嶺南珍貨，一無所畜。邊吏欲希功造事，皆憚不敢發；

或巧爲諜報啓釁，亦必折其姦謀。故所至無事，士大夫稱之。

子詵，以廕爲河北副將，累官至右武大夫、威州刺史、知雄州。上制勝強遠弓式，能破堅於三百步外，邊人號爲「鳳凰弓」。進相州觀察使。在雄十年，頗能偵敵。童貫攻燕，召詵計事，悅之。分麾下兵俾以副統制，從种師道軍于白溝，旬有二日而退。追兵至，北風，大雨雹，師不能視。契丹以背盟譙責，薄暮，始得還。於是貫以契丹尙盛未可圖，劾詵覘候不實，貶濠州團練副使，筠州安置。

詵始興取燕之謀，見事勢寖異，則又以爲不宜取，故平燕肆赦，獨不得還。後復官，卒。

劉仲武字子文，秦州成紀人。熙寧中，試射殿庭異等，補官。數從軍，累轉禮賓使，爲涇原將。夏人謀犯天聖砦，渭帥檄諸將會兵，約曰：「過某日賊不至，即去。」仲武諜得的期，乞緩分屯。帥不樂，但留一將及仲武軍，如期而敵至，力戰卻之。遷皇城使、熙河都監。復湟州〔五〕，進東上閤門使、知河州。

吐蕃趙懷德、狼阿章衆數萬叛命，仲武相持數日，潛遣二將領千騎扣其營，戒曰：「彼出，勿與戰，亟還，伏兵道左。」二將還，羌果追之，遇伏大敗，斬首三千級，復西寧州。未幾，懷德、阿章降。累進客省使、榮州防禦使。

副高永年西征。仲武欲持重固壘，永年易賊輕戰，遂大敗。仲武引咎自劾，坐流嶺南。命未下，與夏人戰，傷足。朝廷閔之，貸其罰，以爲西寧都護。

童貫招誘羌王子臧征僕哥，收積石軍，邀仲武計事。仲武曰：「王師入，羌必降；或退伏巢穴，可乘其便。但河橋功力大，非倉卒可成，緩急要預辦耳。若稟命待報，慮失事機。」貫許以便宜。僕哥果約降，而索一子爲質。仲武即遣子錫往，河橋亦成。仲武帥師渡河，挈與歸。貫掩其功，仲武亦不自言。徽宗遣使持瑗至邊，賜獲王者。訪得仲武，召對，帝勞之曰：「高永年以不用卿言失律，僕哥之降，河南綏定，卿力也。」問幾子，曰：「九人。」悉命以官，錫閤門祗候。

仲武知西寧州，徙渭州，召爲龍、神衞都指揮使，復出熙州、秦州，遷步軍副都指揮使。以熙帥劉法死，又以熙、渭都統制攝之。歷拜徐州觀察使、保靜軍承宣使、瀘川軍節度使。以老，提舉明道宮，再起爲熙州。卒于官，年七十三。贈檢校少保，謚曰威肅。子錡，別有傳。

曲珍字君玉，隴干人，世爲著姓。寶元、康定間，夏人數入寇，珍諸父糾集族黨禦之，敵不敢犯。於是曲氏以材武長雄邊關。

珍好馳馬試劍，嘗與叔父出塞游獵，猝遇夏人，陷其圍中，馳擊大呼，衆披靡，得出，顧叔不至，復持短兵還決鬥，遂俱脫。秦鳳都鈐轄劉温潤奇其材，一日，出寶劍令曰：「能射一錢於百步外者，與之。」諸少年百發不能中，珍後至，一矢破之。從温潤城古渭，與羌戰，先登陷陳。爲綏德城監押，提孤軍拒寇，斬其大酋，加閤門祗候。有功洮西，遷內殿崇班。郭逵、趙卨南征，爲第一將。進自右江，撫接廣源〔六〕三州十二縣，降僞守已下百六十人，老稚三萬六千口。是行也，功最諸將，遷西染院使。得疾，輿還京師，神宗遣使臨問，少間，令入對。珍念二帥不和睦，上問必及之，言之必形曲直，將何以對，乃以餘疾未平爲解。帝復使獎勞，賜之弓劍、鞍勒，命有司蠲其鄉徭賦，擢鄜延鈐轄，進副總管。

從种諤攻金湯、永平川，斬二千級。累遷客省使，拜懷州防禦使、龍神衞四廂都指揮使。徐禧城永樂，珍以兵從。版築方興，羌數十騎濟無定河覘役，珍將追殺之，禧不許。諜言夏人聚兵甚急，珍請禧還米脂而自居守。明日果至，禧復來，珍白：「敵兵衆甚，公宜退處內柵，檄諸將促戰。」禧笑曰：「曲侯老將，何怯邪？」夏兵且濟，珍欲乘其未集擊之，又不許。及攻城急，又勸禧曰：「城中井深泉嗇，士卒渴甚，恐不能支。宜乘兵氣未衰，潰圍而出，使人自求生。」禧曰：「此城據要地，奈何棄之？且爲將而奔，衆心搖矣。」珍曰：「非敢自愛，但敕使、謀臣同沒于此，懼辱國耳。」數日城陷，珍縋而免，子弟死者六人。亦坐貶皇城使。帝察其無罪，諭使自安養，以圖後效。

元祐初，爲環慶副總管。夏人寇涇原，號四十萬，珍擣虛馳三百里，破之曲律山，俘斬千八百人，解其圍。進東上閤門使、忠州防禦使。卒，年五十九。珍善撫士卒，得其死力。雖不知書，而忠朴好義，本於天性。

劉闃字靜叔，青州北海人。以拳力爲軍校，從延州軍出塞遇敵，矢貫左耳，戰不顧，衆服其勇。從文彥博討貝州，次城下，攀壘欲登，賊以曲戟鉤其甲，闃裂之而墜。議者欲穿地道入，闃曰：「穴地積土，賊且知之。城瀕河，若晝囊土而夜投諸河，宜無知者。」彥博以爲然。穴成，闃持短兵先入，衆始從，遂登陴，引繩而上，遲明，師畢入。貝州平，功第一，擢虎翼指揮使。累遷宣武神衞都指揮使、昭州刺史、辰州團練使。

韓絳宣撫陝西，詔闃自河東爲犄角。至鐵冶溝，夏人大集。衆懼，闃自殿後，率銳驍搏戰，飛矢蔽體不爲卻，敵解去。

爲冀州駐泊總管。河水漲，隄防墊急，閴請郡守開青楊道口以殺水怒，莫敢任其責。閴躬往濬決，水退，冀人賴之。以左金吾大將軍致仕。卒，年八十五。

郭成字信之，德順中安堡人也。從軍，得供奉官。王師趨靈武，成將涇原兵擊破夏人於漫咩隘。至城下，有羌乘白馬馳突陣前，大將劉昌祚曰：「誰能取此者？」成躍馬梟其首以獻，進秩四等。

朝廷築平夏城，置將戍之，又環以五砦。渭帥章楶問可守者於諸將，皆曰：「非郭成不可。」遂使往守。夏人恚失地，空國入爭，諜曰：「平夏〔七〕視諸壘最大，郭成最知兵。」遂自沒煙峽連營百里，飛石激火，晝夜不息。成與折可適議乘勝深入，以萬騎異道並進，遂俘阿埋、都逋二大酋。捷聞，進雄州防禦使、涇原鈐轄。徽宗詔諸軍并力築綏戎、懷戎二堡，成獨當合流之役，暴露雪中，感疾卒。帝悼之甚，賻以金帛，官其子壻。

成輕財好施，名震西鄙。既沒，廉訪使者王孝竭白於朝，帝手書報曰：「郭成盡忠報國，有功于民，宜載祀典。」榜其廟曰「仁勇」云。子浩，紹興中爲西邊大將，至節度使。

賈嵒字民瞻，開封人。少時，善騎射，喟然歎曰：「大丈夫生世，要當自奮，揚名顯親可也。」遂起家從戎。神宗選材武，以爲內殿承制、慶州荔原堡都監。

林廣討瀘夷，辟將前鋒。又爲河東將，敗西夏兵於明堂川。累功轉莊宅副使，遷路監。

紹聖中，夏兵數萬圍麟州神堂砦甚急，嵒以數百騎往援，令其下曰：「國家無事時，不惜厚祿養汝輩，正以待一旦之用耳。今力雖不敵，吾誓以死報！」衆感厲，卽循屈野河行，且五里，據北欄坡嶺上，一矢殪其酋，衆駭潰。哲宗嘉歎，賜以袍帶。知皇城使、威州刺史，遷路鈐轄。

嵒在兵間二十年，有智略，能拊御士卒，所鄉輒勝。時以良將入對，留擢龍、神衞四廂都指揮使，遷步軍都虞候、濠州團練使。卒，年五十二，贈雄州防禦使。

張整字成伯，亳州酇陽人。初隸皇城司御龍籍，補供奉官，爲利、文州都巡檢使。邊夷歲鈔省地，吏習不與校，至反遺之物，留久乃去。整惡其貪暴無已，密募死士，時其來，掩擊幾盡。有司劾生事，神宗壯之，不問。

調荆湖將領，拓溪蠻地，築九城，董兵鎭守。又破蠻於大田，歲中三遷。猺狑萬衆乘舟屯托口，迫黔江城，時守兵才五百，人情大恐。整伏其半於托口旁，戒曰：「須吾旦度金斗崖，舉幟，則譟而前。」及旦，率其半，縛艨艟，建旗鼓，泝流急趨。賊望見大笑。幟舉伏發，前後合擊，人人殊死鬥，蠻騰踐投江中，殺獲不可計。爲廣西鈐轄，坐殺降傜，責監江州酒稅。復爲涇原、眞定、京東、環慶鈐轄。

整治軍嚴明，哲宗嘗訪於輔臣，召之對，擢爲龍神衞四廂都指揮使、管幹馬軍司。卒，官至威州刺史。

張蘊字積之，開封將家子也。從軍爲小校，隸劉昌祚。至靈州，遇敵中矢，拔鏃復戰，以功賜金帶。從征安南，次富良江，諸將猶豫未進，蘊褰裳先濟，衆隨之。蠻遯走，使巫被髮登崖爲厭勝，蘊射之，應弦而斃，一軍讙譟。

歷京西、涇原將，知綏德、懷寧、順寧軍等六城，儲粟至三十萬斛。將兵取宥州，破夏人於大吳神流堆。宥州監軍引鐵騎數千趨松林堡，蘊諜知之，頓兵長城嶺以待，戒諸部曰：「賊遠來氣盛，少休必困，困而擊之，必捷。」果以勝歸。夏人寇順寧，蘊置伏陿中，約聞呼則起，俘斬數百十人，獲馬、械甚衆。累遷皇城使、榮州刺史、成州團練使、通州防禦使，閤德、河陽馬步軍副總管。

顯肅皇后母自鄭氏再適蘊，徽宗屢欲以恩進其官，輒力辭不敢受，人以爲賢。卒，年七十三，贈感德軍節度使，謚曰榮毅。

王恩字澤之，開封人。以善射入羽林，神宗閱衞士，挽彊中的，且偉其貌，補供備庫副使。爲河州巡檢，夏羌寇蘭州，恩搏戰城下，中兩矢，拔去復鬥，意氣彌厲。遷涇原將。嘗整軍出萬惠嶺，士饑欲食，恩倍道兼行，衆洶洶。已而遇敵數萬，引兵先入壁，井竈皆具，諸將始服。羌扣壁願見，恩單騎徑出，遙與語，一夕，羌引去。

哲宗召見，語左右曰：「先帝時宿衞人，皆傑異如此。」留爲龍、神衞都指揮使，遷馬軍都虞候。契丹使來，詔陪射〔八〕，使者問：「聞涇原有王騎將，得無是乎？」應曰：「然。」射三發皆中，使以下相視皆歎息。

出爲涇原副都總管，並護秦、渭、延、熙四路兵，城西安，築臨羌、天都十餘壘。羌圍平夏，諸校欲出戰，恩曰：「賊傾國遠寇，難以爭鋒，宜以全制其敝。彼野無所掠，必攜，攜而遇伏，必敗。」乃先行萬人設伏，羌既退師，果大獲。

徽宗立，以衞州防禦使徙熙河，改知渭州。括隱地二萬三千頃，分弓箭士耕屯，爲三十一部，以省餽餉。邊臣獻車戰議，帝以訪恩，恩曰：「古有之，偏箱〔九〕、鹿角，今相去益遠，人非所習，恐緩急難用。夫操不習之器，與敵周旋，先自敗耳。」帝善其對。遷馬步軍都指揮使、殿前都指揮使、武信軍節度使。

嘗汰禁卒數十人，樞密請命都承旨覆視，恩言：「朝廷選三帥，付以軍政，今去數十冗卒而不足信，卽其他無可爲者。」帝立爲罷之。睠顧甚寵，賜居宅，又賜城西地爲園囿。屬疾，以檢校司徒致仕。薨，年六十二，贈開府儀同三司。

楊應詢字仲謀，章惠皇后族孫也。歷知信安保定軍、霸州。塘濼之間地沮洳，水潦易集，居人浮板以濟。應詢增隄防爲長衢，濬其旁以泄流，民利賴之。爲河北沿邊安撫使。徽宗以歸信、容城兩縣弓手爲契丹所憚，欲增爲千人，或恐生事，應詢曰：「吾欲備他盜，彼安能禁我？」卒增之。

知雄州，朝廷多取西夏地，契丹以姻婭爲言，遣使乞還之，不得，擁兵並塞，中外恫疑。應詢曰：「是特爲虛聲嚇我耳。願治兵積粟示有備，彼將聞風自戢。」明年，果還兵。復遣其相臣蕭保先、牛温舒來請，詔應詢逆于境。旣至，帝遣問所以來，應詢對：「願固守前議。」尋兼高陽關路鈐轄。

邊人捕得北盜吕憹兒，契丹謂略執平民，有詔使縱釋。應詢言：「吾知執盜耳，因其求而遂與之，是示以怯也。」不與。遂質我民，固索之。應詢以違詔貶秩，再遷洋州觀察使。入提舉萬壽觀。館契丹使，當賜柑而貢未至，有司代以他物，使不受，應詢以言折之，乃下拜。復爲定州、眞定、大名副都總管。卒，年六十三，贈昭化軍節度使，謚曰康理。

趙隆字子漸，秦州成紀人。以勇敢應募，從王韶取熙河。大將姚麟出戰，被重創，謂曰：「吾渴欲死，得水尚可活。」時已暮，有泉近賊營，隆獨身潛往，漬衣泉中。賊覺，隆且鬥且行，得歸，持衣裂水以飲麟，麟乃甦。又從李憲破西市。師討鬼章，外河諸羌皆以兵應之。隆率衆先至，斧其橋，鬼章失援，乃成擒。

爲涇原將，戰平夏川，功最多。崇寧中，鈐轄熙河兵，將前軍出邈川，預復鄯、廓。夏人寇涇原，詔熙河深入分其兵，無令專鄉東方。師至鐵山，隆先登，士皆殊死戰，夏人解去。召詣闕，徽宗慰勞之曰：「鐵山之戰，卿力也。」

童貫與論燕雲事，隆極言不可。貫曰：「君能共此，當有殊拜。」隆曰：「隆武夫，豈敢干賞以敗祖宗二百年之好？異時起釁，萬死不足謝責。」貫知不可奪，白以知西寧州，充隴右都護。羌豪信服，十二種戶三萬六千，願比內地。

帥劉法西討，隆以奇兵襲羌，羌潰，城震武。遷温州防禦使，龍神衞、捧日天武都指揮使，仍爲本道馬步副都總管。卒，贈鎭潼軍節度使，命詞臣製碑，帝篆額曰旌忠。

論曰：有國家者不可忘武備，故高祖以馬上得天下，而猶有「安得猛士守四方」之歎。然所貴爲將領者，非取其武勇而已也，必忠以爲主，智以爲本，勇以爲用，及其成功，雖有小大之殊，俱足以尊主庇民也。苗授策錢南之不可城，履不肯討阿章，永清不以地與敵，文郁撫納香崖，紹能之忠勇，珍之忠朴好義，光祖、應詢明於料敵，守約及整御衆嚴明，斌、浩之善戰，嵩、恩之善射，閱之出則先登，入則殿後，其材雖殊，其可以任奔走禦侮之責於四境則一也。咸以捍衞邊陲，服勤致死，明詔褒飭，廟食一方，宜哉。君萬挾誣報怨，瞻狡譎喜功，國有常罰，父子謫死，亦宜也。誅首取燕，終變其說，既黜旋復，爲失刑矣。至若仲武敗則引咎責己，勝則不自言功，隆不敢啓釁干賞，蘊甘分而辭榮，有士君子之行焉，尤武士之所難能也。

校勘記

〔一〕籛羅結　原作「箋羅結」，據本卷王贍傳、本書卷四九二吐蕃傳、編年綱目卷二五改。

〔二〕五千騎　長編卷五一四作「五十騎」；注文並引曾布日錄作「五十餘騎」。疑當作「五十騎」。

〔三〕東上閤門使　當作「西上閤門使」，見本書卷一六神宗紀、長編卷三三三。

〔四〕隴州防禦使　當作「隴州團練使」，見同上書同卷、宋會要職官六六之二一。

〔五〕湟州　原作「湟川」。按東都事略卷一〇四本傳作「湟州」；長編紀事本末卷一三九收復湟州條，通川堡之役，劉仲武充任前鋒。此處蓋指元符二年宋人進攻湟州事，作「湟州」是，據改。

〔六〕廣源　「源」原作「原」。本書卷四九五廣源州蠻傳「源」字從「水」，並說州在邕州西南鬱江之源，與本傳合。據改。

〔七〕平夏　原倒，據上文和本書卷八七地理志改。

〔八〕陪射　「射」原作「謝」。按宋代用宴射接待契丹使者時，有「伴射」之官。本書卷一一九禮志和趙昇朝野類要卷一都有記載。「陪射」即「伴射」，因據改。

〔九〕偏箱　原作「偏籍」，據武經總要卷四、邵伯溫聞見後錄卷二二、長編卷二二五改。

宋史卷三百五十一

列傳第一百一十

趙挺之　張商英兄唐英　劉正夫　何執中　鄭居中
張康國　朱諤　劉逵　林攄　管師仁　侯蒙

趙挺之字正夫，密州諸城人。進士上第。熙寧建學，選教授登、棣二州，通判德州。哲宗即位，賜士卒緡錢，郡守貪耄不時給，卒怒譟，持白梃突入府。守趨避，左右盡走。挺之坐堂上，呼問狀，立發庫錢，而治其爲首者，衆即定。魏境河屢決，議者欲徙宗城縣。轉運使檄挺之往視，挺之云：「縣距高原千歲矣，水未嘗犯。今所遷不如舊，必爲民害。」使者卒徙之，財二年，河果壞新城，漂居民略盡。

召試館職，爲祕閣校理，遷監察御史。初，挺之在德州，希意行市易法。黃庭堅監德安鎮，謂鎮小民貧，不堪誅求。及召試，蘇軾曰：「挺之聚斂小人，學行無取，豈堪此選。」至是，劾奏軾草麻有云「民亦勞止」，以爲誹謗先帝。既而坐不論蔡確，通判徐州，俄知楚州。入爲國子司業，歷太常少卿，權吏部侍郎，除中書舍人、給事中。使遼，遼主嘗有疾，不親宴，使近臣卽館享客。比歲享乃在客省，與諸國等，挺之始爭正其禮。

徽宗立，爲禮部侍郎。哲宗祔廟，議遷宣祖，挺之言：「上於哲宗兄弟，同一世；宣祖未當遷。」從之。拜御史中丞，爲欽聖后陵儀仗使。曾布以使事聯職，知禁中密指，諭使建議紹述，於是挺之排擊元祐諸人不遺力。由吏部尙書拜右丞，進左丞、中書門下侍郎。時蔡京獨相，帝謀置右輔，京力薦挺之，遂拜尙書右僕射。

既相，與京爭權，屢陳其姦惡，且請去位避之。以觀文殿大學士、中太一宮使留京師。乞歸青州，將入辭，會彗星見，帝默思咎徵，盡除京諸蠹法，罷京，召見挺之曰：「京所爲，一如卿言。」加挺之特進，仍爲右僕射。京在崇寧初，首興邊事，用兵連年不息。帝臨朝，語大臣曰：「朝廷不可與四夷生隙，隙一開，禍拏不解，兵民肝腦塗地，豈人主愛民恤物意哉！」挺之退謂同列曰：「上志在息兵，吾曹所宜將順。」已而京復相，挺之仍以大學士使佑神觀。未幾卒，年六十八。贈司徒，謚曰淸憲。

張商英字天覺，蜀州新津人。長身偉然，姿采如峙玉。負氣俶儻，豪視一世。調通川〔一〕主簿。渝州蠻叛，說降其酋。辟知南川縣。章惇經制夔夷，狎侮郡縣吏，無敢與共語。部使者念獨商英足抗之，檄至夔。惇詢人才，使者以商英告，卽呼入同食。商英著道士服，長揖就坐。惇肆意大言，商英隨機折之，落落出其上。惇大喜，延爲上客。歸，薦諸王安石，因召對，以檢正中書禮房擢監察御史。

臺獄失出劫盜，樞密檢詳官劉奉世駁之，詔糾察司劾治。商英奏：「此出大臣私忿〔二〕，願收還主柄，使耳目之官無爲近臣所脅。」神宗爲置不治。商英遂言奉世庇博州失入囚，因撫院吏徇私十二事，語侵樞臣，於是文彥博等上印求去。詔責商英監荆南稅，更十年，乃得館閣校勘、檢正刑房。商英嘗薦舒亶可用，至是，亶知諫院，商英以壻王溈之所業示之，亶繳奏，以爲事涉干請，責監赤岸鹽稅。

哲宗初，爲開封府推官，屢詣執政求進。朝廷稍更新法之不便於民者，商英上書言：「『三年無改於父之道，可謂孝矣。』今先帝陵土未乾，卽議變更，得爲孝乎？」且移書蘇軾求入臺，其庾詞有「老僧欲住烏寺，呵佛罵祖」之語。呂公著聞之，不悅。出提點河東刑獄，連使河北、江西、淮南。

哲宗親政，召爲右正言、左司諫。商英積憾元祐大臣不用己，極力攻之，上疏曰：「先帝盛德大業，跨絕今古，而司馬光、呂公著、劉摯、呂大防援引朋儔，敢行譏議。凡詳定局之所建明，中書之所勘當，戶部之所行遣，百官之所論列，詞臣之所作命，無非指擿抉揚，鄙薄嗤笑，翦除陛下羽翼於內，擊逐股肱於外，天下之勢，岌岌殆矣。今天清日明，誅賞未正，願下禁省檢索前後章牘，付臣等看詳，簽揭以上，陛下與大臣斟酌而可否焉。」遂論內侍陳衍以搖宣仁，至比之呂、武；乞追奪光、公著贈謚，仆碑毀冢；言文彥博背負國恩，及蘇軾、范祖禹、孫升、韓川諸人，皆相繼受譴。又言：「願陛下無忘元祐時，章惇無忘汝州時，安燾無忘許昌時，李清臣、曾布無忘河陽時。」其觀望捭闔，以險語激怒當世，槪類此。

惇、燾交惡，商英欲助惇，求所以傾燾者。陽翟民蓋氏養子漸，先爲祖母所逐，以家貲屬其女，經元豐訴理不得直。商英論其寃，導漸使遮執政，及諧御史府訐燾姻家與蓋女爲道地。哲宗不直商英，徙左司員外郎。既，與漸交關事皆露，責監江寧酒。起知洪州，爲江、淮發運副使，入權工部侍郎，遷中書舍人。謝表歷詆元祐諸賢，衆益畏其口。徽宗出爲河北都轉運使，降知隨州。

崇寧初，爲吏部、刑部侍郎，翰林學士。蔡京拜相，商英雅與之善，適當制，過爲褒美。尋拜尚書右丞，轉左丞。復與京議政不合，數詆京「身爲輔相，志在逢君」。御史以爲非所宜言，且取商英所作元祐嘉禾頌及司馬光祭文，斥其反覆。罷知亳州，入元祐黨籍。

京罷相，削籍知鄂州。京復相，以散官安置歸、峽兩州。大觀四年，京再逐，起知杭州。過闕賜對，奏曰：「神宗修建法度，務以去大害、興大利，今誠一一舉行，則盡紹述之美。法若有弊，不可不變，但不失其意足矣。」留爲資政殿學士、中太一宮使。頃之，除中書侍郎，遂拜尚書右僕射。京久盜國柄，中外怨疾，見商英能立同異，更稱爲賢，徽宗因人望相之。時久旱，彗星中天，是夕，彗不見，明日，雨。徽宗喜，大書「商霖」二字賜之。

商英爲政持平，謂京雖明紹述，但借以劫制人主，禁錮士大夫爾。於是大革弊事，改當十錢以平泉貨，復轉般倉以罷直達，行鈔法以通商旅，蠲橫斂以寬民力。勸徽宗節華侈，息土木，抑僥倖。帝頗嚴憚之，嘗葺升平樓，戒主者遇張丞相導騎至，必匿匠樓下，過則如初。楊戩除節度使，商英曰：「祖宗之法，內侍無至團練使。有勳勞當陟，則別立昭宣、宣政諸使以寵之，未聞建旄鉞也。」訖持不下，論者益稱之。

然意廣才疏，凡所當爲，先於公坐誦言，故不便者得預爲計。何執中、鄭居中日夜醞織其短，先使言者論其門下客唐庚，竄之惠州。有郭天信者，以方技隸太史，徽宗潛邸時，嘗言當履天位，自是稍眷寵之。商英因僧德洪、客彭几與語言往來，事覺，鞫于開封府。御史中丞張克公疏擊之，以觀文殿大學士知河南府，旋貶崇信軍節度副使，衡州安置。天信亦斥死。京遂復用。

未幾，太學諸生誦商英之寃，京懼，乃乞令自便。繼復還故官職。宣和三年卒，年七十九。贈少保。

商英作相，適承蔡京之後，小變其政，譬饑者易爲食，故蒙忠直之名。靖康褒表司馬光、范仲淹，而商英亦贈太保。紹興中，又賜謚文忠，天下皆不謂然。兄唐英。

唐英字次功。少攻苦讀書，至經歲不知肉味。及進士第，翰林學士孫抃得其正議五十篇，以爲馬周、魏元忠不足多。薦試賢良方正，不就。調穀城令。縣圃歲畦薑，貸種與民，還其陳，復配賣取息，銓曹指爲富縣。唐英至，空其圃，植千株柳，作柳亭其中，聞者咨羡。英宗繼大統，唐英上謹始書云：「爲人後者爲子，懼他日必有引漢定陶故事以惑宸聽者，願杜其漸。」既而濮議果起。帝不豫，皇太后垂簾，又上書請立潁王爲皇太子。神宗卽位，知其人，擢殿中侍御史。入對，帝問何尙衣綠，對曰：「前者固得之，回授臣父。」帝嘉其孝，賜五品服。

帝方厲精圖治，急於用人，唐英言：「知江寧府王安石經術道德，宜在陛下左右。」又論宗室祿多費鉅，宜以服爲差殺；天下苦差役不均，盍思所以寬民力、代民勞者。其後略施行。帝方欲用之，以父憂去，未幾卒。

唐英有史材，嘗著仁宗政要、宋名臣傳、蜀檮杌行于世。

劉正夫字德初，衢州西安人。未冠入太學，有聲，與范致虛、吳材、江嶼號「四俊」。元豐八年，南省奏名在優選，而犯高魯王諱，凡五人皆當黜。宣仁后曰：「外家私諱頒未久，不可以妨寒士。」命寘末級。久之，爲太學錄、太常博士。母服闋，御史中丞石豫薦之，召赴闕，道除左司諫。

時方究蔡邸獄，正夫入對，徽宗語及之，徐引淮南「尺布、斗粟」之謠以對。帝感動，解散其獄，待蔡王如初。他日，謂正夫曰：「兄弟之間，人所難言，卿獨能及此，後必爲公輔。」又言：「元祐、紹聖所修神宗史，互有得失，當折中其說，傳信萬世。」遂詔刊定，而以起居舍人爲編修官。不閱月，遷中書舍人，進給事中、禮部侍郎。

蔡京據相位，正夫欲附翼之，奏言：「近命官纂錄紹述先志及施行政事，願得陳力其間。」詔俾閱詳焉。京罷，正夫又與鄭居中陰援京。京憾劉逵次骨，而逵善正夫，京雖賴其助，亦惡之。因章綖鑄錢獄辭及正夫，時使遼還，京諷有司追逮之。帝知其情，第貶兩秩。京又出之成都，入辭，留爲翰林學士。京愈不能平，謀中以事。作春宴樂語，有「紫宸朝罷袞衣閑」之句，京黨張康國密白帝曰：「袞衣豈可閑？」竟改龍圖閣直學士、知河南府。召爲工部尙書，拜右丞，進中書侍郎。太學諸生習樂成，京欲官之。正夫曰：「朝廷長育人材，規爲時用，而使與伶官齒，策名以是，得無爲士子羞乎？」東封儀物已具，正夫請間，力陳不可，帝皆爲之止，益喜其不與京同。

政和六年，擢拜特進、少宰。才半歲，屬疾，三上章告老，除安化軍節度使、開府儀同三司致仕。病小愈，丐東歸，詔肩輿至內殿，長子阜民掖入坐。從容及燕雲事，曰：「臣起書生，軍旅之事未之學，然兩朝信誓之久，四海生靈之衆，願深留聖思。」明日，徙節安靜軍，起充中太一宮使，封康國公。將行，賜之詩及硯筆、圖畫、藥餌、香茶之屬甚厚。正夫獻詩謝，帝又屬和以榮其歸。至盱眙，病亟，命子弟作遺牘，自書「留神根本，深戒持盈」八字，遂卒，年五十六。贈太保，謚文憲，再贈太傅。

正夫由博士入都，馴致宰相，能迎時上下，持祿養權。性吝嗇，惟恐不足於財。晚年，築第杭州萬松嶺，以建閣奉御書爲名，悉取其旁軍營民舍，議者譏之。帝眷念不衰，以阜民爲兵部侍郎；少子阜民，徽猷閣待制。

何執中字伯通，處州龍泉人。進士高第，調台、亳二州判官。亳數易守，政不治。曾鞏至，頗欲振起之，顧諸僚無可仗信者，執中一見合意，事無纖鉅，悉委以剸決。有妖獄久不竟，株連寖多。執中訊諸囚，聽其相與語，謂牛羊之角皆曰「股」，扣其故，閉不肯言，而相視色變。執中曰：「是必爲師張角諱耳。」即扣頭引伏。蔣之奇使淮甸，號彊明，官吏望風震慴，見執中喜曰：「一州六邑，賴有君爾。」知海鹽縣，爲政識後先，邑人紀其十異。

入爲太學博士，以母憂去，寓蘇州。比隣夜半火，執中方槀居，遑遑不能去，拊柩號慟，誓與俱焚。觀者悲其孝而危其難，有頃火卻，柩得存。紹聖中，五王就傅，選爲記室，轉侍講。端王即位，是爲徽宗，超拜寶文閣待制，遷中書舍人、兵部侍郎、工部吏部尚書兼侍讀。四選案籍，吏多藏于家，以舞文取賄。執中請置庫架閣，命官涖之，是後六曹皆倣其法。蔡京籍上書人爲邪等，初無朝覲及入都之禁，執中申言之，且請任在京職秩者皆罷遣。辟雍成，執中請開學殿，使都人士女縱觀，大爲士論所貶。

崇寧四年，拜尚書右丞〔三〕。大觀初，進中書、門下侍郎，積官金紫光祿大夫。一意謹事京，三年，遂代爲尚書左丞〔四〕，加特進。制下，太學諸生陳朝老詣闕上書曰：「陛下知蔡京姦，解其相印，天下之人鼓舞，有若更生。及相執中，中外默然失望。執中雖不敢肆爲非法若京之蠹國害民，然碌碌庸質，初無過人。天下敗壞至此，如人一身，臟府受沴已深，豈庸庸之醫所能起乎？」執中夤緣攀附，致位二府，亦已大幸，遽俾之經體贊元，是猶以蚊負山，多見其不勝任也。」疏奏不省，而眷注益異。初，賜第信陵坊，以爲淺隘，更徙金順坊甲第。建嘉會成功閣，帝親書鉅額以示寵。

執中與蔡京並相，凡營立皆預議，略無所建明。及張商英任事，執中惡其出己上，與鄭居中合擠之。陳瓘在台州，執中起遷人石愰知州事，使脅取尊堯集，謀必死瓘；瓘不死，執中怒罷愰。

政和二年，大長公主喪，罷上元端門觀燈，執中言：「不宜以長主故閼衆情，願特爲徙日，以昭與民同樂之意。」帝重逆其請，爲申五日期。用提舉修哲宗史紀恩，加少保。入宴太清樓，錫白玉帶。會正宰相官名，轉少傅，爲太宰；又遷少師，封榮國公。

執中輔政一紀，年益高。五年，卧疾甚，賜寬告。他日造朝，命止赴六參起居，退治省事。明年，乃以太傅就第，許朝朔望，儀物廩稍，一切如居位時。入見，帝曰：「自相位致爲臣，數十年無此矣。」對曰：「昔張士遜亦以舊學際遇，用太傅致仕，與臣適同。」帝曰：「當時恩禮，恐未必爾。」執中頓首謝。其在政府，嘗戒邊吏勿生事，重改作，惜人材，寬民力。雖居富貴，未嘗忘貧賤時。斥緡錢萬置義莊，以贍宗族。性復謹畏，至於迎順主意，贊飾太平，則始終一致，不能自克。

卒，年七十四。帝卽幸其家，以不及視其病爲恨，輟視朝三日，贈太師，追封淸源郡王，謚曰正獻。

鄭居中字達夫，開封人。登進士第。崇寧中，爲都官禮部員外郎、起居舍人，至中書舍人、直學士院。初，居中自言爲貴妃從兄弟，妃從藩邸進，家世微，亦倚居中爲重，由是連進擢。會妃父紳客祝安中者，上書涉謗訕，言者并及居中，罷知和州，徙潁州。明年，歸故官，遷給事中、翰林學士。大觀元年，同知樞密院。時妃寵冠後宮，於居中無所賴，乃用宦官黃經臣策，以外戚秉政辭。改資政學士、中太一宮使兼侍讀。

蔡京以星文變免，趙挺之相，與劉逵謀盡改京所爲政。未幾，徽宗頗悔更張之暴，外莫有知者。居中往來紳所，知之，卽入見言：「陛下建學校、興禮樂，以藻飾太平；置居養、安濟院，以周拯窮困，何所逆天而致威譴乎？」帝大悟。居中退語禮部侍郎劉正夫，正夫繼請對，語同。帝意乃復向京。京再得政，兩人之助爲多。

居中厚責報，京爲言樞密本兵之地，與三省殊，無嫌於用親。經臣方持權，力抗前說，京言不效。居中疑不已援，始怨之，乃與張康國比而間京。都水使者趙霖得龜兩首於黃河，獻以爲瑞。京曰：「此齊小白所謂『象罔』，見之而霸者也。」居中曰：「首豈宜有二？人皆駭異，而京獨主之，殆不可測。」帝命棄龜金明池，謂「居中愛我」，遂申前命，進知院事。四年，京又罷。居中自許必得相，而帝覺之，不用。妃正位中宮，復以嫌，罷爲觀文殿學士。

政和中，再知樞密院，官累特進。時京總治三省，益變亂法度。居中每爲帝言，帝亦惡京專，尋拜居中少保、太宰，使伺察之。居中存紀綱，守格令，抑僥倖，振淹滯，士論翕然望治。丁母憂，旋詔起復。踰年，加少傅，得請終喪。服除，以威武軍節度使佑神觀。還領樞密院，加少師，連封崇、宿、燕三國公。

朝廷遣使與金約夾攻契丹，復燕雲，蔡京、童貫主之。居中力陳不可，謂京曰：「公爲大臣，國之元老，不能守兩國盟約，輒造事端，誠非妙算。」京曰：「上厭歲幣五十萬，故爾。」居中曰：「公獨不思漢世和戎用兵之費乎？使百萬生靈肝腦塗地，公實爲之。」由是議稍寢。其後金人數攻，契丹日蹙，王黼、童貫復議舉兵，居中又言：「不宜幸災而動，待其自斃可也。」不聽。燕山平，進位太保，自陳無功，不拜。

入朝，暴遇疾歸舍，數日卒，年六十五。贈太師、華原郡王，謚文正。帝親表其隧曰：「政和寅亮醇儒宰臣文正鄭居中之墓。」

居中始仕，蔡京卽薦其有廊廟器。既不合，遂因蔡渭理其父確功狀，追治王珪。居中，珪壻也，故借是撼之，然卒不能害。

子脩年、億年，皆至侍從。億年遭靖康之難，沒入于金。後遣事劉豫，晚得南歸，秦檜以婦氏親擢爲資政殿大學士，位視執政。檜死，亦竄死撫州。

時又有安堯臣者，亦嘗上書論燕雲之事，其言曰：

宦寺專命，倡爲大謀，燕雲之役興，則邊釁遂開；宦寺之權重，則皇綱不振。昔秦始皇築長城，漢武帝通西域，隋煬帝遼左之師，唐明皇幽薊之寇，其失如彼。周宣王伐玁狁，漢文帝備北邊，元帝納賈捐之之議，光武斥臧宮、馬武之謀，其得如此。藝祖撥亂反正，躬擐甲冑，當時將相大臣，皆所與取天下者，豈勇略智力，不能下幽燕哉？蓋以區區之地，契丹所必爭，忍使吾民重困鋒鏑！章聖澶淵之役，與之戰而勝，乃聽其和，亦欲固本而息民也。

今童貫深結蔡京，同納趙良嗣以爲謀主，故建平燕之議。臣恐異時脣亡齒寒，邊境有可乘之釁，狼子蓄銳，伺隙以逞其欲，此臣所以日夜寒心。伏望思祖宗積累之艱難，鑒歷代君臣之得失，杜塞邊隙，務守舊好，無使外夷乘間窺中國，上以安宗廟，下以慰生靈。徽宗然之，命堯臣以官；後竟爲姦謀所奪。堯臣嘗舉進士不第，蓋惇之族子也。

論曰：君子小人，猶冰炭不可一日而處者也。趙挺之爲小官，薄有才具，熙寧新法之行，迎合用事，元祐更化，宜爲諸賢鄙棄。至於紹聖，首倡紹述之謀，觝排正人，靡所不至。其論蔡京，不過爲攘奪權寵之計而已，所謂「楚固爲失，齊亦未爲得」也。徽宗知京不可顓任，乃以張商英、鄭居中輩敢與京爲異者參而用之。殊不知二人者，向背離合，視利所在，亦何有於公議哉？商英以傾詖之行，竊忠直之名，沒齒猶見褒稱，其欺世如此！何執中貪緣舊學，致位兩府，無所建明，惟務娼嫉，至用石悈脅陳瓘取尊堯集，欲因以殺瓘，何爲者耶？宣、政命相，得若而人，尙望治乎？劉正夫生平所爲，睒睥出沒正邪之間，商英之徒也。唐英有淸才而寡失德，獨薦王安石爲可咎；然安石未相，正人端士孰不與之，又何責乎唐英！

張康國字賓老，揚州人。第進士，知雍丘縣。紹聖中，戶部尚書蔡京整治役法，薦以參詳利害，使提舉兩浙常平推行之，豪猾望風斂服。發倉救荒，江南就食者活數萬口。徙福建轉運判官。崇寧元年，入爲吏部、左司員外郎，起居郎。二年，爲中書舍人。徽宗知其能詞章，不試而命。遷翰林學士。三年，進承旨，拜尚書左丞，而以其兄康伯代爲學士。尋知樞密院事。康國自外官爲郎，不三歲至此。

始因蔡京進，京定元祐黨籍，看詳講議司，編彙章牘，皆預密議，故汲汲引援之，帝亦器重焉。及得志，寖爲崖異。帝惡京專愎，陰令沮其姦，嘗許以相。是時，西北邊帥多取部內好官自辟置，以力不以才。康國曰：「並塞當擇人以紓憂顧，奈何欲私所善乎？」乃隨闕選用，定爲格。

京使御史中丞吳執中擊康國，康國先知之。旦奏事，留白帝曰：「執中今日入對，必爲京論臣，臣願避位。」既而執中對，果陳其事，帝叱去之。他日，康國因朝退，趨殿廬，暴得疾，仰天吐舌，舁至待漏院卒，或疑中毒云。年五十四。贈開府儀同三司，謚曰文簡。康伯，仕終吏部尚書。

朱諤字聖與，秀州華亭人，初名紱。進士第二，調忠正軍推官。崇寧初，由太常丞擢殿中侍御史，遷侍御史、給事中。以同黨籍人姓名，故改名。進御史中丞，入謝，徽宗曰：「今朝廷肅清，上下無事，宜審重以稱朕意。」對曰：「前此中執法類不知職守，言事多妄，至過天津橋，見汴隄一角墊陷，乞修葺。如許細故，何足論哉？」帝曰：「然。比石豫、許敦仁妄發，皆如是。」諤遂奏：「願如神宗故事，聽政之餘，開內閣，延羣臣，從容論道。」

又言：「陛下手詔屢下，惻怛願治。然吏奉行者多安於苟簡，或懷二三，柅置不行，使德音善教，無由下達。願分命使者刺舉諸道，有受令而不行及行令而不盡者，論如古留令、虧令之罪，則令出而朝廷尊矣。元祐紛更，凡得罪于熙寧、元豐者，不問是否，輒陳寃訴，自歸無過之地，彰先朝之失刑，希合姦臣，規求進用。門下侍郎許將頃下御史獄，抗章云：『絲毫自知其無事，父子相係而爲四，追屬吏十有六人，繫病者百有三日，終無可坐之罪，遂加不實之刑。』夫以追屬吏如是之多，繫病者如是之久，卒之於無可坐，則先帝所用之刑爲何哉？將於哲廟表，泛爲平詞；至宣仁太后〔五〕之前，則銜寃負痛。其辭如此，於陛下紹述成功，得無少損乎？」詔出將河南。

六察官彈治稽違，近歲察事多者輒推賞，有僥求之敝。諤乞罷賞，使各安職分，從之。俄兼侍讀，徙兵、禮、吏三部尚書。大觀元年，拜右丞〔六〕。居三月卒，年四十。贈光祿大夫，謚忠靖。

諤出蔡京門，善附合，不能有所建白。既死，京爲誌其墓。

劉逵字公路〔七〕，隨州隨縣人。進士高第，調越州觀察判官。入爲太學、太常博士，禮部、考功員外郎，國子司業。崇寧中，連擢祕書少監、太常少卿、中書舍人、給事中、戶部侍郎。使高麗，遷尚書。繇兵部同知樞密院，拜中書侍郎。

逵無他才能，初以附蔡京故躐進。京以彗星見去相，而逵貳中書，首勸徽宗碎元祐黨碑，寬上書邪籍之禁；凡京所行悖理虐民事，稍稍澄正。逵與趙挺之同心；然挺之多智，慮後患，每建白，務開其端，而使逵終其說。逵欲自以爲功，直情不顧。未滿歲，帝疑逵擅政，而鄭居中、劉正夫之策售矣。

帝意既移，於是御史余深、石公弼論逵專恣反覆，乘間抵巇，盡廢紹述良法；愚視丞相，陵蔑同列；凡所啓用，多取爲邪黨學術者及邪籍中子弟；庇其婦兄章綖，使之盜鑄。罷知亳州。

京復相，再責鎭江節度副使，安州居住。京再以星變去，稍起知杭州，加資政殿學士。

以醴泉觀使召，及都而卒，年五十。贈光祿大夫。

林攄字彥振〔六〕，福州人，徙蘇。父邵，顯謨閣直學士。攄用蔭至敕令檢討官。蔡京講明熙寧、元豐故事，引以爲屬，遷屯田、右司員外郎。

時遣朝士察諸道，攄使河北。入辭，言大府宜擇帥，邊州宜擇守，西山木不宜采伐，保甲有藝者宜貢諸朝，驕兵宜使更戍，錢貨、文書闌出疆外者宜遏絕。徽宗喜曰：「卿所陳，已盡河朔利害，毋庸行。」賜進士第，擢起居舍人，進中書舍人。俄直學士院，禁林官不乏，帝特命，遂爲翰林學士。

初，朝廷數取西夏地，夏求援於遼，遼爲請命。攄報聘，京密使激怒之以啓釁。入境，盛氣以待迓者，小不如儀，輒辨詰。及見遼主，始跪授書，卽抗言數夏人之罪，謂北朝不能加責而反爲之請。禮出不意，遼之君臣不知所答。及辭，遼使攄附奏，求還進築夏人城柵。攄答語復不巽，遼人大怒，空客館水漿，絕煙火，至舍外積潦亦汚以矢溲，使饑渴無所得。如是三日，乃遣還，凡饔餼、祖犒皆廢。歸復命，議者以爲怒隣生事，猶除禮部尙書。既而遼人以失禮言，出知潁州。

尋召爲開封尹。大駔負賈錢久不償，一日，盡輦當十錢來，賈疑不納，駔訟之。攄馳詣蔡京，問曰：「錢法變乎？」京色動曰：「方議之，未決也。」攄曰：「令未布而賈人先知，必有與爲表裏者。」退鞫之，得省吏主名，寘于法。

張懷素妖事覺，攄與御史中丞余深及內侍雜治，得民士交關書疏數百，攄請悉焚蕩，以安反側，衆稱爲長者，而京與懷素游最密，攄實爲京地也。京深德之，用鞫獄明允，加秩二等。改兵部尚書，進同知樞密院、尚書左丞、中書侍郎。自大觀元年春至二年五月，繇朝散大夫九遷至右光祿大夫。

集英臚唱貢士，攄當傳姓名。不識「甄盎」字，帝笑曰：「卿誤邪？」攄不謝，而語詆同列。御史論其寡學，倨傲不恭，失人臣禮，黜知滁州。言者不厭，罷，提舉洞霄宮。起爲越州、永興軍，皆以親年高辭。拜端明殿學士，久之，知揚州，政以察察聞，鉏大俠，繩汙吏，下不敢欺。有行商寓逆旅，晨出不反，館人以告，攄曰：「此當不遠，或利其貨殺之耳。」指蹤物色，得屍溝中，果城民張所爲也。

徙大名府。道過闕，爲帝言：「頃使遼，見其國中攜貳，若兼而有之，勢無不可。」攄蓋以曩辱，故修怨焉。其後北伐，蓋兆於此。加觀文殿學士，拜慶遠軍節度使。言者復論罷之。還姑蘇，瘍生於首而卒，年五十九。帝念其奉使之勤，申贈開府儀同三司，錄子偉直祕閣，數月偉死，嗣遂絕。靖康元年，以京死黨，追貶節度副使。

管師仁字元善，處州龍泉人。中進士第，爲廣親、睦親宅教授。通判澧州，知建昌軍，有善政。擢右正言、左司諫。論蘇軾、蘇轍深毀熙寧之政，其門下士吏部員外郎晁補之輩不宜在朝廷，逐去之。河北濱、棣諸州歲被水患，民流未復，租賦故在，師仁請悉蠲減，以綏徠之，一方賴其賜。遷起居郎、中書舍人、給事中、工部侍郎。選曹吏多撓法爲過，師仁暫攝領，發其姦，抵數人於罪，士論稱之。改吏部，進刑部尚書，以樞密直學士知鄧州，未行，改揚州，又徙定州。

時承平百餘年，邊備不整，而遼橫使再至，爲西人請侵疆。朝廷詔師仁設備，至則下令增陴浚湟，繕葺甲胄。僚吏懼，不知所裁。師仁預爲計度，一日而舉衆十萬，轉盼迄成，外間無知者。於是日與賓客燕集，以示閒暇，使敵不疑。帝手書詔獎激。召爲吏部尚書，俄同知樞密院。才兩月，病。拜資政殿學士、佑神觀使，卒，年六十五。贈正奉大夫。

侯蒙字元功，密州高密人。未冠，有俊聲，急義好施，或一日揮千金。進士及第，調寶雞尉，知柏鄉縣。民訟皆決于庭，受罰者不怨。轉運使黃湜聞其名，將推轂之，召詣行臺白事，蒙以越境不肯往。湜怒，他日行縣，閱理文書，欲翻致其罪；既而無一疵可指，始以賓禮見，曰：「君眞能吏也。」率諸使者合薦之。徙知襄邑縣，擢監察御史，進殿中侍御史。

崇寧星變求言，蒙疏十事，曰去冗官，容諫臣，明嫡庶，別賢否，絕倖冀，戒濫恩，寬疲民，節妄費，戚里毋預事，閹寺毋假權。徽宗聽納，有大用意。遷侍御史。

西將高永年死于羌，帝怒，親書五路將帥劉仲武等十八人姓名，敕蒙往秦州逮治。既行，拜給事中。至秦，仲武等囚服聽命，蒙曉之曰：「君輩皆侯伯，無庸以獄吏辱君，第以實對。」案未上，又拜御史中丞。蒙奏言：「漢武帝殺王恢，不如秦繆公赦孟明；子玉縊而晉侯喜，孔明亡而蜀國輕。今羌殺吾一都護，而使十八將繇之而死，是自艾其支體也。欲身不病，得乎？」帝悟，釋不問。

遷刑部尙書，改戶部。比歲郊祭先期告辦，尙書輒執政。至是，帝密諭之。對曰：「以財利要君而進，非臣所敢。」母喪，服除，歸故官，遂同知樞密院。進尙書左丞、中書侍郎。先是，御史中丞蔡嶷詆張商英私事甚力，有旨令廷辨。蒙曰：「商英雖有罪，宰相也；蔡嶷雖言官，從臣也。使之廷辨，豈不傷國體乎？」帝以爲然。一日，帝從容問：「蔡京何如人？」對曰：「使京能正其心術，雖古賢相何以加。」帝頷首，且使密伺京所爲。京聞而銜之。大錢法敝，朝廷議改十爲三，主藏吏來告曰：「諸府悉輦大錢市物于肆，皆疑法當變。」蒙曰：「吾府之積若干？」曰：「八千緡。」蒙叱曰：「安有更革而吾不知！」明日，制下。又嘗有幾事蒙獨受旨，京不知也；京偵得之，白于帝，帝曰：「侯蒙亦如是邪？」罷知亳州。旋加資政殿學士。

宋江寇京東，蒙上書言：「江以三十六人橫行齊、魏，官軍數萬無敢抗者，其才必過人。今青溪盜起，不若赦江，使討方臘以自贖。」帝曰：「蒙居外不忘君，忠臣也。」命知東平府，未赴而卒，年六十八。贈開府儀同三司，謚文穆。

論曰：崇寧、宣和之間，政在蔡京，罷不旋踵輒起，姦黨日蕃。一時貪得患失之小人，度徽宗終不能去之，莫不趨走其門。若張康國、朱諤、劉逵、林攄者，皆是也。康國、逵中雖異京，然其材智皆非京敵，卒爲京黨所擊。攄奉京姦謀，激怒鄰國，渝約啓釁，罪莫大焉。易曰：「開國承家，小人勿用。」其謂是歟！管師仁執政僅兩月，引疾求去，斯可尙已。侯蒙逮治五路將帥，力爲申理，十八人者繇之而免，其仁人利溥之言乎？

校勘記

〔一〕通川　原作「通州」，據琬琰集下編卷一六張少保商英傳、東都事略卷一〇二本傳改。

〔二〕出大臣私忿　「忿」原作「分」。琬琰集下編卷一六張少保商英傳作「忿」，據改。

〔三〕尚書右丞　當作「尚書左丞」，見本書卷二〇徽宗紀、東都事略卷一〇二本傳。

〔四〕尚書左丞　當作「尚書左僕射」，見同上書同卷同篇。

〔五〕宣仁太后　原作「宣和太后」。按宣和太后是宋高宗之母，見本書卷二四三韋賢妃傳。朱諤上書在崇寧時，討論的是元祐時事，不應提到韋后。元祐時，宣仁太后垂簾聽政。此處「和」字係「仁」字之訛，據改。

〔六〕右丞　「丞」下原衍「相」字，據本書卷二〇徽宗紀、東都事略卷一〇三本傳刪。

〔七〕公路　東都事略卷一〇三本傳、宋宰輔編年錄卷一一都作「公達」。

〔八〕彥振　東都事略卷一〇三林攄傳、宋宰輔編年錄卷一二都作「彥福」。

宋史卷三百五十二

列傳第一百一十一

唐恪　李邦彥　余深　薛昂　吳敏　王安中　王襄
趙野　曹輔　耿南仲 王寓附

唐恪字欽叟，杭州錢塘人。四歲而孤，聞人言其父，輒悲泣。以蔭登第，調郴尉。縣民有被害而尸不獲，吏執其鄰人，抑使自誣，令以爲信。恪爭之，令曰：「否將爲君累。」恪曰：「吾爲尉而盜不能捕，更俾亡辜死乎？」躬出訪求，夕，若有告者，旦而得尸，遂獲盜。知榆次，縣豪子雄於鄉，萃逋庇姦，不輸公賦，前後莫敢詰。恪以理善曉之，悟而自悔，折節爲長者。最聞，擢提舉河東常平、江東轉運判官。

大觀中，牂牁內附，召爲屯田員外郎，持節招納夷人。夷始恫疑，衷甲以逆，恪盡去兵衞，從數十卒單行。夷望見懽呼，投兵聽命。以奉使稱職，遷右司員外郎、起居舍人。迎遼使還，言河北邊備弛廢，宜及今無事，以時治之。徽宗壯之，曰：「非卿誰宜爲者。」命爲都轉運使，加集賢殿修撰。中貴人稱詔有所市，愔不答，憤而歸，中以它事，降直龍圖閣、知梓州。

歷五年，徙滄州。河決，水犯城下，愔乘城救理。都水孟昌齡移檄索船與兵，愔報水勢方惡，舡當以備緩急；滄爲極邊，兵非有旨不敢遣。昌齡怒，劾之，愔不爲動，益治水。水去，城得全，詔書嘉獎。乃上疏請暫免保甲、保馬呈閱及復諸縣租，等第振貸，以寬被水之民。未報，悉便宜罷行之，民大悅。

進龍圖閣待制、知揚州，召拜戶部侍郎。京師暴水至，汴且溢，付愔治之。或請決南隄以紓宮城之患，愔曰：「水漲隄壞，此亡可奈何，今決而浸之，是魚鼈吾民也。」亟乘小舟，相水源委，求所以利導之，乃決金隄注之河。浹旬水平，入對，帝勞之曰：「宗廟社稷獲安，卿之力也。」愔再拜，因上疏言：「水，陰類也，至犯京闕，天其或者以陰盛之沴儆告陛下乎？願垂意時事，益謹天戒。」

宣和初，遷尚書，帝許以二府。爲宰相王黼所陷，罷知滁州。言者論其治第歷陽，擾民踰制，提舉鴻慶宮。五年，起知靑州；未行，召爲吏部尚書，徙戶部。復請外，以延康殿學士知潭州，請往錢塘掃墓，然後之官，遂改杭州。

靖康初，金兵入汴，李邦彥薦之，拜同知樞密院事，至則爲中書侍郎。時進見者多論宣和間事，恪言於欽宗曰：「革弊當以漸，宜擇今日之所急者先之。而言者不顧大體，至毛舉前事，以快一時之憤，豈不傷太上道君之心哉。京、攸、黼、貫之徒既從竄斥，姑可已矣，他日邊事既定，然後白道君，請下一詔，與天下共棄之，誰曰不可。」帝曰：「卿論甚善，爲朕作詔書，以此意布告在位。」因賜東宮舊書萬卷，且用近比除子璟直祕閣，力辭之。

八月，進拜少宰兼中書侍郎，帝注禮之甚渥。然恪爲相，無濟時大略。金騎再來，邀割三鎮，恪集廷臣議，以爲當與者十九，恪從之。使者既行，於是諸道勤王兵大集，輒諭止令勿前，皆反旆而去。洎金兵薄城下，始悔之，密言於帝曰：「唐自天寶而後屢失而復興者，以天子在外可以號召四方也。今宜舉景德故事，留太子居守而西幸洛，連據秦、雍，領天下親征，以圖興復。」帝將從其議，而開封尹何㮚入見，引蘇軾所論，謂周之失計，未有如東遷之甚者。帝幡然而改，以足頓地曰：「今當以死守社稷。」擢㮚門下侍郎，恪計不用。

從帝巡城，爲都人遮擊，策馬得脫，遂臥家求去。御史胡舜陟繼劾其罪，謂「恪之智慮不能經畫邊事，但長於交結內侍，今國勢日蹙，誠不可以備位」。乃以觀文殿大學士、中太一宮使兼侍讀罷，㮚代爲相。

京城不守，車駕至金帥營，恪曰：「計失矣。一入，將不得還。」既而還宮，恪迎拜道左，請入覲，㮚不可。二年正月，復辛，恪曰：「一之謂甚，其可再乎？」及金人逼百官立張邦昌，令吳幵、莫儔入城取推戴狀，恪旣書名，仰藥而死。

李邦彥字士美，懷州人。父浦，銀工也。邦彥喜從進士游，河東舉人入京者，必道懷訪邦彥。有所營置，浦亦罷工與爲之，且復資給其行，由是邦彥聲譽奕奕。入補太學生，大觀二年，上舍及第，授祕書省校書郎，試符寶郎。

邦彥俊爽，美風姿，爲文敏而工。然生長閭閻，習猥鄙事，應對便捷；善謳謔，能蹴鞠，每綴街市俚語爲詞曲，人爭傳之，自號李浪子。言者劾其游縱無檢，罷符寶郎，復爲校書郎。俄以吏部員外郎領議禮局，出知河陽，召爲起居郎。邦彥善事中人，爭薦譽之，累遷中書舍人、翰林學士承旨。

宣和三年，拜尙書右丞；五年，轉左丞。浦死，贈龍圖閣直學士，謚曰宣簡。邦彥起復，與王黼不協，陰結蔡攸、梁師成等，譖黼罷之。明年，拜少宰，無所建明，惟阿順趨諂充位而已，都人目爲「浪子宰相」。

徽宗內禪，命爲龍德宮使，升太宰。知衆議不與，外患日偪，抗疏丐宮祠。金人旣薄都城，李綱、种師道罷，邦彥堅主割地之議。太學生陳東數百人伏宣德門上書，言邦彥及白時中、張邦昌、趙野、王孝迪、蔡懋、李棁之徒爲社稷之賊，請斥之。邦彥退朝，羣指而大詬，且欲毆之，邦彥疾驅得免。迺以特進、觀文殿大學士充太一宮使。不旬日，吳敏爲請，復起爲太宰。人皆駭愕，言者交論之。出知鄧州，遂請持餘服，提舉亳州明道宮。建炎初，以主和誤國，責建武軍節度副使，潯州安置。

方蔡京、王黼用事，附麗者多援引入政府，若余深、薛昂、吳敏、王安中、趙野，史皆逸其事，因附著於此云。

余深，福州人。元豐五年，進士及第。崇寧元年，爲太常博士、著作佐郎，改司封員外郎，拜監察御史、殿中侍御史，試辟廱司業。

累官御史中丞兼侍讀。治張懷素獄，事連蔡京，與開封尹林攄曲爲掩覆，獄辭有及京者，輒焚之。京遂力引深與攄，驟至執政。大觀二年，以吏部尚書拜尚書左丞。三年，轉中書侍郎；四年，轉門下侍郎。京既致仕，深不自安，累疏請罷，乃以資政殿學士知青州。政和二年，京復赴都堂治事，於是深復入爲門下侍郎。七年，拜少宰。宣和元年，爲太宰，進拜少保，封豐國公。再封衞國，加少傅。時福建以取花果擾民，深爲言之，徽宗不悅。遂請罷，出爲鎭江軍節度使、知福州。靖康初，加恩特進、觀文殿大學士。故事，凡僕射、使相、宣徽使皆判州府，深以少傅、節度知福州，有司失之也。

深諂附蔡京，結爲死黨。京姦謀詭計得助多者，深爲首，攄次之。言者累章劾深，深益懼，丐致仕。建炎二年，降中大夫，臨江軍居住。尋以渡江赦恩，還鄉里，卒。子日章，亦以言者罷徽猷閣待制。

薛昂，杭州人，登元豐八年進士第。崇寧初，歷太學博士、校書郎、著作佐郎，爲殿中侍御史，試起居郎，改中書舍人兼侍講，升給事中兼大司成。

昂寡學術，士子有用史記、西漢語，輒黜之。在哲宗時，常請罷史學，哲宗斥爲俗佞。拜翰林學士，以不稱職改刑部尙書，轉兵部。大觀三年，拜尙書左丞。明年，請補外，出知江寧，徙河南。久之，提舉嵩山崇福宮。

政和三年，蔡京復用事，昂復自尙書右丞爲左丞，遷門下侍郎。尋請罷，授彰化軍節度使、佑神觀使，改特進，充資政殿大學士、知應天府。昂與余深、林攄始終附會蔡京，至舉家爲京諱。或誤及之，輒加笞責，昂嘗誤及，卽自批其口。靖康初，言者斥其罪，詔以金紫光祿大夫致仕。杭州軍亂，昂不請命領州事，責徽州居住。

昂主王氏學，嘗在安石坐，圍棋賭詩，局敗，昂不能作，安石代之，時人以爲笑云。

吳敏字元中〔一〕，眞州人。大觀二年，辟雍私試首選。蔡京喜其文，欲妻以女，敏辭。因擢浙東學事司幹官，爲祕書省校書郎，京薦之充館職。中書侍郞劉正夫以敏未嘗過省，不可，京乃請御筆特召上殿，除右司郎官。御筆自此始，違者以大不恭論，繇是權倖爭請御筆，而繳駁之任廢矣。升中書舍人、同修國史，改給事中。敏爲蔡京所引，鄭居中方秉政，敏數言其失，居中銜之。坐駁盜當死者，罷爲右文殿修撰、提擧南京鴻慶宮。久之，復爲給事中、權直學士院兼侍講。

徽宗將內禪，蔡攸探知上意，引敏入對。宰臣執政皆在，敏前奏事，且曰：「金人渝盟，擧兵犯順，陛下何以待？」上蹙然曰：「奈何！」時東幸計已定，命戶部尙書李梲先出守金陵。敏退，詣都堂言曰：「朝廷便爲棄京師計，何理也？此命果行，須死不奉詔。」宰執以爲言，梲遂罷行。皇太子除開封尹，上去意益決，敏因奏對得請，遂薦李綱。綱嘗語敏以上宜傳位，如唐天寶故事，故薦之，冀上或有所問也。明日，宰臣奏事，徽宗獨留李邦彥，語敏所對。命除門下侍郎，輔太子。敏辭曰：「臣既畫計，當從陛下巡幸。陛下且傳位，而臣受不次之擢，臣曷敢？」上曰：「不意卿乃爾敢言。」於是命敏草傳位詔。

欽宗既立，上皇出居龍德宮，敏與蔡攸同爲龍德宮副使，遷知樞密院事，拜少宰。敏主和議，與太宰徐處仁議不合，紛爭上前。御史中丞李回劾之，與處仁俱罷，爲觀文殿大學士、醴泉觀使。頃之，言者論其芘蔡京父子，出知揚州，再貶崇信軍節度副使，涪州安置。建炎初，移柳州。俄用范宗尹薦，起知潭州，敏辭免，丐宮祠，乃提舉洞霄宮。紹興元年，復觀文殿大學士，爲廣西、湖南宣撫使，卒于官。

王安中字履道，中山陽曲人。進士及第，調瀛州司理參軍、大名縣主簿，歷祕書省著作郎。政和間，天下爭言瑞應，廷臣輒箋表賀，徽宗覩所作，稱爲奇才。他日，特出制詔三題使具草，立就，上卽草後批：「可中書舍人。」未幾，自祕書少監除中書舍人，擢御史中丞。開封邏卒夜跡盜，盜脫去，民有驚出與卒遇，縛以爲盜；民訟諸府，不勝考掠之慘，遂誣服。安中廉知之，按得寃狀，卽出民，抵吏罪。

有徐禋者，以增廣鼓鑄之說媚于蔡京，京奏遣禋措置東南九路銅事，且令搜訪寶貨。禋圖繪阬冶，增舊幾十倍，且請開洪州嚴陽山阬，迫有司承歲額數十兩。其所烹煉，實得銖兩而已。禋術窮，乃妄請得希世珍異與古之寶器，乞歸書藝局，京主其言。安中獨論禋欺上擾下，宜令九路監司覆之，禋竟得罪。

時上方鄉神仙之事，蔡京引方士王仔昔以妖術見，朝臣戚里寅緣關通。安中疏請自今招延山林道術之士，當責所屬保任，宜召出入，必令察視其所經由，仍申嚴臣庶往還之禁；幷言京欺君僭上、蠹國害民數事。上悚然納之。已而再疏京罪，上曰：「本欲卽行卿章，以近天寧節，俟過此，當爲卿罷京。」京伺知之，大懼，其子攸日夕侍禁中，泣拜懇祈。上爲遷安中翰林學士，又遷承旨。

宣和元年，拜尚書右丞；三年，爲左丞。金人來歸燕，謀帥臣，安中請行。王黼贊於上，授慶遠軍節度使、河北河東燕山府路宣撫使〔三〕、知燕山府，遼降將郭藥師同知府事。藥師跋扈，府事皆專行，安中不能制，第曲意奉之，故藥師愈驕。俄加檢校少保，改少師。時山後諸州俱陷，唯平州爲張覺所據。金人入燕，以覺爲臨海軍節度使。其後叛金，金人攻之，覺敗奔燕。金人來索急，安中不得已，縊殺之，函其首送金。郭藥師宣言曰：「金人欲覺卽與，若求藥師，亦將與之乎？」安中懼，奏其言，因力求罷。藥師自是解體，金人終以是啓釁。安中以上清寶籙宮使兼侍讀召還，除檢校太保、建雄軍節度使、大名府尹兼北京留守司公事。

靖康初，言者論其締合王黼、童貫及不幾察郭藥師叛命，罷爲觀文殿大學士、提舉嵩山崇福宮；又責授朝議大夫、祕書少監、分司南京，隨州居住；又貶單州團練副使，象州安置。高宗卽位，內徙道州，尋放自便。紹興初，復左中大夫。子辟章知泉州，迎安中往，未幾卒，年五十九。

安中爲文豐潤敏拔，尤工四六之製。徽宗嘗宴睿謨殿，命安中賦詩百韻以紀其事。詩成，賞歎不已，令大書于殿屛，凡侍臣皆以副本賜之。其見重如此。有初寮集七十六卷傳于世。

王襄初名寧，鄧州南陽人，擢進士第。崇寧二年，以軍器監主簿言事稱旨，擢庫部員外郎，改光祿少卿，出察訪陝西。還，爲顯謨閣待制、權知開封府。府事浩穰，訟者株蔓千餘人，縲繫滿獄。襄晝夜決遣，四旬俱盡；又閱月，獄再空。遷龍圖閣直學士、吏部侍郎，出知杭州；未至，改海州，又改應天府，徙鄆州。召爲禮部尙書，移兵部，出知潁州，改永興軍。蒲城妖賊王寧適同姓名，請更名宓。爲左司諫石公弼所劾，徙汝州，俄奪學士，提舉南京鴻慶宮。

大觀三年，以集賢殿修撰知潭州，改兵部侍郎，使高麗。還對稱旨，詔賜名襄。歷工部、吏部尚書，拜同知樞密院事。坐薦引近侍，以延康殿學士罷知亳州；又坐交通郭天信落職，提舉嵩山崇福宮。久之，起知郢州，復學士秩，尋加資政殿學士，徙知淮寧府。以言事忤王黼，復提舉崇福宮。

宣和六年，起爲河南尹。金人再入，出爲西道都總管，張杲副之。高宗開大元帥府，襄以所部兵會于虞城縣。卽位，命襄知河南府。襄初與趙野分總西北道諸軍，金人圍京師，徵兵入援，二人故迂道宿留。至是，降寧遠軍節度副使，永州安置，卒。

趙野，開封人。登政和二年進士第。歷監察御史、殿中侍御史，試起居舍人兼太子舍人，俄遷中書舍人、給事中、大司成，拜刑部尚書、翰林學士。時蔡京、王黼更秉政，植黨相擠，一進一退，莫有能兩全者，野處之皆得其心，京、黼亦待之不疑。宣和七年，拜尚書右丞，升左丞。

靖康初，爲門下侍郎。徽宗東幸，詔野爲行宮奉迎使。以左司諫陳公輔言，罷野行，出爲北道都總管，顏岐副之。已而落職，提舉嵩山崇福宮。元帥府建，命與范訥爲宣撫司，守東京，尋帥師屯宛亭，以待王師。王襄旣責，野亦降安遠軍節度副使，邵州安置。建炎元年，復起知密州。時盜賊充斥山東，車駕如淮南，命令阻絕，野棄城去。軍校杜彥等乘間作亂，追野以歸。彥坐堂上數之曰：「汝知州而攜家先遁，此州之人，誰其爲主？」野不能應，遂見殺。家屬悉爲賊所分，唯子學老得免。

曹輔字載德，南劍州人。第進士。政和二年，以通仕郎中詞學兼茂科〔三〕，歷祕書省正字。自政和後，帝多微行，乘小轎子，數內臣導從。置行幸局，局中以帝出日謂之有排當，次日未還，則傳旨稱瘡痍，不坐朝。始，民間猶未知。及蔡京謝表有「輕車小輦，七賜臨幸」，自是邸報聞四方，而臣僚阿順，莫敢言。輔上疏略曰：

陛下厭居法宮，時乘小輿，出入廛陌之中、郊坰之外，極游樂而後反。道塗之言始猶有忌，今乃談以爲常，某日由某路適某所，某時而歸，又云輿飾可辨而避。臣不意陛下當宗廟社稷付託之重，玩安忽危，一至於此。夫君之與民，本以人合，合則爲腹心，離則爲楚、越，畔服之際在於斯須，甚可畏也。昔者仁祖視民如子，憫然惟恐其或傷。一旦宮闈不禁，衞士輒踰禁城，幾觸寶瑟。荷天之休，帝躬保祜。俚語有之，『盜憎主人』，主人何負於盜哉？況今革冗員，斥濫奉，去浮屠，誅胥吏，蚩愚之民，豈能一一引咎安分？萬一當乘輿不戒之初，一夫不逞，包藏禍心，發蠭蠆之毒，奮獸窮之計，雖神靈垂護，然亦損威傷重矣。又況有臣子不忍言者，可不戒哉！

臣願陛下深居高拱，淵默雷聲，臨之以穹昊至高之勢，行之以日月有常之度。及其出也，太史擇日，有司除道，三衞百官，以前以後。若曰省煩約費，以便公私，則臨時降旨，存所不可闕，損所未嘗用。雖非祖宗舊制，比諸微服晦跡，下同臣庶，堂陛陵夷，民生姦望，不猶愈乎？

上得疏，出示宰臣，令赴都堂審問。太宰余深曰：「輔小官，何敢論大事？」輔對曰：「大官不言，故小官言之。官有大小，愛君之心，則一也。」少宰王黼陽顧左丞張邦昌、右丞李邦彥曰：「有是事乎？」皆應以不知。輔曰：「茲事雖里巷細民無不知，相公當國，獨不知邪？曾此不知，焉用彼相！」黼怒其侵己，令吏從輔受辭。輔操筆曰：「區區之心，一無所求，愛君而已。」退，待罪於家。黼奏不重責輔，無以息浮言，遂編管郴州。輔將言，知必獲罪，召子紳來，付以家事，迺閉戶草疏。夕有惡鳥鳴屋極，聲若紡輪，心知其不祥，弗恤也。處郴六年，黼當國不得移，輔亦怡然不介意。

靖康元年，召爲監察御史，守殿中侍御史，除左諫議大夫、御史中丞。不旬日，拜延康殿學士、簽書樞密院事。未幾，免簽書。金人圍汴都，要親王、大臣出盟，輔與尚書左丞馮澥出使粘罕軍。康王開元帥府于相州，金人請欽宗詔召之，乃遣輔往迓。至曹州，不見而復，遂從二帝留金軍中。張邦昌請歸輔，輔歸，乞奉祠，邦昌不從。康王次南京，邦昌遣輔來見。康王卽位，輔仍舊職。未幾卒，詔厚恤其家。

耿南仲，開封人。與余深同年登第，歷提舉兩浙常平，徙河北西路，改轉運判官、提點廣南東路及夔州路刑獄、荆湖江西兩路轉運副使，入爲戶部員外郎、辟雍司業，坐事罷知衢州。政和二年，以禮部員外郎爲太子右庶子，改定王、嘉王侍讀，俄試太子詹事、徽猷閣直學士，改寶文閣直學士。在東宮十年。

欽宗辭內禪，得疾，出臥福寧殿，宰相百官班俟，日暮不敢退。李邦彥曰：「皇太子素親耿南仲，可召之入。」南仲與吳敏至殿中侍疾。明日，帝卽位，拜資政殿大學士、簽書樞密院事。未幾，免簽書。帝以南仲東宮舊臣，禮重之，賜宅一區，升尚書左丞、門下侍郎。

金人再舉鄉京師，請割三鎭以和，議者多主戰守，唯南仲與吳幵堅欲割地。康王使軍前，請南仲偕。帝以其老，命其子中書舍人延禧代行。金人次洛陽，不復言三鎭，直請畫河爲界。於是議遣大臣往，南仲以老辭，聶昌以親辭。上大怒，卽令南仲出河東、昌出河北，議割地。

初，南仲自謂事帝東宮，首當柄用，而吳敏、李綱越次進，位居己上，不能平。因每事異議，擯斥不附己者。綱等謂不可和，而南仲力沮之，惟主和議，故戰守之備皆罷。康王在相州，南仲偕金使王汭往衞州。鄉兵危殺汭，汭脫去，南仲獨趣衞，衞人不納。走相州，以上旨喩康王，起河北兵入衞京師，因連署募兵榜揭之，人情始安。二帝北行，南仲與文武官吏勸進。

高宗旣卽位，薄南仲爲人，因其請老，罷爲觀文殿大學士〔四〕、提舉杭州洞霄宮。延禧以龍圖閣直學士知宣州。已而言者論其主和誤國罪，詔鐫學士秩，延禧亦落職與祠。尋責南仲臨江軍居住。御史中丞張澂又言：「南仲趣李綱往救河東，以致師潰，蓋不恤國事，用此報讎。」帝曰：「南仲誤淵聖，天下共知，朕嘗欲手劍擊之。」命降授別駕，安置南雄，行至吉州卒。建炎四年，復觀文殿大學士〔五〕。

王寓字元忠，江州人。父易簡，資政殿大學士兼侍講。寓歷校書郎、著作佐郎、度支員外郎兼充編修官、國子司業，爲起居舍人，改中書舍人兼蕃衍宅直講。欽宗立，以給事中兼邇英殿經筵侍講，轉吏部侍郎，升禮部尚書、翰林學士。

康王之使金也，以寓爲尚書左丞副之。寓憚行，假夢兆丐免，易簡亦上書以請。上震怒，追毀左丞命，降單州團練副使，新州安置，并易簡宮祠黜之。建炎四年，賊馬進破江州，易簡等三百人俱被害。

論曰：三代之後，有天下而長久者，漢、唐、宋爾。漢、唐末世，朋黨相确，小人在位，然猶有君子扶持遷延，浸微浸滅；未有純用小人，至於主辱國播，如宋中葉之烈也。蔡京以紹述爲羅，張端官、修士而盡之，上箝下錮，其術巧矣。徽宗亦頗悟，間用鄭居中、王黼、李邦彥輩，褫京柄權。以不肖易不肖，猶去野葛而代烏喙也，庸愈哉！當是時，王、蔡二黨，階京者芘京，締黼者右黼，援麗省臺，迭相指嗾，徼功挑患，汴、洛既震，則恇縮無策，苟生匄和。彼邦彥、安中、深、敏輩誤國之罪，當正其僇，而欽、高二君徒從竄典，信失刑矣。恪既預推戴，署狀乃死，無足贖者。輔以小臣劘上，面譙大臣，坐斥不變，獨終始無朋與，其賢矣乎。

校勘記

〔一〕元中　北盟會編卷五四引林泉野記和詩選、李幼武皇朝名臣言行續錄卷二吳敏條，都作「元忠」。

〔二〕河北河東燕山府路宣撫使　「東」原作「南」，據本書卷二二徽宗紀、宋會要職官四一之二〇改。

〔三〕詞學兼茂科　「詞」原作「問」，據宋會要選舉一二之七、皇朝名臣言行續錄卷二曹輔條改。

〔四〕觀文殿大學士　本書卷二一三宰輔表、繫年要錄卷五都作「觀文殿學士」，此處「大」字疑衍。

〔五〕觀文殿大學士　宋宰輔編年錄卷一四、繫年要錄卷三八都作「觀文殿學士」，此處「大」字疑衍。

宋史卷三百五十三

列傳第一百一十二

何㮚　孫傅　陳過庭　張叔夜　聶昌　張閣　張近　鄭僅

宇文昌齡子常　許幾　程之邵　龔原　崔公度　蒲卣

何㮚字文縝，仙井人。政和五年進士第一，擢祕書省校書郎。踰年，提舉京畿學事，召爲主客員外郎、起居舍人，遷中書舍人兼侍講。

徽宗數從咨訪，欲付以言責。或論㮚與蘇軾鄉黨，宗其曲學，出知遂寧府。已而留爲御史中丞，論王黼姦邪專橫十五罪，黼既抗章請去，而尤豫未決。㮚繼上七章，黼及其黨胡松年、胡益〔一〕等皆罷，㮚亦以徽猷閣待制知泰州。

欽宗立，復以中丞召。閱月，爲翰林學士，進尚書右丞、中書侍郎。會王雲使金帥斡离不軍還，言金人怒割三鎮緩，卻禮幣弗納曰，兼旬使不至，則再舉兵。於是百官議從其請。

𠐊曰：「三鎭，國之根本，奈何一旦棄之。況金人變詐罔測，安能保必信？割亦來，不割亦來。」宰相主割議，𠐊論辨不已，曰：「河北之民，皆吾赤子。棄地則并其民棄之，豈爲父母意哉？」帝頗悟。𠐊請建四道總管，使統兵入援，以胡直孺、王襄、趙野、張叔夜領之。兵既響應，而唐恪、耿南仲、聶昌信和議，相與謀曰：「方繼好息民而調發不已，使金人聞之，奈何？」亟檄止之。

𠐊解政事，俄以資政殿大學士領開封尹。金兵長驅傅城下，帝罷恪相，而拜𠐊爲尙書右僕射兼中書侍郎，始復三省舊制。時康王在河北，信使不通，𠐊建議請以爲元帥，密草詔稿上之。乃以康王充天下兵馬大元帥，陳遘充兵馬元帥，宗澤、汪伯彥充副元帥。京城失守，從幸金帥營，遂留不返。既而議立異姓，金人曰：「唯何𠐊、李若水毋得預議。」既陷朔庭，𠐊仰天大慟，不食而死，年三十九。

建炎初，詔以爲觀文殿大學士、提舉玉局觀使，祿其家。訃聞，贈開府儀同三司，議者指其誤國，不行。秦檜自北還，具道其死時狀，乃改贈大學士，官其家七人。

孫傅字伯野，海州人。登進士第，中詞學兼茂科，爲祕書省正字、校書郎、監察御史、禮部員外郎。時蔡脩爲尚書，傅爲言天下事，勸其亟有所更，不然必敗。脩不能用。遷祕書少監，至中書舍人。

宣和末，高麗入貢，使者所過，調夫治舟，騷然煩費。傅言：「索民力以妨農功，而於中國無絲毫之益。」宰相謂其所論同蘇軾，奏貶蘄州安置。給事中許翰以爲傅論議雖偶與軾合，意亦亡他，以職論事而責之過矣。翰亦罷去。靖康元年，召爲給事中，進兵部尚書。上章乞復祖宗法度，欽宗問之，傅曰：「祖宗法惠民，熙、豐法惠國，崇、觀法惠姦。」時謂名言。十一月，拜尚書右丞，俄改同知樞密院。

金人圍都城，傅日夜親當矢石。讀丘濬感事詩，有「郭京楊適劉無忌」之語，於市人中訪得無忌，龍衞兵中得京。好事者言京能施六甲法，可以生擒二將而掃蕩無餘，其法用七千七百七十七人。朝廷深信不疑，命以官，賜金帛數萬，使自募兵，無問技藝能否，但擇其年命合六甲者。所得皆市井游惰，旬日而足。有武臣欲爲偏裨，京不許，曰：「君雖材勇，然明年正月當死，恐爲吾累。」其誕妄類此。

敵攻益急，京談笑自如，云：「擇日出兵三百，可致太平，直襲擊至陰山乃止。」傅與何㮚尤尊信，傾心待之。或上書見傅曰：「自古未聞以此成功者。正或聽之，姑少信以兵，俟有尺寸功，乃稍進任。今委之太過，懼必爲國家羞。」傅怒曰：「京殆爲時而生，敵中瑣微無不知者。幸君與傅言，若告他人，將坐沮師之罪。」揖使出。又有稱「六丁力士」、「天關大將」、「北斗神兵」者，大率皆効京所為，識者危之。京曰：「非至危急，吾師不出。」㮚數趣之，徙期再三，乃啓宣化門出，戒守陴者悉下城，無得竊覘。京與張叔夜坐城樓上。金兵分四翼譟而前，京兵敗退，墮於護龍河，塡屍皆滿，城門急閉。京遽白叔夜曰：「須自下作法。」因下城，引餘衆南遁。是日，金人遂登城。

二年正月，欽宗詣金帥營，以傅輔太子留守，仍兼少傅。帝兼旬不返，傅屢貽書請之。及廢立檄至，傅大慟曰：「吾惟知吾君可帝中國爾，苟立異姓，吾當死之。」金人來索太上、帝后、諸王、妃主，傅留太子不遣。密謀匿之民間，別求狀類宦者二人殺之〔三〕，幷斬十數死囚，持首送之，紿金人曰：「宦者欲竊太子出，都人爭鬥殺之，誤傷太子。因帥兵討定，斬其爲亂者以獻。苟不已，則以死繼之。」越五日，無肯承其事者。傅曰：「吾爲太子傅，當同生死。金人雖不吾索，吾當與之俱行，求見二酋面責之，庶或萬一可濟。」傅寓直皇城司，其子來省，叱之曰：「使汝勿來，而竟來邪！吾已分死國，雖汝百輩來何益！」揮使速去。子亦泣曰：「大人以身徇國，兒尙何言。」遂以留守事付王時雍而從太子出。至南薰門，范瓊力止之，金守門者曰：「所欲得太子，留守何預？」傅曰：「我宋之大臣，且太子傅也，當死從。」是夕，宿門下；明日，金人召之去。明年二月，死於朔廷。

紹興中，贈開府儀同三司，謚曰忠定。

陳過庭字賓王，越州山陰人。中進士第，爲館陶主簿、澶州教授、知中牟縣，除宗子博士。何執中、侯蒙器其才，薦之，擢祠部、吏部、右司員外郎。使契丹，過庭初名揚庭，辭日，徽宗改賜今名。時人或傳契丹主苦風痺，又箭損一目，過庭歸證其妄，且勸帝以邊備爲念。遷太常少卿、起居舍人。

宣和二年，進中書舍人；纔七日，遷禮部侍郎；未盡一月，又遷御史中丞兼侍讀。睦寇竊發，過庭言：「致寇者蔡京，養寇者王黼，竄二人，則寇自平。又朱勔父子，本刑餘小人，交結權近，竊取名器，罪惡盈積，宜昭正典刑，以謝天下。」由是大與權貴迕，黜陷以不舉劾之罪，罷知蘄州。未半道，責海州團練副使，黃州安置。三年，得自便。

欽宗立，以集英殿修撰起知潭州；未行，以兵部侍郎召，在道除中丞。初入見，帝諭以國家多難，每事當悉意盡言。於是節度使范訥丐歸環衞，過庭因言：「自崇寧以來，建旄鉞者多不由勳績，請除宗室及將帥立功者，餘並如訥例。」又乞辨宣仁后誣謗。姚古擁兵不援太原，陳其可斬之罪七，竄諸嶺表。進禮部尚書，擢右丞、中書侍郎。議遣大臣割兩河與金，耿南仲以老、聶昌以親辭，過庭曰：「主憂臣辱，願効死。」帝爲揮涕歎息，固遣南仲、昌。及城陷，過庭亦行，金人拘之軍中，因留不得還。建炎四年，卒于燕山，年六十，贈開府儀同三司，謚曰忠肅。

張叔夜字嵇仲，侍中耆孫也。少喜言兵，以蔭爲蘭州錄事參軍。州本漢金城郡，地最極邊，恃河爲固，每歲河冰合，必嚴兵以備，士不釋甲者累月。叔夜曰：「此非計也。不求要地守之，而使敵迫河，則吾既殆矣。」有地曰天都〔三〕者，介五路間，羌人入寇，必先至彼點集，然後議所向，每一至則五路皆竦。叔夜按其形勢，畫攻取之策，訖得之，建爲西安州，自是蘭無羌患。

知襄城、陳留縣，蔣之奇薦之，易禮賓副使、通事舍人、知安肅軍，言者謂太優，還故官。獻所爲文，知舒、海、泰三州〔四〕。大觀中，爲庫部員外郎、開封少尹。復獻文，召試制誥，賜進士出身，遷右司員外郎。

使遼，宴射，首中的。遼人歎詫，求觀所引弓，以無故事，拒不與。還，圖其山川、城郭、服器、儀範爲五篇，上之。從弟克公彈蔡京，京遷怒叔夜，摭司存微過，貶監西安草場。久之，召爲祕書少監，擢中書舍人、給事中。時吏惰不虔，凡命令之出於門下者，預列銜，使書名而徐塡其事，謂之「空黃」。叔夜極陳革其弊。進禮部侍郎，又爲京所忌，以徽猷閣待制再知海州。

宋江起河朔，轉略十郡，官軍莫敢嬰其鋒。聲言將至，叔夜使間者覘所向，賊徑趨海瀕，劫鉅舟十餘，載擄獲。於是募死士得千人，設伏近城，而出輕兵距海，誘之戰。先匿壯卒海旁，伺兵合，舉火焚其舟。賊聞之，皆無鬥志，伏兵乘之，擒其副賊，江乃降。加直學士，徙濟南府。山東羣盜猝至，叔夜度力不敵，謂僚吏曰：「若束手以俟援兵，民無噍類，當以計緩之。使延三日，吾事濟矣。」乃取舊赦賊文，俾郵卒傳至郡，盜聞，果小懈。叔夜會飲譙門，示以閒暇，遣吏諭以恩旨。盜狐疑相持，至暮未決。叔夜發卒五千人，乘其惰擊之，盜奔潰，追斬數千級。以功進龍圖閣直學士、知青州。

靖康改元，金人南下，叔夜再上章乞假騎兵，與諸將并力斷其歸路，不報。徙鄧州。四道置帥，叔夜領南道都總管。金兵再至，欽宗手札趣入衞。卽自將中軍，子伯奮將前軍，仲熊將後軍，合三萬人，翌日上道。至尉氏，與金游兵遇，轉戰而前。十一月晦，至都，帝御南薰門見之，軍容甚整。入對，言賊鋒方銳，願如唐明皇之避祿山，暫詣襄陽以圖幸雍。帝頷之。加延康殿學士。閏月，帝登城，叔夜陳兵玉津園，鎧甲光明，拜舞城下。帝益喜，進資政殿學士，令以兵入城，俄簽書樞密院。連四日，與金人大戰，斬其金環貴將二人。帝遣使齎蠟書，以褒寵叔夜之事檄告諸道，然迄無赴者。城陷，叔夜被創，猶父子力戰。車駕再出郊，叔夜因起居叩馬而諫，帝曰：「朕爲生靈之故，不得不親往。」叔夜號慟再拜，衆皆哭。帝迴首字之曰：「嵇仲努力！」

金人議立異姓，叔夜謂孫傅曰：「今日之事，有死而已。」移書二帥，請立太子以從民望。二帥怒，追赴軍中，至則抗請如初，遂從以北。道中不食粟，唯時飲湯。既次白溝，馭者曰：「過界河矣。」叔夜乃矍然起，仰天大呼，遂不復語。明日，卒，年六十三。訃聞，贈開府儀同三司，謚曰忠文。

聶昌字賁遠，撫州臨川人。始繇太學上舍釋褐，爲相州教授。用蔡攸薦，召除祕書郎，擢右司員外郎。時三省大吏階官視卿監者，立都司上，昌以名分未正，極論之。詔自今至朝請大夫止。以直龍圖閣爲湖南轉運使，還爲太府卿、戶部侍郎，改開封尹，復爲戶部。昌本厚王黼，既而從蔡京，爲黼所中，罷知德安府。又以鄉人訟，謫崇信軍節度副使，安置衡州。

欽宗立，吳敏用事，以昌猛厲徑行爲可助己，自散地授顯謨閣直學士、知開德府，道拜兵部侍郎，進戶部尚書，領開封府。昌遇事奮然不顧，敢誅殺。敏度不爲用，始憚之，引唐恪、徐處仁等共政，獨遺昌。

李綱之罷，太學生陳東及士庶十餘萬人，撾鼓伏闕下，經日不退，遇內侍輒殺之，府尹王時雍麾之不去。帝顧昌俾出諭旨，卽相率聽命。王時雍欲寘東等獄，昌力言不可，乃止。

昌再尹京，惡少年怙亂，晝爲盜，入官民家攘金帛；且去，輒自縛黨中三兩輩，聲言擒盜，持仗部走委巷，乃釋縛，分所掠而去。人不奠居。昌悉彈治正法，而縱博弈不之問，或謂令所禁，昌曰：「姑從所嗜，以懈其謀，是正所以禁其爲非爾。」昌舊名山，至是，帝謂其有周昌抗節之義，乃命之曰「昌」。

京師復戒嚴，拜同知樞密院。入謝，卽陳扞敵之策，曰：「三關四鎭，國家藩籬也，聞欲以畀敵，一朝渝盟，何以制之？願勿輕與，而檄天下兵集都畿，堅城守以遏其衝，簡禁旅以備出擊，壅河流以斷歸路。前有堅城，後有大河，勁兵四面而至，彼或南下，墮吾網中矣。臣願激合勇義之士，設伏開關，出不意掃其營以報。」帝壯之，命提舉守禦，得以便宜行事。

會金人再議和，割兩河，須大臣報聘。詔耿南仲及昌往，昌言：「兩河之人忠義勇勁，萬一不從，必爲所執，死不瞑目矣。儻和議不遂，臣當分遣官屬，促勤王之師入衞。」許之。行次永安，與金將黏罕遇，其從者稱閤門舍人，止昌徹繖，令用牓子贊名引見，昌不可，爭辨移時，卒以客禮見。昌往河東，至絳，絳人閉壁拒之。昌持詔抵城下，縋而登。州鈐轄趙子淸麾衆害昌，抉其目而臠之，年四十九。

建炎四年，始贈觀文殿大學士，謚曰忠愍。父用之，年九十，以憂死。

昌爲人疎雋，喜周人之急，然恩怨太明，睚眦必報。王黼之死，昌實遣客刺之，棄尸道旁。遂附耿南仲取顯位，左右其說以誤國，卒至禍變，而身亦不免焉。

論曰：何㮚、孫傅、聶昌皆疎俊之士，而器質窳薄，使當重任於艱難之秋，宋事蓋可知矣。欽宗之再詣金營，㮚實誤之，一死不足償也。傅匿太子之謀甚疎，昌河東之行尤謬，效死弗當，徒傷勇爾。過庭因方臘之亂，乞誅蔡京、王黼、朱勔以謝天下，庶幾有敢諫之風焉。

張閣字臺卿，河陽人。第進士。崇寧初，由衞尉主簿遷祠部員外郎；資閱淺，爲掌制者所議，蔡京主之，乃止。俄徙吏部，遷宗正少卿、起居舍人，屬疾不能朝，改顯謨閣待制提舉崇福宮。疾愈，拜給事中、殿中監，爲翰林學士。

河北諸帥以繕城訖役，降奬詔，有中貴人爲之地，將繼此策賞。閣言：「此牧伯常職，若奬之，恐開邀功生事之路。」徽宗曰：「卿言是也。」格不下。嘗夜盛寒草制稿進，帝猶坐，賞其警敏，賜詩以爲寵。京免相，閣當制，歷數其過，詞語遒拔，人士多傳誦之。

京復相，以龍圖閣學士知杭州。浙部和買絹，杭獨居十三，戶有至數百匹者，閣請均之他郡。杭久闕守，閣經理有敍，去惡少年之爲人害者，州以理聞。召拜兵部尚書兼侍讀，復爲學士，上日特賜敕詔，且有意大用，未幾，卒，年四十六。閣初出守杭，思所以固寵，辭日，乞自領花石綱事，應奉由是滋熾云。

張近字幾仲，開封人。第進士，累遷大理正、發運使。呂溫卿以不法聞，近受詔鞫治，哲宗諭之曰：「此出朕命，卿毋畏惠卿。」對曰：「法之所在，雖陛下不能使臣輕重，何惠卿也？」溫卿讔不肯置對，近言：「溫卿所坐明白，儻聽其蔓詞，懼爲株連者累。」詔以衆證定其罪。提舉河北東路常平、西路刑獄，入爲刑部員外郎、大理少卿，以集賢殿修撰知瀛州。

遼使爲夏人請命，而宿兵以臨我，近請亦出秦甲戍北道，伐其謀。邊人呂愼兒入瓦橋爲盜，吏執之，遼人因略宋民爲質。近言：「朝廷方繼好息民，當使曲在彼。一偷之得失，不足爲輕重，釋之便。」滄民漁於海，遼卒利其饒，而私舉網取魚。守兵與之鬥，斬級三十二，州將請賞之。或言所殺乃平人，宜論如律，議弗決。近言：「邊人貪利喜功，遂賞之，則爲國起怨；然彼挾兵涉吾地，謂之非盜可乎？如罪以擅興，他日將誰使禦敵？願兩置賞刑，略而不問。」從之。

出鎭高陽八年，累加顯謨閣待制、直學士，徙知太原府，以疾，提舉洞霄宮。先，承詔買馬三千給牧戶，近悉斂諸民而不予直，爲御史所劾，失學士。二年而復之。卒，年六十五。

鄭僅字彥能，徐州彭城人。第進士，爲大名府司戶參軍。留守文彥博以爲材，部使者檄往他郡，彥博曰：「如鄭參軍詎可令數出？」奏改司法，遷冠氏令。河決府西，檄夜下調夫急，僅方閱保甲，盡籍卽行，先他邑至，決遂塞。使者怒劾之，留守王拱辰爭於朝曰：「微冠氏，城民魚矣。」猶坐罰金。時河朔饑，盜起，獨冠氏無之，且不入境。他邑獲盜，詰治之，盜因言：「鄭冠氏仁，故相戒不犯爾。」知福昌縣，復值歲饑，悉意振貸，民不流亡。當第賞，不肯自列。

提舉京東常平，入爲戶部員外郎，至太府卿，加直龍圖閣，爲陝西都轉運使。論餽餉河湟功，進集賢殿修撰、顯謨閣待制。僅請籍閒田爲官莊，是歲，鎭戎、德順收穀十餘萬。會西寧高永年戰沒熙河，帥臣歸咎官莊奪屬羌地，致其怨畔，詔罷之，議者以爲惜。

改知慶州，諸軍多殺老弱，持首要賞。僅下令非彊壯而能生致者，賞半之。有內附羌追寇，得老人，不忍殺，擒之，乃其父也，相持哭，一軍感動。時諸路爭進討奏捷，僅獨保境不生事，寇亦不犯。

徙秦州，復爲都轉運使，召拜戶部侍郎，改吏部侍郎、知徐州。以顯謨閣直學士、通議大夫卒，年六十七，贈光祿大夫，謚曰修敏。子望之，自有傳。

宇文昌齡字伯修，成都雙流人。進士甲科，調滎州推官。熊本經制梓夔，辟幹當公事。凡攻討招襲，建南平諸城砦，皆出其畫。遷大理丞。本歸闕，言其功，擢提舉秦鳳路常平，改兩浙。

神宗患司農圖籍不肅，選官釐整，昌齡以使夔路入辭，留爲寺主簿，遂拜監察御史。鄜延帥奏所部劉紹能與西羌通，將爲患。帝察其不然，命昌齡即鄜州鞫之，果妄也。昌齡因請深戒守臣，毋生事徼賞，以靖邊人之心。使還，賜五品服。

尙書省建，以爲比部員外郎。時官曹更新，統紀未立，昌齡悉力從事，雖抵暮亦程吏不止。具所立綱要，請於朝而行之。三司故吏狃玩弛，多不便，思有以中之。擿邏卒糾其宿直遣小吏取衾服事，大臣欲論以私役，帝以職事修飭，釋不問。改吏部員外郎，出京西轉運副使，召爲左司員外郎。

送遼使至雄州，當宴，從者不待揖而坐，昌齡誚其使曰：「兩朝聘好百年矣，入境置宴，非但今日，揖而後坐，此禮渠可闕邪？」使者陽若不服，而心悟其非，卒成禮去。

遷太常少卿，詔議郊祀合祭，論者不一。昌齡曰：「天地之數，以高卑則異位，以禮制則異宜，以樂舞則異數；至於衣服之章，器用之具，日至之時，皆有辨而不亂。夫祀者自有以感於無，自實以通於虛，必以類應類，以氣合氣，合然後可以得而親，可以冀其格。今祭地於圜丘，以氣則非所合，以類則非所應，而求高厚之來享，不亦難乎。」後竟用其議。改直祕閣、知梓州，歷壽州、河中府、鄧鄆青三州。

徽宗立，召爲刑部侍郎，徙戶部侍郎。陝西餽芻糧於邊，舊制令內郡轉給，爲民病。昌齡建言止輸其州，而令量取道里費助邊糴，從之。歲省糴價五百萬，公私便之。以寶文閣待制知開封府，復爲戶部侍郎，知青、杭、越三州。卒，年六十五，詔爲封傳護送歸，官給其葬費。子常。

常字權可。政和末，知黎州。有上書乞於大渡河外置城邑以便互市者，詔以訪常。常言：「自孟氏入朝，藝祖取蜀輿地圖觀之，畫大渡爲境，歷百五十年無西南夷患。今若於河外建城立邑，虜情攜貳，邊隙寖開，非中國之福也。」尋提舉成都路茶馬。自熙、豐以來，歲入馬蕃多；至崇、觀間，其法始壞。提舉官歲以所入進羨餘，吏緣爲姦，市馬裁十一二，且負其直，夷人皆怨。常盡革其弊，馬遂溢額。加直祕閣，改知夔州，進祕閣修撰。官累中大夫，卒。

許幾字先之，信州貴溪人。少以諸生謁韓琦於魏，琦勉入太學。擢第，調高安、樂平主簿，知南陵縣，還民之託僧尼爲姦者數百人。

提舉京西常平，爲開封府推官，進至將作監。吏與匠比爲姦欺，凡斲削、塗塈、丹雘之工，當以次用，而始役即概給其廩，費亡藝而患不均。幾逆爲之程，費省工倍。再遷太僕卿、戶部侍郎，以顯謨閣待制知鄆州。梁山濼多盜，皆漁者窟穴也。幾籍十人爲保，使晨出夕歸，否則以告，輒窮治，無脫者。幾有吏幹，善理財，由是四入戶部至尚書。嘗以搖泉布法罷，又以治染院事失實，知婺州。進樞密直學士、河北都轉運使，徙知成德軍、知太原府。張商英裁損吏祿，幾預其議，貶永州團練副使，安置袁州。遇恩，復中大夫，卒。

程之邵字懿叔，眉州眉山人。曾祖仁霸，治獄有陰德。之邵以父蔭爲新繁主簿。熙寧更募役法，常平使者欲概州縣民力，以羨乏相補。之邵曰：「此法乃成周均力遺意，當各以一邑之力供一邑之役，豈宜以此邑助他邑哉？」使者愧服，辟之邵爲屬，聽其所爲。熊本察訪蜀道歸，語諸朝曰：「役法初行，成都路爲最詳，之邵力也。」詔召見，成都守趙抃奏留之。入爲三司磨勘官，得隱匿數十萬緡。從副使蹇周輔計度江、嶺鹽，還，除廣東轉運判官。元祐初，提舉利、梓路常平，周輔得罪，亦罷知祥符縣。俄知泗州，爲夔路轉運判官。夔守彊很不奉法，劾正其罪。大寧井鹽爲利博，前議者輒儲其半供公上，餘鬻於民，使先輸錢，鹽不足給，民以病告。之邵盡發所儲與之，商賈旣通，關征增數倍。除主管秦、蜀茶馬公事，革黎州買馬之弊，歲以仲秋爲市，市四月止，以羨茶入熙、秦易戰騎，得良馬益多。知鳳翔府，民負債無以償，自焚其居，而紿曰遺火；有主藏吏殺四婢，人無知者。之邵發擿，岐人傳誦。徙鄭州。

元符中復主管茶馬，市馬至萬匹，得茶課四百萬緡。童貫用師熙、岷，不俟報，運茶往博糴，發錢二十萬億佐用度。連加直龍圖閣、集賢殿修撰，三進秩，爲熙河都轉運使。秦鳳出師，命之經制，即言已備十萬騎可食三百日矣。徽宗喜，擢顯謨閣待制。敵犯熙河，之邵攝帥事，屯兵行邊境，解去。俄得疾卒。方錄功轉太中大夫，不及拜，贈龍圖閣直學士，官護喪歸。子唐，至寶文閣學士。

龔原字深之，處州遂昌人。少與陸佃同師王安石。進士高第，元豐中爲國子直講，以虞蕃訟失官。哲宗即位，詣訴理所得直，爲國子丞、太常博士。方議祀北郊，原曰：「合祭，非理也。天子父天母地，既不爲寒而廢祠，其可爲暑而輟行？此漢儒陋說爾，顧亟正之。」加祕閣校理，充徐王府記室，出爲兩浙轉運判官。

紹聖初，召拜國子司業，入對，帝問曰：「卿歷徐邸官，何爲補外，得非大臣私意乎？」對曰：「臣出使鄉部，獲知民間事宜，臣素知如是，不知其因也。」旋兼侍講，遷祕書少監、起居舍人，權工部侍郎。爲曾布所重，安惇論其直講時事，以集賢殿修撰知潤州。

徽宗初，入爲祕書監，進給事中。時除郎官五人，皆執政姻戚，悉舉駁之；又論郝隨得罪，不得居京師，鄧洵武不宜再入史院。朝論謂帝爲哲宗服，當循開寶故事，爲齊衰期。原曰：「三年之喪，自天子達于庶人，一也。」主議者斥其妄，黜知南康軍，改壽州。俄用三年之制，乃復修撰，知揚州。還朝，歷兵、工部二侍郎，除寶文閣待制、知廬州。陳瓘擊蔡京，原與瓘善，或謂原實使之，奪職居和州。起爲亳州，命下而卒，年六十七。

初，王安石改學校法，引原自助，原亦爲盡力。其後，司馬光召與語，譏切王氏，原反覆辨救不少衰。光嘆曰：「王氏習氣尙爾邪！」爲司業時，請以安石所撰字說、洪範傳及子雱論語、孟子義刊板傳學者。故一時學校舉子之文，靡然從之，其敝自原始。

崔公度字伯易，高郵人。口吃不能劇談，而內絕敏，書一閱卽不忘。劉沆薦茂才異等，辭疾不應命。用父任，補三班差使，非其好也，益閉戶讀書。歐陽脩得其所作感山賦，以示韓琦，琦上之英宗，卽付史館。授和州防禦推官，爲國子直講，以母老辭。

王安石當國，獻熙寧稽古一法百利論，安石解衣握手，延與語。召對延和殿，進光祿丞，知陽武縣。京官謁尹，故事當拜庭下，公度疑尹辱己，徑詣安石訴之，安石使鄧綰薦爲御史。未幾，爲崇文校書，刪定三司令式，於是誦言京官庭謁尹非宜，安石爲下編敕所更其制。加集賢校理，知太常禮院。

公度起布衣，無所持守，惟知媚附安石，晝夜造請，雖踞廁見之，不屑也。嘗從後執其帶尾，安石反顧，公度笑曰：「相公帶有垢，敬以袍拭去之爾。」見者皆笑，亦恬不爲恥。請知海州。元祐、紹聖之間，歷兵禮部郎中、國子司業，除祕書少監、起居郎，皆辭不受。知潁、潤、宣、通四州，以直龍圖閣卒。

蒲卣字君錫，閬州人。母任知書，里中號「任五經」，卣幼以聞敏聞。中進士第，歷利州司戶參軍、三泉主簿、知合江金水縣。通判文州，有獻議者欲開文州徑路達陝西，卣言：「洮、岷、積石至文爲甚邇，自文出江油，鄧艾取蜀故道也。異時鬼章欲從此窺蜀，爲其阻隘而止。夏人志此久矣，可爲之通道乎？」議遂塞。

爲睦親宅教授，提舉湖北、京西常平。崇寧均田，轉運使以用不足，將度費以定稅，卣曰：「詔旨所以嘉惠元元爾，初不在增賦也。」宛、穰地廣沃，國初募民墾田，得爲世業，令人毋輒訴，蓋百年矣，好訟者稍以易佃法搖之，卣一切禁止。有持獻於權貴而降中旨給賜者，卣言：「地盈千頃，戶且數百，傳子至孫久，一旦改隸，衆將不安。先朝明詔具在，不可易也。」朝廷是其議。

提點湖南刑獄，知鼎、遂、隴、寧四州，復提舉潼川路刑獄。有議榷酤於瀘、敍間，云歲可得錢二十萬。卣言：「先朝念此地夷漢雜居，故弛其榷禁，以惠安邊人。今之所行，未見其利。」乃止。累官中大夫，卒，年七十二。

論曰：傳曰：「尺有所不逮，寸有所不覃。」觀二張之理郡，鄭僅之守藩，宇文父子之便邊糴、革馬政，許幾、程之邵之經制財運，蒲卣之議稅榷，皆有可稱道。若閣之固寵於花石，而龔原、崔公度主王氏學以諂事安石，則搢紳所不齒也。

校勘記

〔一〕胡益　東都事略卷一〇八何㮚傳作「盧益」。

〔二〕別求狀類宦者二人殺之　按東都事略卷一〇八本傳作「別以狀類太子者並宦者二人擊殺之」，靖康要錄卷一六同。此處當有脫文。

〔三〕天都　原作「大都」，據東都事略卷一〇八本傳、李幼武皇朝名臣言行續錄卷六張叔夜條改。

〔四〕知舒海泰三州　「泰」原作「秦」，據同上書同卷同篇改。

宋史卷三百五十四

列傳第一百一十三

沈銖 弟錫 路昌衡 謝文瓘 陸蘊 黄寔 姚祐 樓异
沈積中 李伯宗 汪澥 何常 葉祖洽 時彥 霍端友
俞㮚 蔡薿

沈銖字子平，眞州揚子人。父季長，王安石妹壻也。銖少從安石學，進士高第，至國子直講。季長領監事，改審官主簿，坐虞蕃事免歸。元祐置訴理所，被罪者爭自列，銖獨不言。

紹聖初，起爲太學博士、秘書省正字、崇政殿說書，受旨同編類元祐臣僚章疏。以進講爲解，拜右司諫，辭，改起居郎、權中書舍人。吳居厚除戶部尚書，銖論其使京東時聚斂，詔具實狀，不能對，罰金。講詩南山有臺，至「萬壽無期」，以爲此太平之基，立而可久之應，哲宗屢首肯之。眞拜中書舍人兼侍講，俄引疾，以龍圖閣待制知宣州卒。弟錫。

錫字子昭，以王安禮任，爲鄂州司戶參軍。崇寧初，爲講議司檢討。蔡京方銓次元符上書人，欲定罪，錫曰：「遠方之士，未能知朝廷好惡，若槪罪之，恐非敦世厲俗之道。」京不從。除衞尉丞，遷祠部員外郎，提點江東刑獄、知婺州。入爲左司員外郎，兼定、嘉二王侍講，進太常少卿，拜兵部侍郎，以徽猷閣待制知應天府，徙江寧。張懷素誅，朝廷疑其黨有脫者，江、淮間往往以誣告興獄。錫至郡，有告者，按之，則妄也。具疏于朝，由是他郡繫者皆得釋。歷知海、泰、汝、宣四州，以通議大夫致仕。卒，贈宣奉大夫。

路昌衡字持正，開封祥符人。起進士，至太常博士。參鞫陳世儒獄，逮治苛峻，至士大夫及命婦，皆不免。遷右司員外郎，歷江淮發運、陝西轉運副使，知廣州，徙荆南，又徙潭州，加直龍圖閣、知慶州。

紹聖中，召爲衞尉、大理卿，遷工部侍郎，俄以寶文閣待制知開封府。李淸臣有狂婦人之訴，昌衡致之重辟。出知瀛州，徙永興軍，進直學士、知成都。

徽宗立，應詔上書曰：「頻年以來，西方用兵，致興大役，利源害政，佞臣蔽主，四者皆陰之過盛。自陝以西，民力傷殘，人不聊生。災異之變，生於天地之不和，起於人心之怨望。故妖星出見，大河橫決，秋雨霖淫，諸路饑饉，殍死道路，妻子棄捐，破析貲儲，以應星火之令。勤勞憔悴，多不生還，人心如此，而欲其無怨，難矣。」

俄坐淸臣獄事，責司農少卿，分司，居郢州。明年，起爲滁州、定州，復直學士、知開封府。乞嚴告捕虛妄之法，以靖訐訴。徙南京留守，又坐前上書事落職，入黨籍，卒。宣和五年，贈龍圖閣學士。

謝文瓘字聖藻，陳州人。進士甲科，教授大名府。元豐中，上疏言：「臣下推行新法，多失本意，而榜笞禁錮，民受其虐，掊克聚斂，不勝多門。其不急之征，非理之取，宜罷減之。」大臣以爲訕朝廷，議置之罪。神宗曰：「彼謂奉法者非其人爾，匪訕也。」哲宗時，御史中丞黃履薦爲主簿，三年不詣執政府。召對，除秘書省正字，考功、右司員外郎。紹聖末，都水使者議建廣武四埽石岸，朝廷命先治岸數十步，以驗其可否。黃流湍悍，役人多死，一方甚病，功不可成，而使者申前說愈力。文瓘條別利害，罷其役。

徽宗立，擢起居舍人、給事中。詔修神宗寶訓，文瓘請擇當時大政事、大黜陟，節其要旨，而爲之說以進。然所論率是王安石，謂神宗能察衆多之謗，任之而不貳，於是朋黨消而威柄立，他皆放此。

崇寧元年，出知濮州。遼主洪基殂，使往弔之，令從者變服而入，貶秩二等。尋治黨事，坐元豐上疏及嘗詒呂公著書，再謫邵武軍，移處州。帝披黨籍曰：「朕究知文瓘本末。」命出籍，迺以爲集英殿修撰、知濟州，卒。子覍，宣和中，爲駕部員外郎、知汝州。欽宗時，上封事十篇，論事切至。使于金，還，提點京西北路刑獄。金人犯汝州，覍自襄陽領兵往援之，戰死。

陸蘊字敦信，福州候官人。少知名，登進士第，爲太學春秋博士。經廢員省，改國朝會要所檢閱文字。

崇寧中，提舉河北、兩浙學事，召對，言：「元祐異意俗學，既不爲我用，近詔不以使一路，而猶得爲守令，臣愚未知其可。」遂拜禮部員外郎，轉吏部，遷辟雍司業、太常少卿。議原廟不合，黜知瑞金縣。還爲太常，進國子祭酒、中書舍人。請葺諸州天慶觀，立學事司考課法。遷大司成，擢御史中丞。引門下侍郎余深親嫌自列，徽宗曰：「相避之法，防有司不能盡公爾，侍從吾所信任，豈得下同庶僚乎？」不許。

蘊頗論事，嘗言：御筆一日數下，而前後相違，非所以重命令；輔相大臣，宦官戚里，賜第營築，縱撤民居，縣官市材於民，而不予直；貴游子弟以從官領閑局，奉朝請，爲員猥多，無益於事；又賜予過制，中外用度多於賦入；數幸私室，乖尊卑之分，亦非臣下之福。其言皆中時病。

以龍圖閣待制知福州，改建州。時弟藻由列曹侍郎出爲泉州，過蘊，合樂燕款，閩人以爲盛事。加顯謨閣直學士，引疾，提舉鴻慶宮。方二浙用兵，旁郡皆繕治守備，蘊聞命就道，使者劾爲避事，奪職。稍復集英殿修撰，卒。

黃寔字師是，陳州人。登進士第，歷司農主簿，積官提舉京西、淮東常平。元豐末，議罷提舉官，命未布，寔舅章惇屬蔡確徙寔提點開封縣鎮。遷提點梓州路、兩浙刑獄，京東、河北轉運副使。

哲宗以寔爲監司久，議召用，曾布陰沮之。林希曰：「寔兩女皆嫁蘇軾子，所爲不正，不宜用。」乃以知陝州，爲江、淮發運副使。賀遼主登位，及境，迓者移牒來，稱爲賀登寶位使。寔報以受命無「寶」字，拒不受。還除太僕卿，再擢寶文閣待制、知瀛州，徙定州。朝旨籍民兵旁郡，因緣擾困，寔懷檄不下，而畫利害請之，事得寢。卒于官，贈龍圖閣直學士。

寔孝友敦睦，世稱其內行。蘇轍在陳與寔游，因結昏，其後又與軾友善。紹聖黨禍起，寔以章惇甥故獲免，然亦不得久於朝著焉。

姚祐字伯受，湖州長興人。元豐末，第進士。徽宗初，除夔州路轉運判官。且行，會帝幸禁苑御弓矢，祐奏聖武臨射賦。帝大悅，留爲右正言。歷陳紹述之說，遷左司諫。建議置輔郡以拱大畿，進殿中監。六尚局官制成，凡所以享上率屬、察舉稽違、殿最勤惰之法，皆祐裁定。以親老請郡，授顯謨閣待制、知江寧府。時召捕張懷素，祐追獲之，復爲殿中監。

踰歲，以直學士知鄭州，改秦州。或請調熙河弓箭士徙邊，以省更戍。祐謂人情懷土重遷，丐以二年爲更發之期，滿歲樂業而願留者，乃聽。且請擇熙、秦富民分丁授地，蠲役借粮，以勸耕植。益廣秦之東、西川，建城壁，嚴保障，以控熙河、涇原。皆從之。復爲殿中監，改吏部侍郎，命鎭蜀，用母老辭。遷工部尚書，加龍圖閣學士，爲大名尹，進延康殿學士，復爲工部尚書，徙禮部。母喪，除知太原府。

縣有小胥造冢逼其先墓者，祐疑爲厭己，請解官持服。先是，詔許祐悉買墓旁地，遂併徙他冢，小胥不從，故祐持以爲說。言者論其挾仇要君，乃止。以提舉上淸寶籙宮卒，贈特進，謚曰文禧。

樓异字試可，明州奉化人。進士高第，調汾州司理參軍，徙永興虞策幕府，監在京文繡院，知大宗正丞，遷度支員外郎。以養親求知泗州，復爲吏部右司員外郎、左司郎中、太府鴻臚卿，除直秘閣、知秀州。

政和末，知隨州，入辭，請於明州置高麗一司，創百舟，應使者之須，以遵元豐舊制。州有廣德湖，墾而爲田，收其租可以給用。徽宗納其說。改知明州，賜金紫。出內帑緡錢六萬爲造舟費，治湖田七百二十頃，歲得穀三萬六千。加直龍圖閣、秘閣修撰，至徽猷閣待制。郡資湖水灌溉，爲利甚廣，往者爲民包侵，异令盡泄之墾田。自是苦旱，鄉人怨之。

在郡五年，既請溫之船官自隸以便役，又請越、台之鹽以佐費，詔責之曰：「郡自有鹽筴不能興，而欲東取諸台，西取諸越，斯乃以鄰國爲壑也。」睦寇起，善理城戍有績，進徽猷閣直學士、知平江府，卒。

沈積中，常州人。賜進士出身，爲辟雍正、戶部員外郎，至秘閣修撰、河北轉運使，召拜戶部侍郎，進尚書，知河間、眞定府。

積中本王黼所引拔，黼方圖燕地，使覘邊隙。中書舍人程振語之曰：「當思異時覆族之禍。」積中感其戒，至鎮，以書謝振，盛言其不可，振宣告于朝。已而師敗於白溝，童貫還，罷積中提舉上清寶籙宮。既得燕山，又命以資政殿學士同知府，未行而卒，或曰爲盜所殺，或曰婢殺之，終亦不能明也。貫惡其曩言，追削官職。建炎中，宰相上其書，乃悉復之。

李伯宗字會之，河陽人。第進士，知內丘、咸陽、太康縣。建言：「朝廷行方田均稅之法，令以豐歲推行。今州縣吏，苟簡懷異者指熟爲災，而貪進幸賞者掩災爲熟，望深察其違戾，而寘諸罰。」括縣壯丁爲兵，得千人，上其名數與按閱之法。知樞密院蔡卞喜而薦之，提舉京畿保甲，使行其說，增籍二萬。已而有訴者，陳牒至八百七十，左遷通判相州、提舉白波輦運，提點江、淮坑冶鑄錢，入爲將作少監。

開封民有鬻神祠故帽飾以龍者，吏以爲乘輿服御，伯宗曰：「此無他，當坐不應爲爾。」尹不從，具以請，如伯宗議。歷大理卿，入對言：「今情重法輕者許奏請，而情輕法重者不得焉，恐非仁聖忠恕之意。」徽宗納之。遷刑部侍郎。與王黼不相能，用胥吏微過罷，提舉崇福宮。

明年，知同州，徙陝西都轉運使。以通奉大夫、顯謨閣待制卒，贈光祿大夫，謚曰榮。

汪澥字仲容，宣州旌德人。少從胡瑗學易。又學於王安石，著三經義傳，澥與其議，又首傳其說。

熙寧太學成，分錄學政。登進士第，調鼎州司理參軍、知黟縣，入爲太學正，累遷國子祭酒，兼定、嘉二王翊善，擢中書舍人，爲大司成。議學制不合，以顯謨閣待制知婺州，改潁昌，又改陳、壽二州，徙應天府。上章辭行，提舉崇福宮。卒，贈宣奉大夫。

澥自布衣錄天子學，至爲正，爲司業、祭酒，迄于司成，官以儒名者三十年，一時人士推之。

何常字德固，京兆人。中進士第，爲開封府兵曹。紹聖初，或言蘇軾主文柄，取士之非毀宗廟者，常預其間，出通判原州。歷將作丞、陝西轉運判官、熙河轉運副使。議者欲貸民金帛，而使入粟塞下。常曰：「車牛轉輸，民力已病，然未至於死亡者，粟自官出，而民無害也。今彊以金帛，使自入粟，懼非貧弱之利。」熙帥及監軍劾之，貶秩，徙成都路。

中使持御札至，令織戲龍羅二千，繡旗五百。常奏：「旗者，軍器之飾，敢不奉詔。戲龍羅唯供御服，日衣一匹，歲不過三百有奇；今乃數倍，無益也。」詔獎其言，爲減四之三。除直龍圖閣，加集賢殿修撰，爲使徙陝西，以顯謨閣待制知秦州，轉通議大夫。諜告夏人多築堡柵，朝議出兵牽制，常言：「羌人生長射獵，今困於版築，違所長，用所短，可以拱手待其弊，無煩有爲也。」從之。

鎮秦六歲，察訪方邵劾其越法貨酒，借米麴於官而毀其曆。獄具，責昭化軍節度副使。數月，復其官。終右文殿修撰，年七十三。

論曰：西漢之末，士大夫阿諛銷愞，遂底于亡。東都諸賢以風節相尚，激成黨禍。宋元祐類東都，崇、宣類西漢末世，蓋忠鯁獲罪，則相習容悅而已。君驕臣諂，此邦之所繇喪也。觀沈銖諸人，徒徇時軒輊，不能爲有亡，惡足以言士哉！

葉祖洽字敦禮，邵武人。熙寧初，策試進士，祖洽所對，專投合用事者，考官宋敏求、蘇軾欲黜之，呂惠卿擢爲第一。簽書奉國軍判官、判登聞檢院，由國子丞知湖州，留爲校書郎。元祐初，歷職方、兵部員外郎，加集賢校理，進禮部郎中。給事中趙君錫論其對策訕及宗廟，祖洽自辨，事下從官定議。蘇軾、劉攽言：「祖洽謂祖宗紀綱法度，因循苟簡，願朝廷與大臣合謀而新之。可以爲議論乖謬，若謂之訕則不可。」於是但出提點淮西刑獄。

紹聖中，入爲左司郎中、起居郎、中書舍人、給事中。祖洽性狠愎，喜諛附，密言王珪於册立時有異論。哲宗曰：「宣仁聖烈，婦人之堯、舜也。其於社稷大計，聖意素定，朕已令作告命，明述此旨。」祖洽復言：「若以珪爲無迹，則黃履、劉拯相繼論之矣，願稽合羣情，決之獨斷。」珪遂追貶。又言：「司馬光、呂公著獲終牖下，恩禮隆縟；蔡確受遺定策，而貶死嶺外，乞恤其孤。」其論率類此。林希薦祖洽，謂其最向正，帝言不可大用，乃已。坐舉王回出知濟州，徙洪州，以牟利黷貨聞。

祖洽與曾布厚，人目爲「小訓狐」。布用事，欲以吏部侍郎召，韓忠彥不可，白爲寶文閣待制、知青州。未赴，布竟引爲吏部。布罷，乃出知定州，且行，大言於上，至云：「當時蔡確稍失事幾，王珪果遂姦謀，則神宗遂失正統，不知今日神器孰歸。臣爲朝廷宗社明確之功，正珪之罪，勸沮忠邪於千萬年，以此報神宗足矣。」徽宗怒其躁妄，降集賢殿修撰、提舉沖佑觀，自是不復用。久之，知洪州，改亳州，加徽猷閣直學士。政和末，卒。

時彥字邦美，開封人。舉進士第，簽書潁昌判官，入爲秘書省正字，累至集賢校理。紹聖中，遷右司員外郎。使遼失職，坐廢，旋復校理，提點河東刑獄。蹇序辰使遼還，又坐前受賜增拜，隱不言，復停官。

徽宗立，召爲吏部員外郎，擢起居舍人，改太常少卿，以直龍圖閣爲河東轉運使，加集賢殿修撰、知廣州。未行，拜吏部侍郎，徙戶部，爲開封尹。異時都城苦多盜，捕得，則皆亡卒，吏憚於移問，往往略之。彥始請一以公憑爲驗，否則拘繫之以俟報，坊邑少安，獄屢空。

數月，遷工部尚書，進吏部，卒。

霍端友字仁仲，常州武進人。徽宗即位，策進士第一，授宣義郎。不閱月，擢祕書省校書郎，遷著作佐郎、起居郎、中書舍人，服金紫。故事唯服黑角帶，帝顧見之，曰：「給事、舍人等爾，而服飾相絕如是。」始命犀帶佩魚。

進給事中、大司成、禮部侍郎。端友言：「朝廷尊安，重內輕外。可令內外侍從更出迭入，以奉禁闥，殿大邦，俾天下之勢如持衡，庶無首重尾輕之患。」疏入，即請補郡，迺以顯謨閣待制知平江。

改陳州，爲政以寬聞，不立聲威。陳地汙下，久雨則積潦，時疏新河八百里，而去淮尚遠，水不時洩。端友請益開二百里，徹于淮，自是水患遂去。內侍石燾傳詔索瑞香花數十本，端友不可，疏罷之。復以禮部召，轉吏部。官至通議大夫。卒，贈宣奉大夫。

俞㮚字祗若，江寧人。崇寧四年，以上舍生賜進士第，簽書鎮南軍判官。未赴，爲辟雍博士、秘書省正字、吏部員外郎、起居舍人，兼定、嘉二王記室，擢中書舍人。居三月，進給事中、殿中侍御史。毛注建議罷增石炭場，㮚駁其非。除顯謨閣待制、知蔡州，明日復留。踰年，竟出爲襄州。還，拜給事中，上言：「學校，三代之學也。然崇寧四年以前，議者以爲是，五年，則非之；大觀三年以前，議者以爲是，四年，則非之。豈學校固若是哉？觀望者無定說爾。必使士有成才，人無異論，事之不美者不出於學校，然後爲得。」言頗見行。

蔡京再相，憾向所用士多畔己，葉夢得言㮚獨否，遂拜御史中丞。陳士風六弊，又發戶部尙書劉炳爲舉子時陰事。京方倚炳爲腹心，戾其意，改㮚翰林學士。遷兵部尙書，以樞密直學士知開德府。石公弼在襄州，以論衙前事謫言者，謂㮚實倡之，罷，提舉崇禧觀。竟以毀紹聖法度，貶常州團練副使，安置太平州。行未至，復述古殿直學士、知江寧府，卒。

蔡嶷字文饒，開封人。崇寧五年，以諸生試策，揣蔡京且復用，卽對曰：「熙、豐之德業，足以配天，不幸繼之以元祐；紹聖之纘述，足以永賴，不幸繼之以靖國。陛下兩下求言之詔，冀以聞至言、收實用也。而見於元符之末者，方且幸時變而肆姦言，乘間隙而投異意，詆誣先烈不以爲疑，動搖國是不以爲憚。願逆處其未至而絕其原。」於是擢爲第一，以所對頒天下。甫解褐，卽除秘書省正字，遷起居舍人。未幾，爲中書舍人。自布衣至侍從，纔九月，前所未有也。

旋進給事中。一意附蔡京，敍族屬，尊爲叔父。京命攸、修等出見，薿亟云：「向者大誤，公乃叔祖，此諸父行也。」遽列拜之。八寶赦恩，詔兩省差擇元祐黨人，情輕者出籍。薿不肯書，言者論其不能推廣上恩，使歲久獲罪之人得以洗濯。出知和州。明年，加顯謨閣待制、知杭州。

始，薿未第時，以書謁陳瓘，稱其諫疏似陸贄，剛方似狄仁傑，明道似韓愈。及對策，所持論頓異，遂欲害瓘以絕口。因其子正彙告蔡京不軌，執送京師。薿復入爲給事中，又與宰相何執中謀，使石悈治瓘，幾不免，事具瓘傳。御史毛注言：「陛下修善政以應天，斥大姦以定國，而薿巧言惑衆，造爲釁端。」疏入不報。

范柔中者，頃以上書入邪等，至是進階。薿言：「柔中嘗毀神考，哲宗有弗共戴天之讎。自今春黨人復官，士論駭愕，有致疑於紹述者。乞削其敍遷，昭示好惡。」從之。張商英作相，常安民與之書，激使爲善。薿弟萊剽其稿示薿，卽論之以搖商英。薿遷翰林學士，坐妄議政事罷，提舉洞霄宮。起知建寧府。

方建神霄宮，薿先一路奏辦，下詔褒獎，召爲學士承旨、禮部尚書。嘗陰附權倖，事覺，徽宗令入對，將面詰之。踰月不奉詔，帝怒，命黜之。御史言：「薿游太學，則挾詭計以鉗諸生；居侍從，則抉私事以脅宰輔；處門下，則借國法以快私忿；爲郡守，則妄尊大而蔑監司。召自金陵，偃然以丞轄自處，既升宗伯，乃懷不滿之心。宜重寘諸罰。」遂貶單州團練副使，房州安置。

宣和中，復龍圖閣直學士，再知杭州。爲政喜怒徇情，任刑大慘。方臘亂後，西北戍卒代歸，人得犒絹，薿禁民與爲市，乃下其直，彊取之。卒怒，乘薿夜飲客，縱火焚州治，須其出救，殺之。薿知事勢洶洶，踰垣走，僅得免。詔奪職罷歸。明年，以徽猷閣待制卒。

論曰：自太宗歲設大科，致多士，居首選者躐取華要，有不十年至宰相，亦多忠亮雅厚，爲時名臣。治平更三歲之制，繼以王安石改新法，士習始變。哲、徽紹述，尚王氏學，非是無以得高第。葉祖洽首迎合時相意，擢第一，自是靡然，士風大壞，得人亦衰，而上之恩秩亦薄矣。熙寧而後，訖於宣和，首選十八人，唯何㮚、馬涓與此五人有傳，然時彥、端友齪齪，祖洽、俞㮚、蔡薿憸邪小人。繇王氏之學不正，害人心術，橫潰爛漫，并邦家而覆之，如是其憯焉，此孟子所以必辯邪說、正人心也。

宋史卷三百五十五

列傳第一百一十四

賈易　董敦逸　上官均　來之邵　葉濤　楊畏　崔台符
楊汲　呂嘉問　李南公　董必　虞策弟奕　郭知章

賈易字明叔，無爲人。七歲而孤。母彭，以紡績自給，日與易十錢，使從學。易不忍使一錢，每浹旬，輒復歸之。年踰冠，中進士甲科，調常州司法參軍。自以儒者不閑法令，歲議獄，唯求合於人情，曰：「人情所在，法亦在焉。」訖去，郡中稱平。

元祐初，爲太常丞、兵部員外郎，遷左司諫。論呂陶不爭張舜民事，與陶交攻，遂劾陶黨附蘇軾兄弟，并及文彥博、范純仁。宣仁后怒其訐，欲謫之，呂公著救之力，出知懷州。御史言其謝表文過，徙廣德軍。明年，提點江東刑獄，召拜殿中侍御史。遂疏彥博至和建儲之議爲不然，宣仁后命付史館，彥博不自安，竟解平章重事而去。蘇轍爲中丞，易引前嫌求避，改度支員外郎，孫升以爲左遷。又改國子司業，不拜，提點淮東刑獄。

復入，爲侍御史。上書言：

天下大勢可畏者五：一曰上下相蒙，而毀譽不得其眞。故人主聰明壅蔽，下情不得上達；邪正無別，而君子之道日消，小人之黨日進。二曰政事苟且，而官人不任其責。故治道不成，萬事墮廢，惡吏市姦而自得，良民受弊而無告；愁歎不平之氣，充溢宇宙，以干陰陽之和。三曰經費不充，而生財不得其道。故公私困弊，無及時預備之計，衣食之源日蹙；無事之時尙猶有患，不幸倉卒多事，則狼狽窮迫而禍敗至矣。四曰人材廢闕，而敎養不以其方。故士君子無可用之實，而愚不肖充牣於朝；汙合苟容之俗滋長，背上欺君之風益扇，士氣寖弱，將誰與立太平之基。五曰刑賞失中，而人心不知所向。故以非爲是，以黑爲白，更相欺惑，以罔其上；爵之以高祿而不加勸，僇之以顯罰而不加懼，徼利苟免之姦，冒貨犯義之俗，將何所不有。

今二聖焦勞念治，而天下之勢乃如此，任事者不可以不憂。是猶寢於積薪之上，火未及然，而自以爲安，可不畏乎？

然則欲知毀譽眞僞之情，則莫若明目達聰，使下無壅蔽之患。欲官人皆任其責，則莫若詢事考言，循名責實。欲生財不逆其道，則莫若敦本業而抑末作，崇儉約而戒奢僭。欲教養必以其方，則莫若廣詳延之路，厲廉恥之節，使公卿大臣各舉所知，召對延問，以觀其能否，善者用之，不善者罷之。欲人心皆知所向，則莫若賞以勸善，刑以懲惡，不以親疏貴賤爲之輕重。則民志一定，而放僻邪侈不爲矣。」其言雖頗切直，然皆老生常談，志於抵陒時事，無他奇畫。

蘇軾守杭，訴浙西災潦甚苦。易率其僚楊畏、安鼎論軾姑息邀譽，眩惑朝聽，乞加考實。詔下，給事中范祖禹封還之，以謂正宜闊略不問，以活百姓。易遂言：「軾頃在揚州題詩，以奉先帝遺詔爲『聞好語』；草呂大防制云『民亦勞止』，引周厲王詩以比熙寧、元豐之政。弟轍蚤應制科試，文繆不應格，幸而濫進，與軾昔皆誹怨先帝，無人臣禮，至指李林甫、楊國忠爲喻。」議者由是薄易，出知宣州。除京西轉運副使，徙蘇州、徐州，加直祕閣。元符中，累謫保靜軍行軍司馬，邵州安置。

徽宗立，召爲太常少卿，進右諫議大夫。陳次升論其爲曾布客，改權刑部侍郎，歷工部、吏部，未滿歲爲眞。以寶文閣待制知鄧州，尋入黨籍。卒，年七十三。

董敦逸字夢授，吉州永豐人。登進士第，調連州司理參軍、知穰縣。時方興水利，提舉官調民鑿馬渡港，云可灌田二百頃，敦逸言於朝，以爲利不補害，核實如敦逸言。免役夫十六萬，全舊田三千六百頃。徙知弋陽縣，寶豐銅冶役卒多困於誘略，有致死者，敦逸推見本末，縱還鄉者數百人。稍遷梓州路轉運判官。

元祐六年，召爲監察御史，同御史黃慶基言：「蘇軾昔爲中書舍人，制誥中指斥先帝事，其弟轍相爲表裏，以紊朝政。」宰相呂大防奏曰：「敦逸、慶基言軾所撰制詞，以爲謗毀先帝。臣竊觀先帝聖意，本欲富國彊兵，鞭撻不庭，一時羣臣將順太過，故事或失當。及太皇太后與皇帝臨御，因民所欲，隨事救改，蓋事理當然爾。昔漢武帝好用兵，重斂傷民，昭帝嗣位，博采衆議，多行寢罷，明帝尙察，屢興慘獄，章帝改之以寬厚，天下悅服，未有以爲謗毀先帝者也。至如本朝眞宗卽位，弛放逋欠以厚民財；仁宗卽位，罷修宮觀以息民力。凡此皆因時施宜，以補助先朝闕政，亦未聞當時士大夫有以爲謗毀先帝者也。比惟元祐以來，言事官用此以中傷士人，兼欲動搖朝廷，意極不善。」轍復奏曰：「臣昨日取兄軾所撰呂惠卿告觀之，其言及先帝者，有曰：『始以帝堯之仁，姑試伯鯀；終然孔子之聖，不信宰予。』兄軾亦豈是謗毀先帝者邪？臣聞先帝末年，亦自深悔已行之事，但未暇改爾。元祐改更，蓋追述先帝美意而已。」宣仁后曰：「先帝追悔往事，至於泣下。」大防曰：「先帝一時過舉，非其本意。」宣仁后曰：「皇帝宜深知。」於是敦逸、慶基並罷。敦逸出爲湖北運判〔一〕，改知臨江軍。

紹聖初，軾、轍失位，劉拯訟敦逸無罪。哲宗記其人，曰：「非前日白須御史乎？」復除監察御史。論常安民爲二蘇之黨，凡論議主元祐者，斥去之。改工部員外郎，遷殿中侍御史、左司諫、侍御史，入謝曰：「臣再汚言路，第恐擠逐，不能久奉彈糾之責。」哲宗曰：「卿能言，無患朕之不能聽；卿言而信，無患朕之不能行也。」

瑤華祕獄成，詔詣掖庭錄問。敦逸察知寃狀，握筆弗忍書，郝隨從旁脅之，乃不敢異。獄既上，於心終不安。幾兩旬，竟上疏，其略云：「瑤華之廢，事有所因，情有可察。詔下之日，天爲之陰翳，是天不欲廢之也；人爲之流涕，是人不欲廢之也。臣嘗閱錄其獄，恐得罪天下。」哲宗讀之怒，蔡卞欲加重貶，章惇、曾布以爲不可，曰：「陛下本以皇城獄出於近習，故使臺端錄問，冀以取信中外。今謫敦逸，何以解天下後世之謗。」哲宗意解而止。明年，用他事出知興國軍，徙江州。

徽宗卽位，加直龍圖閣、知荆南，召入，爲左諫議大夫，敦逸極言蔡京、蔡卞過惡。遷戶部侍郎。卒，年六十九。

上官均字彥衡，邵武人。神宗熙寧親策進士，擢第二，爲北京留守推官、國子直講。元豐中，蔡確薦爲監察御史裏行。時相州富人子殺人，讞獄爲審刑、大理所疑，京師流言法官竇莘〔三〕等受賕。蔡確引猜險吏數十人，窮治莘等慘酷，無敢明其冤。均上疏言之，乞以獄事詔臣參治，坐是，謫知光澤縣。莘等卒無罪，天下服其持平。有巫託神能禍福人，致貲甚富，均焚像杖巫，出諸境。還，監都進奏院。

哲宗卽位，擢開封府推官。元祐初，復爲監察御史。議者請兼用詩賦取士，宰相遂欲廢經義。均言：「經術以理爲主，而所根者本也；詩賦以文爲工，而所逐者末也。今不計本末，而欲襲詩賦之敝，未見其爲得也。」自熙寧以來，京師百司有謁禁。均言：「以誠待人，則人思竭忠；以疑遇物，則人思苟免。願除開封、大理外，餘皆釋禁，以明洞達不疑之意。」遂論青苗，以爲有惠民之名而無惠民之實，有目前之利而爲終歲之患，願罷之而復爲常平糴糶之法。

又言官冗之弊，請罷粟補吏，減任子員，節特奏名之濫，增攝官之舉數，抑胥史之幸進，以淸入仕之源。詔有司議，久之不能有所省。復疏言：「今會議之臣，畏世俗之譏評，不計朝廷之利害，閔鄙耄之不進，不思才者之閑滯，非策之善也。」因請對，力陳之。宣仁后曰：

「當從我家始。」乃自后屬而下至大夫，悉裁其數。

又言：「治天下道二，寬與猛而已。寬過則緩而傷義，猛過則急而傷恩。術雖不同，其蠹政害民，一也。間者，監司務爲慘核，郡縣望風趣辨，不暇以便民爲意。陛下臨御，務從寬大，爲吏者又復苟簡縱弛，猛寬二者胥失。願明詔四方，使之寬不縱惡，猛不傷惠，以起中和之風。」詔下其章。

蔡確弟碩盜貸官錢以萬計，獄旣上，均論確爲宰相，挾邪撓法，當顯正其罪，以厲百官。張璪、李淸臣執政，與正人異趣，相繼擊去之。監察御史張舜民論邊事，因及宰相文彥博，舜民左遷。均言：「風憲之任許風聞，所以廣耳目也。舜民之言是，當行之；其言非，當容之。願復舜民職。」不從。臺諫約再論，均謂事小不當再論，王巖叟遂劾均反覆，巖叟移官。均遷殿中侍御史，內不自安，引義丐去，改禮部員外郞。居三年，復爲殿中侍御史。

西夏自永樂之戰，怙勝氣驕，欲復故地。朝廷用趙卨計，棄四砦，至是，又請蘭州爲砦地。均上疏曰：「先王之御外國，知威之不可獨立，故假惠以濟威，知惠之不可獨行，故須威以行惠，然後外國且懷且畏，無怨望輕侮之心。今西夏所爭蘭州砦地，皆控扼要路，若輕以予之，恐夏人𢦔虛，熙河數郡，孤立難守。若繼請熙河故地，將何辭以拒之？是傅虎以翼，借寇以兵，不惟無益，祇足爲患。不如治兵積穀，畫地而守，使夏人曉然知朝廷意也。」

時傅堯俞爲中書侍郎，許將爲右丞，韓忠彥爲同知樞密院。三人者，論事多同異，俱求罷。均言：「大臣之任同國休戚，廟堂之上當務協諧，使中外之人，泯然不知有同異之迹。若悻悻然辨論，不顧事體，何以觀視百僚。堯俞等雖有辨論之失，然事皆緣公，無顯惡大過，望令就職。」詔從之。

御史中丞蘇轍等尙以爲言，均上疏曰：「進退大臣當，則天下服陛下之明，而大臣得以安其位。進退不當，則累陛下之哲，而言者自此得以朋黨，合謀倂力，以傾搖大臣。天下之事，以是非爲主。所論若當，雖異，不害其爲善；所論若非，雖同，未免爲不善。今堯俞等但不能協和，實無大過。蘇轍乃以許將當時已定議，既而背同列之議，獨上論奏。臣以爲善則順之，惡則正之，豈在每事唯命，遂非不改，然後爲忠邪？將舍同列之議，上奉聖旨，是能將順其美，不當反以爲過惡也。若使不忠，雖與同列協和，是乃姦臣爾，非朝廷之利也。」

將罷，均又言：「呂大防堅彊自任，每有差除，同列不敢異，唯許將時有異同。轍素與大防善，盡力排將，期於必勝。臣恐綱紀法令，自此敗壞矣。」因論：「御史，耳目之任；中丞，風憲之長。轍當公是公非，別白善惡，而不當妄言也。」遂乞罷，出知廣德軍，改提點河北東路刑獄。

紹聖初，召拜左正言。時大防、轍已罷政，均論大防、轍六罪，並再黜大防，史禍由此起。又奏罷詩賦，專以經術取士。宰相章惇欲更政事，專黜陟之柄，陰去異己，出吏部尚書彭汝礪知成都府，召朱服爲中書舍人。均言汝礪不可出，服不可用。惇怒，遷均爲工部員外郎。尋提點京東、淮東刑獄，歷梓州淮南轉運副使、知越州。

徽宗立，入爲祕書少監，遷起居郎，拜中書舍人、同修國史兼哲宗實錄修撰，遷給事中。太學生張寅亮應詔論事，得罪屏斥，均言：「寅亮雖不識忌諱，然志非懷邪。陛下既招其來，又罪其言，恐沮多士之氣。」寅亮得免。時宰相欲盡循熙、豐法度爲紹述以風均，均曰：「法度惟是之從，無彼此之辨。」由是不協，以龍圖閣待制知永興軍，徙襄州。崇寧初，與元祐黨籍，奪職，主管崇禧觀。政和中，復集賢院修撰、提舉洞霄宮。久之，復龍圖閣待制，致仕。卒，年七十八。

來之邵字祖德，開封咸平人。登進士第，由潞州司理參軍爲刑部詳斷官。元豐中，改大理評事，御史中丞黃履薦爲監察御史。未幾，買倡家女爲妾，履劾其汙行，左遷將作丞。哲宗卽位，爲太府丞、提舉秦鳳常平、利州成都路轉運判官，入爲開封府推官，復拜監察御史，遷殿中侍御史。之邵資性姦譎，與楊畏合攻蘇頌，論頌稽留賈易知蘇州之命。又論梁燾緣劉摯親黨，致位丞弼。又論范純仁不可復相，乞進用章惇、安燾、呂惠卿。紹聖初，國事丕變，之邵逆探時指，先劾呂大防。惇既相，擢爲侍御史。王安石配食神宗，之邵又請加美謚。疏：「司馬光等畔道逆理，典刑未正，鬼得而誅。獨劉摯尚存，實天以遺陛下。」其阿恣無忌憚如此。

進刑部侍郎。陽翟民蓋漸以訟至有司，之邵二子皆娶蓋氏，誣漸非蓋氏子，以規其貲。諫官張商英論之，以直龍圖閣出知蔡州。卒，年四十八。蔡京爲相，特贈太中大夫。

葉濤字致遠，處州龍泉人。進士乙科，爲國子直講。虞蕃訟起，濤坐受諸生茶紙免官。濤，王氏壻也，卽往從安石於金陵，學爲文詞。哲宗立，上章自理，得太學正，遷博士。紹聖初，爲祕書省正字，編修神宗史，進校書郎。曾布薦爲起居舍人，擢中書舍人。司馬光、呂公著、王巖叟追貶，呂大防、劉摯、蘇轍、梁燾、范純仁責官，皆濤爲制詞，文極醜詆。安燾降學士，濤封還命書，云：「燾在元祐時，嘗詆文彥博棄熙河，全先帝萬世之功，不宜加罪。」蔡京劾爲黨，罷知光州。又以訴理有過，爲范鏜所論，連三黜。曾布引爲給事中，居數月而病，以龍圖閣待制提舉崇禧觀，卒。

楊畏字子安，其先遂寧人，父徙洛陽。畏幼孤好學，事母孝，不事科舉。黨友交勸之，乃擢進士第。調成紀主簿，不之官，刻志經術，以所著書謁王安石、呂惠卿，爲鄆州教授。自是尊安石之學，以爲得聖人之意。除西京國子監教授，舒亶薦爲監察御史裏行。時有御史中丞出爲郡守，監司薦之，畏言：「侍從賢否，上所素知，監司乃敢妄薦，蓋爲異日地爾，乞戒其觀望。」舒亶有盜學士院廚錢罪，爲王安禮所白，畏抗章辨論，以爲可謂之失，未可謂之故。亶罷，畏坐左轉宗正丞，出提點夔州路刑獄。

元祐初，請祠歸洛。畏恐得罪於司馬光，嘗曰：「畏官夔峽，雖深山羣獠，聞用司馬光，皆相賀，其盛德如此。」至光卒，畏復曰：「司馬光若知道，便是皋、夔、稷、契；以不知道，故於政事未盡也。」呂大防、劉摯爲相，俱與畏善，用畏爲工部員外郎，除監察御史，擢殿中侍御史。畏助大防攻摯十事，并言梁燾、王巖叟、劉安世、朱光庭皆其死黨，必與爲地。既而燾等果救摯，皆不納。摯罷，蘇頌爲相，畏復攻頌，以留賈易除書爲頌罪。頌罷，畏意欲蘇轍爲相。宣仁后外召范純仁爲右僕射，畏又攻純仁，不報。畏本附轍，知轍不相，復上疏詆轍不可用。其傾危反覆如此，百僚莫不側目。

遷侍御史，畏言事之未治有四：曰邊疆，曰河事，曰役法，曰內外官政。時有旨令兩省官舉臺官，畏言：「御史與宰執，最爲相關之地。宰執既不自差，使其屬舉之，可乎？」太常博士朱彥以議皇地示祭不同，自列乞罷。畏言：「彥據經論理，若彥罷出，恐自是人務觀望，不敢以守官爲義。」

宣仁后崩，呂大防欲用畏諫議大夫，范純仁以畏非端士，不可，大防乃遷畏禮部侍郎。及大防爲宣仁后山陵使，畏首背大防，稱述熙寧、元豐政事與王安石學術，哲宗信之，遂薦章惇、呂惠卿可大任。廷試進士，李清臣發策有紹述意，考官第主元祐者居上，畏復考，悉下之，拔畢漸以爲第一。

惇入相，畏遣所親陰結之，曰：「畏前日度勢力之輕重，遂因呂大防、蘇轍以逐劉摯、梁燾。方欲逐呂、蘇，二人覺，罷畏言職。畏迹在元祐，心在熙寧，首爲相公開路者也。」惇至，徙畏吏部，引以自助。中書侍郎李清臣、知樞密院安燾與惇不合，畏復陰附安、李，惇覺其情，又曾布、蔡卞言畏平日所爲於惇，遂以寶文閣待制出知眞定府。天下於是目爲「楊三變」，謂其進於元豐，顯於元祐，遷於紹聖也。

尋落職知虢州，入元祐黨。後知郢州，復集賢殿修撰、知襄州，移荆南，提舉洞霄宮，居于洛。未幾，知鄧州，再丐祠，以言者論列落職，主管崇禧觀。蔡京爲相，畏遣子姪見京，以元祐末論蘇轍不可大用等章自明，又因京黨河南尹薛昂致言於京，遂出黨籍。尋復寶文閣待制。政和二年，洛人詣闕，請封禪嵩山，畏上疏累千餘言，極其諛佞。方治行，得疾卒，年六十九。

畏頗爲縱横學，有才辯而多捭闔，與邢恕締交，其好功名富貴亦同。然恕疎而多失，畏謀必中，其究俱爲搢紳禍云。

論曰：賈易初以剛直名，觀其再劾文彦博、范純仁，而斥蘇軾、蘇轍尤甚，何以剛直爲哉？董敦逸於元祐末與黄慶基誣二蘇，以開紹聖之禍，及紹聖則肆詆元祐諸臣，甚至瑤華之寃不能持正，雖終悔而諫，亦何及焉。及見蔡京、蔡卞稔惡，乃論其過惡以自文，杯水不足以救車薪之火也。上官均諫切中時事，及不從紹述之議，其爲人若可觀，然論呂大防、蘇轍，以之再黜，是亦助紹述者也。楊畏傾危反覆，周流不窮，雖儀、秦縱横，無以尙之，豈徒有三變而已。至於倡紹述以取信哲宗，又謂王安石之學有聖人意，可謂小人無忌憚也哉。來之邵盡擊時賢而進章惇、安燾、呂惠卿，又請加美謚於安石，其流惡不已，乃誣人非其子而欲掩其眥，亦何所不至焉。葉濤在太學，已著汙迹，擢第之後，諂安石而從之學，後得曾布之薦，凡元祐名賢貶責制辭，肆筆醜詆，雖有善猶不能自滌，況無可述者乎！

崔台符字平叔，蒲陰人。中明法科，爲大理詳斷官，校試殿帷，仁宗賜以「盡美」二字。熙寧中，文彥博薦爲羣牧判官，除河北監牧使，入判大理寺。初，王安石定按問欲舉法，舉朝以爲非，台符獨舉手加額曰：「數百年誤用刑名，今乃得正。」安石喜其附己，故用之。歷知審刑院，判少府監。復置大理獄，拜右諫議大夫，爲大理卿。時中官石得一以皇城偵邏爲獄，台符與少卿楊汲輒迎伺其意，所在以鍛鍊笞掠成之，都人惴栗，至不敢偶語。數年間，麗文法者且萬人。官制行，遷刑部侍郎，官至光祿大夫。元祐初，御史林旦、上官均發其惡，出知潞州，又貶秩徙相州。後兼監牧使。卒，年六十四。

舊制，武臣至內殿崇班，始廕其族。台符言：「文吏州判司猶許用廕，武臣五歲一遷，自借職四十年乃得通朝籍，輕重不相準。請自供奉官卽用廕。」從之。嘗使遼，至其朝，久立帳前，儐者不贊導。問其故，曰：「太子未至。」台符誚之曰：「安有君父臨軒而臣子偃蹇不至，久立使者禮乎？」儐者懼，贊導如儀。

楊汲字潛古，泉州晉江人。登進士第，調趙州司法參軍。州民曹潯者，兄遇之不善，兄子亦加侮焉。潯持刀逐兄子，兄挾之以走，潯曰：「兄勿避，自爲姪爾。」既就吏，兄子云：「叔欲紿吾父，止而殺之。」吏當潯謀殺兄，汲曰：「潯呼兄使勿避，何謂謀。若以意爲獄，民無所措手足矣。」州用其言，讞上，潯得不死。

主管開封府界常平，權都水丞，與侯叔獻行汴水淤田法，遂釃汴流漲潦以溉西部，瘠士皆爲良田。神宗嘉之，賜以所淤田千畝。提點淮西刑獄，提舉西路常平，修古芍陂，引漢泉灌田萬頃。召判都水監，爲大理卿，遷刑部、戶部侍郎。元祐初，以寶文閣待制知廬州。崔台符被劾，汲亦落職知黃州。歷徐、襄、越州。紹聖中，復爲戶部侍郎，卒。

呂嘉問字望之，以蔭入官。熙寧初，條例司引以爲屬，權戶部判官，筦諸司庫務，行連竈法於酒坊，歲省薪錢十六萬緡。王安石用魏繼宗議，卽京城置市易務，命嘉問提舉。上建置十三事，其一欲於律外禁兼幷之家輒取利，神宗去之，安石執不可。居二年，連以羨課受賞。神宗聞其擾民，語安石。安石曰：「嘉問奉法不公，以是媒怨。」神宗曰：「免行錢所收細瑣，市易鬻及果實，大傷國體。」安石僞辨自解，至譏神宗爲叢脞，不知帝王大略，且曰：「非嘉問，孰敢不避左右近習？非臣，孰爲嘉問辨？」神宗曰：「卽如是，士大夫何故以爲不便？」安石請言者姓名，令嘉問條析。

七年，旱，帝憂心惻怛，語韓維、孫永集市人問之，減坐賈錢千萬。安石遂持嘉問條析奏曰：「此皆百姓所願，不如人言也。」嘉問言：「朝廷所以許民輸錢免行者，蓋人情安於樂業，厭於追擾，若一切罷去，則無人祗承。又吏胥祿廩薄，勢不得不求於民，非重法莫禁。以薄廩申重法，則法有時而不行。縣官爲給事，則三司經費有限，今取民於鮮，而吏知自重，此臣等推行之本意也。議者乃欲除去，是殆不然。民未嘗不畏吏，方其以行役觸罪，雖欲出錢，亦不可得。今吏祿可謂厚矣，然未及昔日取民所得之半，市易所收免行錢，亦未足以償倉法所增之祿，以此推窮，則利害立見矣。」

初，市易隸三司，嘉問恃勢陵使薛向，出其上。會布代向，懷不能平。會神宗出手札詢布，布訪於魏繼宗，繼宗憤嘉問掠其功，列其與初議異者。布得實，具上嘉問多收息干賞，挾官府而爲兼并之事。神宗將委布考之，安石言二人有私忿，於是詔布與呂惠卿同治。惠卿故憾布，至三司，召繼宗及市賈問狀，其辭同，乃脅繼宗使誣布語言增加，繼宗不從。布言惠卿不可共事，神宗欲聽之，安石不可。神宗遂詔中書曰：「朝廷設市易，本爲平準以便民，若周官泉府者。今顧使中人之家失業，宜釐定其制。」布見神宗曰：「臣每聞德音，欲以王道治天下，今所爲駸駸乎間架、除陌矣。嘉問又請販鹽鬻帛，豈不詒四方笑？」神宗頷之。事未決，安石去位，嘉問持之以泣，安石勞之曰：「吾已薦惠卿矣。」惠卿既執政，前獄遂成，布得罪，嘉問亦出知常州。

明年，安石復相，召檢正中書戶房。安石罷，以知江寧府。歲餘，轉運使何琬劾嘉問營繕越法，徙潤州，復坐免。久之，入爲吏部郎中、光祿卿。言者交論市易之患，被於天下。本錢無慮千二百萬緡，率二分其息，十有五年之間，子本當數倍，今乃僅足本錢。蓋買物入官，未轉售而先計息取賞；至於物貨苦惡，上下相蒙，虧折日多，空有虛名而已。於是削嘉問三秩，黜知淮陽軍，悉罪前被賞者。

紹聖中，擢寶文閣待制、戶部侍郎，加直學士、知開封府。專附章惇、蔡卞，多殺不辜，焚去案牘以滅口。嘗薦鄒浩，浩南遷，坐罷知懷州。徽宗時，屢暴其宿惡，至分司南京，光州居住，郢州安置。然爲蔡氏所右，其壻劉逵蹇序辰、其死友鄧洵武羽翼之，故不久輒起。以龍圖閣學士、太中大夫卒，年七十七，贈資政殿學士。

初，嘉問竊從祖公弼論新法奏稿，以示王安石，公弼以是斥于外，呂氏號爲「家賊」，故不得與呂氏同傳。

李南公字楚老，鄭州人。進士及第，調浦江令。郡猾吏恃守以陵縣，不輸負租，南公捕繫之。守怒，通判爲謝曰：「能按郡吏，健令也。」卒寘諸法。知長沙縣，有嫠婦攜兒以嫁，七年，兒族取兒，婦謂非前子，訟于官。南公問兒年，族曰九歲，婦曰七歲。問其齒，曰：「去年毀矣。」南公曰：「男八歲而齔，尙何爭？」命歸兒族。熙寧中，提舉京西常平、提點陝西河北刑獄、京西轉運副使，入爲屯田員外郎。南公有女皆適人，而同產女弟年三十不嫁，寄他妹家，爲御史所論，罷主管崇福宮。

爲河北轉運副使。先是，知澶州王令圖請開迎陽埽〔三〕舊河，於孫村置約回水東注，南公與范子奇以爲可行，且欲於大吳北進鋸牙約河勢歸故道。朝廷命使者行視，兩人復以前議爲非，云：「迎陽下瞰京師，孫村水勢不便。」又爲御史所論，詔罰金。

加直祕閣、知延安府。夏人犯涇原，南公出師擣其虛，夏人解去。進直龍圖閣，擢寶文閣待制、知瀛州，拜戶部吏部侍郎、戶部尙書。歷知永興軍、成都眞定河南府、鄭州，擢龍圖閣直學士。

初，哲宗主入廟，南公修奉，希執政指，請祔東夾室，禮官爭之不得。及更建廟室，坐前議弗當，奪學士；未幾，復之，遂致仕。卒，年八十三。

南公爲吏六十年，幹局明銳，然反覆詭隨，無特操，識者非之。子譓。

譓字智甫。第進士。紹聖間，知章丘縣。陝西麥熟，朝廷議遣官諸州，令民平償逋負，譓與余景在選中。將賜對，曾布言於哲宗曰：「豐凶未可知，譓、景皆刻薄，必因此暴斂，爲民之憂。陛下臨政以來，延見人士未多，如兩人者，懼不足以辱大對。」乃喻使戒飭。使還，爲河東轉運判官，徙陝西。進築京師，訖役，除祕閣校理。以母憂去。

方建永泰陵，起使京西。諫官任伯雨言：「祖宗之世，朝廷有大事，邊鄙有兵革，將相大臣召爲侍從，乃不得已奪情。今山陵事人皆可辦，何至以一譓隳事體哉？」命遂格。終制，以直龍圖閣知熙州。蔡京使王厚復河湟，譓與之異，召爲光祿卿。厚奏功，罷譓守虢。坐嘗言招納未便，停官。

後數年，爲陝西轉運使。京兆麥價踊貴，譓與府縣議從民和市，民弗肯損價。譓移府勒上戶閉糴，府帥徐處仁不聽，且責之。譓怒，上章言處仁沮格詔令，陵毀使者。詔黜處仁，而擢譓顯謨閣待制，代其任。鄜延帥錢昂奏：「處仁本以官糴麥損價，與譓爭，乃爲民久長之論，不當黜。」詔以昂違道干譽，謫永州。謙又代任鄜延，復徙永興。僞爲蟾芝以獻，徽宗疑曰：「蟾，動物也，安得生芝？」命漬盆水，一夕而解。坐罔上，貶散官安置，三年復之。歷數郡，卒。

董必字子彊，宣州南陵人。嘗謁王安石於金陵，咨質諸經疑義，爲安石稱許。登進士第。紹聖中，提舉湖南常平。時相章惇方寘衆君子於罪。孔平仲在衡州，以倉粟腐惡，乘饑歲，稍損價發之。必即劾其戾常平法，置鞫長沙，以承惇意，無辜繫訊多死者。平仲坐徙韶州。

惇與蔡卞將大誅流人，遣呂升卿往廣東，必往廣西察訪。哲宗既止不治，然必所至，猶以慘刻按脅立威，爲五書歸奏。除工部員外郎，中書舍人郭知章封還其命；詔以付趙挺之，權給事中陳次升復封駁不下。必於是訟知章、次升爲元祐黨人。坐不當訟言者，出知江州，改湖南轉運判官、提點河北刑獄，召爲左司員外郎。

初，舒亶守荆南，起邊事，一切詐誕，云徭人款附，實亦不然，必蓋與之謀。及是，亶暴卒，加必直龍圖閣往代。乃城通道等六砦，置靖州，折博市易，且移飛山營戍。公私煩費，荆人病之。進集賢殿修撰、顯謨閣待制。卒，年五十六，贈龍圖閣待制。

虞策字經臣，杭州錢塘人。登進士第，調台州推官、知烏程縣、通判蘄州〔四〕。蔣之奇以江、淮發運上計，神宗訪東南人才，以策對。王安禮、李常繼薦之，擢提舉利州路常平、湖南轉運判官。

元祐五年，召爲監察御史，進右正言。數上書論事，謂人主納諫乃有福，治道以淸靜爲本。西夏未順命，策言：「今邊備解弛，戎備不修。古之人，善鎭靜者警備甚密，務持重者謀在其中，未有鹵莽闊疏，而曰吾鎭靜、吾持重者。」又乞詔內而省曹、寺監，外而監司、守令，各得以其職陳朝政闕失、百姓疾苦。星文有變，乞順天愛民，警戒萬事，思治心修身之道，勿以宴安爲樂。哲宗納后，上正始要言。遷左司諫。

曾肇以議北郊事，與朝論不合，免禮部侍郎，爲徐州。策時權給事中，還其命，以爲肇禮官也，不當以議禮得罪。不從。帝親政，條所當先者五十六事，後多施行。遷侍御史、起居郞、給事中，以龍圖閣待制知靑州，改杭州。過闕，留爲戶部侍郞。歷刑部、戶部尙書，拜樞密直學士，知永興軍、成都府。

入爲吏部尚書，奏疏徽宗，請均節財用，曰：「臣比在戶部，見中都經費歲六百萬，與天下上供之數略相當。嘗以祖宗故實攷之，皇祐所入總三千九百萬，而費纔三之一；治平四千四百萬，而費五之一；熙寧五千六十萬，而費盡之。今諸道隨一月所須，旋爲裒會，汲汲然不能終日。願深裁浮冗，以寬用度。」屬疾祈外，加龍圖閣學士、知潤州，卒于道，年六十六。贈左正議大夫。

策在元祐、紹聖時，皆居言職。雖不依人取進，亦頗持兩端，故黨議之興，已獨得免。

弟奕。

奕字純臣。第進士。崇寧，提舉河北西路常平，洺、相饑，徙之東路。入對，徽宗問行期，對曰：「臣退卽行，流民不以時還，則來歲耕桑皆廢矣。」帝悅。既而西部盜起，復徙提點刑獄。時朝廷將遣兵逐捕，奕條上方略，請罷勿用，而自計討賊，不閱月可定。轉運使張搏以爲不可，宰相主搏策，數月不効，卒用奕議，悉降之。擢監察御史。

親祭北郊，燕人趙良嗣爲祕書丞侍祠，奕白其長曰：「今親衞不用三路人，而良嗣以外國降子，顧得預祠事，可乎？」長用其言，具以請，不報。陽武民傭於富家，其室美，富子欲私之，弗得，怒殺之，而略其夫使勿言。事覺，府縣及大理鞫獄，奕受詔鞫訊，皆伏辜。坐漏泄語言罷去。

再踰年，還故職，提點河北刑獄。自何承矩創邊地爲塘濼，有定界。既中貴人典領，以屯田開拓爲功，肆侵民田，民上訴，屢出使者按治，皆不敢與直。奕曲折上之，疏其五不可，詔罷屯田。加直祕閣、淮南轉運副使。

入爲開封少尹。故時大理、開封治獄，得請實蔽罪，其後率任情棄法，法益不用。奕言：「廷尉持天下平，京師諸夏本，法且不行，何以示萬國。請自今非情法實不相當，毋得輒請。」從之。遷光祿卿、戶部侍郎。睦州亂，以龍圖閣直學士知鎭江府。寇平，論勞增兩秩。

還爲戶部。內侍總領內藏，予奪顓己，視戶部如僚屬。度支郎方討理滯，奉中旨，令開封尹與總領者來。奕白宰相曰：「計臣不才，當去之而易能者，不可使他人侵其官。」卽自劾不稱職。詔爲罷內侍，而徙奕工部。

襲慶守張漴使郡人詣闕請登封，東平守王靚諫以京東歲凶多盜，不當請封。爲政者不悅，將罪靚，奕言：「靚憂民愛君，所當獎激，奈何用爲罪乎？」靚獲免。未幾卒，年六十，贈龍圖閣學士。

郭知章字明叔，吉州龍泉人。第進士，從劉彝廣西幕府，知浮梁、分寧縣。黃履薦爲御史，以憂不克拜，知海州、濮州，提點梓州路刑獄。復以鄭雍、顧臨薦，爲監察御史。哲宗親政，上書請用淳化、天禧詔增諫官員，曰：「館職無所用，朝廷設之不疑；諫官最急，乃常不足。是急於所無用，緩其所當急也。又比歲選授監司，多繇寺監丞，不過知縣資序。外官莫重於部使者，豈宜輕用若是？宜稍限以節。如轉運判官擇實任通判者，提點刑獄擇實任郡守者，然後攷其治理，簡拔用之。」又言：「自大河東、北分流，生靈被害。今水之趨東者已不可遏，順而導之，閉北而行東，其利百倍矣。」

遷殿中侍御史，言：「先帝辟地進壤，建策四砦，據高臨下，扼西戎咽喉。元祐用事者委而棄之，願討贖議奏，顯行黜罰。」史院究神宗實錄誣罔事，知章請貶治呂大防等。紹聖復制科，知章校試，言：「先朝既策進士，即廢此科，近年復置，誠無所補。」遂復罷。又請復元豐役法，大抵迎合時好。

進左司員外郞，改左司諫。嘗言：「爵祿慶賞，以勸天下之善，願無以假借大臣，使行私恩；刑罰誅戮，以懲天下之惡，願無以假借大臣，使快私忿。忠於陛下者，必見忌大臣；黨於大臣者，必上負陛下。惟明主財察。」權工部侍郞，爲中書舍人。

遼使蕭德崇來爲夏人請還河西地，命知章報聘。德崇曰：「兩朝久通好，小國蕞爾疆土，還之可乎？」知章曰：「夏人累犯邊，法當致討，以北朝勸和之故，務爲優容。彼若恭順如初，當自有恩旨，非使人所能預知也。」歸未至，坐嘗主導河東流議，以集賢殿修撰知和州。

徽宗立，曾布用爲工部侍郎，加寶文閣直學士、知太原府。召拜刑部尙書、知開封府，爲翰林學士。言者又論河事，罷知鄧州，旋入黨籍。數年，復顯謨閣直學士。政和初，卒。

論曰：神宗好大喜功之資，王安石、呂惠卿出而與之遇合，流毒不能止也。哲、徽之世，一變而爲蔡確、章惇、曾布，又變而爲蔡京、蔡卞，日有甚之，而天下亡矣。乘時起而附之者甚衆，若崔台符、楊汲以獄殺民；呂嘉問以均輸困民；董必肆酷，欲害流人以取悅；李南公以反覆詭隨；虞策以心持兩端；郭知章迎合時好，且發實錄之誣。觀諸人所學與其從政，已多可尙，何樂而爲此惡哉？不過視一時君相之好尙，將以取富貴而已。設使神宗如仁宗之治，哲、徽承之，必無紹述之禍，雖安石輩亦將有所薰陶，而未必肆其情以至是，況此諸人乎？世道汚隆，士習升降，係於人主一念慮之趣向，可不戒哉！可不懼哉！

校勘記

〔一〕湖北運判　「湖北」原作「湖州」，長編卷四八四、東都事略卷九九本傳都說他罷爲荆湖北路轉運判官，「州」字當爲「北」字之誤。據改。

〔二〕竇莘　參考本書卷三一九校勘記〔三〕。

〔三〕迎陽埽　「埽」原作「歸」，據本書卷九一、九二河渠志改。

〔四〕通判蘄州　此下原衍「通判」二字。按既說「通判蘄州」，二字不當複出；下文蔣之奇是江、淮發運副使，亦未做過通判，見本書卷三四三本傳。此二字自是衍文，據刪。

宋史卷三百五十六

列傳第一百一十五

劉拯 錢遹 石豫 左膚附 許敦仁 吳執中 吳材 劉昺
宋喬年 子昇 強淵明 蔡居厚 劉嗣明 蔣靜 賈偉節
崔鶠 張根 弟樸 任諒 周常

劉拯字彥脩，宣州南陵人。進士及第。知常熟縣，有善政，縣人稱之。元豐中，爲監察御史，歷江東淮西轉運判官、提點廣西刑獄。

紹聖初，復爲御史，言：「元祐修先帝實錄，以司馬光、蘇軾之門人范祖禹、黃庭堅、秦觀爲之，竄易增減，誣毀先烈，願明正國典。」又言：「蘇軾貪鄙狂悖，無事君之義，嘗議罪抵死，先帝赦之，敢以怨忿形於詔誥，醜詆厚誣。策試館職，至及王莽、曹操之事，方異意之臣，分據要路，而軾問及此，傳之四方，忠義之士，爲之寒心扼腕。願正其罪，以示天下。」

時祖禹等已貶，軾謫英州，而拯猶纍視不慨也。進右正言，累至給事中。

徽宗立，欽聖后臨朝，而欽慈后葬，大臣欲用妃禮。拯曰：「母以子貴，子爲天子，則母乃后也，當改園陵爲山陵。」又言：「門下侍郎韓忠彥，雖以德選，然不可啓貴戚預政之漸。」帝疑其阿私觀望，黜知濠州。改廣州，加寶文閣待制，以吏部侍郎召還。帝稱其議欽慈事，褒進兩秩，遷戶部尚書。

蔡京編次元祐姦黨，拯言：「漢、唐失政，皆分朋黨，今日指前人爲黨，安知後人不以今人爲黨乎？不若定爲三等，某事爲上，某事爲中，某事爲下，而不斥其名氏。」京不樂。又言戶部月賦入不足償所出。京益怒，徙之兵部。旋罷知蘄州，徙潤州。

張商英入相，召爲吏部尚書。拯已昏憒，吏乘爲姦，又左轉工部，以樞密直學士知同州。時商英去位，侍御史洪彥昇併劾之，削職，提舉鴻慶宮，卒。

錢遹字德循，婺州浦江人。以進士甲科調洪州推官，累通判越州，至校書郎。徽宗立，擢殿中侍御史。中丞豐稷論其回邪不可任風憲，不報。稷復言「必用遹則願罷臣」，乃以提舉湖北常平。崇寧初，召爲都官員外郎、殿中侍御史。劾曾布援元祐姦黨，擠紹聖忠賢，布去。

遷侍御史，閱兩月，進中丞。乞治元符末大臣嘗乞復孟后而廢劉后事，韓忠彥、曾布、李清臣、黃履及議者曾肇、豐稷、陳瓘、龔夬皆坐貶。遂與殿中侍御史石豫、左膚言：「元祐皇后得罪先朝，昭告宗廟，天下莫不知。哲宗上賓，太母聽政。當國大臣盡欲變亂紹聖之事，以逞私欲，因一布衣何大正狂言，復還廢后位號。當時物議固已洶洶，乃至疎逖小臣，詣闕上書，忠義激切，則天下公議從可知矣。今朝廷既已貶削忠彥等，及追褫大正誤恩，則元祐皇后義非所安。孔子曰：『必也正名乎，名不正則言不順。』夫在先朝則曰后，今日則謂之元祐皇后，於名爲不正；先朝廢而陛下復，於事爲不順。考之典禮，則古昔所無；稽之本朝，則故實未有；詢之師言，則大以爲不然。況旣爲先朝所廢，則宗廟祭告，歲時薦饗，人事有嫌疑之迹，神靈萌厭斁之心，萬世之後，配祔將安所施。宜蚤正厥事，斷以大義，無牽於流俗非正之論，以累聖朝。」

明日，又言：「典禮所在，實朝廷治亂之所係，雖人主之尊不得而擅，又況區區臣下，敢輕變易者哉？元祐皇后得罪先朝，廢處瑤華，制誥一頒，天下無間然者。並后匹嫡，春秋譏之，豈宜明盛之朝，而循衰世非禮之事？」於是尙書右僕射京、門下侍郎將、中書侍郎尙書左丞挺之、右丞商英言：「元祐皇后再復位號，考之典禮，將來宗廟不可從享，陵寢不可配祔。援諸禮制，皆所未安，請如紹聖三年九月詔書旨。」后由是復廢。遹、豫遂言元符皇后名位未正，乃册爲崇恩太后。

遹章所言小臣上書者，昌州推官馮澥也。其書以謂：「先帝既終，則后無單立之義；稽之逆順，陛下無立嫂之禮；要之終始，皇太后亦不得伸慈婦之恩。雖已遂之事，難復之失，然感悟追正，何有不可？」澥用是得召對，除鴻臚主簿。

蔡京謀取青唐，遹助成其議。會籍元祐黨，遹以爲多漏略，給事中劉逵駁之，左轉戶部侍郎，俄遷工部尙書兼侍讀。踰年，以樞密直學士知潁昌府。言者疏其罪，黜爲滁州，稍復顯謨閣待制、直學士，徙宣州。復爲工部尙書，舉馮澥自代，謂：「澥趣操端勁，古人與稽，嘗建明典禮，忠義凜凜，搢紳歎服。」言者又疏其罪，以待制知秀州；中書舍人侯綬封還之，又奪待制。久之，還故職，改述古殿直學士。屏居十五年，方臘陷婺，遹逃奔蘭溪，爲賊所殺，年七十二。

石豫者，寧陵人。第進士。以安惇薦，爲監察御史。與左膚鞫鄒浩獄，文致重比，又使廣東鍾正甫逮治浩，欲致之死。豫論邊事，謂中國與四夷，相交爲君臣，相與爲賓客。徽宗以其言無倫理，且辱國，出爲淮南轉運判官。陳瓘又追論羅織鄒浩事，降通判亳州。

崇寧元年，召拜殿中侍御史。遂同錢遹造廢元祐皇后議，亟遷侍御史，至中丞。請削去景靈宮繪像臣僚，自文彥博、司馬光、呂公著、呂大防、范純仁、劉摯、范百祿、梁燾、王巖叟以下。既，以論罷軍器監蔡碩，碩訟豫平生交通狀，黜知陳州，徙鄧州。過闕，留爲工部侍郎，進戶部，兼侍讀。以調度不繼，降秩一等，徙刑部。祖母死，用嫡孫承重去官，服未闋而卒。

肩廬州人，亦用安惇薦爲御史，履歷大略與石豫同。遷侍御史，累至刑、兵、戶三尙書，以樞密直學士知河南府，改永興軍，卒。

許敦仁，興化人。第進士。崇寧初，入爲校書郞。蔡京以州里之舊，擢監察御史，亟遷右正言、起居郞，倚爲腹心。敦仁凡所建請，悉受京旨，言：「元符之末，姦臣用事，內外制詔，類多誣實。乞自今日以前，委中書舍人或著作局討論删正。」起居郞、舍人，異時遇車駕行幸，惟當直者從，敦仁始請悉扈蹕。

遷殿中監，拜御史中丞。甫視事，卽上章請五日一視朝。徽宗以其言失當，乖胥吁圖治之意，命罰金，仍左遷兵部侍郎；他日，爲朱諤言，且欲逐敦仁，而京庇之甚力，敦仁亦處之自如。後二年卒。靖康中，諫官呂好問論蔡京使敦仁請五日一視朝，欲顓竊國命，蓋指此也。

吳執中字子權，建州松溪人。登嘉祐進士第，歷官州縣。同門壻呂惠卿方貴盛，不肯附以取進。凡三十餘年，始提舉河南常平，連徙河東、淮南、江東轉運判官，提點廣東刑獄，入爲庫部、吏部、右司郎中。

大觀初，擢兵部侍郎。二年，進御史中丞，論開封府、內侍省、京畿、秦鳳違法干請，詔獎其得風憲體。又言：「開封之治事，大理之決獄，將作之營繕，榷貨之入中，皆職所當爲，乃妄以爲功，一歲遷官至五六，宜行抑損。」遂詔自今但賜束帛。鄭居中知樞密院，執中言外戚不宜在政地，帝還其章，而諭所以用居中之意。

初，蔡京忌張康國，故引執中居言路。執中先劾劉炳兄弟、宋喬年父子，皆京客也。帝嘗語執政，嘉其不阿。康國曰：「是乃爲逐臣地耳。」已而章果至。帝怒，黜知滁州。未幾，徙越州。石公弼以爲執中反覆得罪，未宜殿大府。改提舉洞霄宮，以集賢殿修撰知揚州，加顯謨閣待制、知河南府。道過都，復拜中丞。

帝以星變逐蔡京，言者未已，執中謂進退大臣，當全體貌，於是爲京下詔，京得不重貶。龐恭孫、趙遹開梓、夔諸夷州，執中乞正其罪。又言：「八行之舉，所得皆鄉曲常人，不足以爲士，願下太學，攷其道藝而進退之。」所論多施行。遷禮部尚書。張商英罷，御史張克公言，執中與商英皆由郭天信以進，除樞密直學士、知越州。尋降待制，又奪職。卒于家。㊁

吳材字聖取，處州龍泉人。中進士第，歷青溪主簿、咸平尉、知江都縣。入爲太學博士，以趙挺之薦，擢右正言，遷左司諫。

黨論復起，材首論范純禮爲朋附黨與，前日大臣變更神考法度，故引之執政，不宜復其職；程之元爲蘇軾心腹，不宜亞九卿；張舜民當初政時，猖狂無所顧忌，不宜以從官處鄉郡。其後受曾布指，與王能甫疏言：「元符之末，變神考之美政，逐神考之人材者，韓忠彥實爲之首。」忠彥遂罷。

材鷙忍，疾視善類，所排逐最多。進起居郎，以憂去。蔡京用爲給事中、吏部侍郎。陞見，有所陳，京不悅。以天章閣待制知光州。挺之作相，召拜工部侍郎，卒。

論曰：紹述說行，權臣顓假以攻元祐正士；網旣盡矣，復假以攻異己。鷹犬外搏，鬼蜮內狙，宜小人得志而空朝廷也。故劉拯摭實錄以肆詆，錢遹斥孟后以徧刺，石豫指繪像以削諸賢，吳材擿黨論以揃善類；許敦仁五日一朝之請，吳執中體貌大臣之言，俱蔡京腹心計也。讒說殄行，虞帝攸聖；似是而非，孔聖惡佞。有國家者，可不監夫。

劉昺字子蒙，開封東明人，初名炳，賜今名。元符末，進士甲科，起家太學博士，遷祕書省正字、校書郎。

兄煒，通樂律。煒死，蔡京擢昺大司樂，付以樂正。遂引蜀人魏漢津鑄九鼎，作大晟樂。昺撰鼎書、新樂書，皆漢津妄出己意，而昺爲緣飾，語在樂志。累遷給事中。京置局議禮，昺又領之。爲翰林學士，改工部尙書。提舉紀元曆，有所損益，爲吳執中所論，以顯謨閣直學士知陳州。

昺與弟煥皆侍從，而親喪不葬，坐奪職罷郡，復以事免官。京再輔政，召爲戶部尚書，昺嘗爲京畫策，排鄭居中，故京力援昺，由廢黜中還故班。御史中丞俞㮚發其姦利事，京徙㮚他官。

徽宗所儲三代彝器，詔昺討定，凡尊爵、俎豆、盤匜之屬，悉改以從古，而載所制器於祀儀，令太學諸生習肄雅樂。閱試日，昺與大司成劉嗣明奏，有鶴翔宮架之上。再爲翰林學士，東宮建，爲太子賓客，又還戶部。

大理議戶絕法，若祖有子未娶而亡，不得養孫爲嗣。昺曰：「計一歲諸路戶絕，不過得錢萬緡。使歲失萬緡而天下無絕戶，豈不可乎？」詔從其議。加宣和殿學士，知河南府，積官金紫光祿大夫。與王寀交通，事敗，開封尹盛章議以死，刑部尚書范致虛爲請，乃長流瓊州。死，年五十七。

宋喬年字仙民，宰相庠之孫也。父充國，刻意問學，以鄉書試禮部；既，自謂宰相子，輒罷舉。仁宗知之，召試學士院，賜進士出身，簽書河南判官，判登聞鼓院，知太常禮院。英宗祔廟，議者欲祧僖祖藏夾室，充國請配感生帝爲宋始祖，從之。東西府建，上二箴以戒大臣，大臣不懌。會廟饗宿齋，其妻遣兩妾至寺，充國自劾，罷禮院，遂致仕。充國性剛介，孝於奉親，平居得微物，必先薦家廟，乃敢嘗。官至太中大夫，卒。

喬年用父蔭監市易，坐與倡女私及私役吏失官，落拓二十年。女嫁蔡京子攸。京當國，始復起用。崇寧中，提舉開封縣鎮、府界常平，改提點京西北路刑獄。賜進士第，加集賢殿修撰、京畿轉運副使，進顯謨閣待制，爲都轉運使，改開封尹，以龍圖閣學士知河南府。京罷相，諫議大夫毛注、御史中丞吳執中交擊之，貶保靜軍節度副使，蘄州安置。京復相，還舊官，知陳州。政和三年，卒，年六十七，謚曰忠文。子昪。

昪字景裕。崇寧初，由譙縣尉爲敕令刪定官，數年，至殿中少監。時喬年尹京，父子依憑蔡氏，陵轢士大夫，陰交諫官蔡居厚，使爲鷹犬。以徽猷閣待制知陳州。喬年貶，昪亦謫少府少監，分司南京，未幾，知應天府。

喬年卒，起復爲京西都轉運使，涖葺西宮及修三山新河，擢至顯謨閣學士。方是時，徽宗議謁諸陵，有司預爲西幸之備。昪治宮城，廣袤十六里，創廊屋四百四十間，費不可勝。會髹漆，至灰人骨爲胎，斤直錢數千。盡發洛城外二十里古冢，凡衣冠壟兆，大抵遭暴掘。用是遷正議大夫、殿中監，又奉命補治三陵泄水坑澗，計役四百九十萬工。未幾，卒，贈金紫光祿大夫、延康殿學士，謚曰恭敏。

強淵明字隱季，杭州錢塘人。父至，以文學受知韓琦，終祠部郎中。淵明進士第，調海州司法參軍，歷濟、杭二州教授，知蔡州確山縣，通判保定軍。入爲太府丞、軍器少監、國子司業。與兄浚明及葉夢得締蔡京爲死交，立元祐籍，分三等定罪，皆三人所建，遂濟成黨禍。淵明以故亟遷祕書少監、中書舍人、大司成、翰林學士。

大觀三年，京罷相，以龍圖閣直學士知永興軍，徙鄭、越二州。召爲禮部尚書，復拜學士，進承旨。翰林廣直廬，帝書「摛文堂」牓賜之。兼太子賓客。以疾，改延康殿學士、提舉醴泉觀兼侍讀、監修國史。卒，贈金紫光祿大夫、資政殿學士，謚曰文憲。浚明早死。

蔡居厚字寬夫，熙寧御史延禧子也。延禧嘗擊呂惠卿兄弟，有直名。居厚第進士，累官吏部員外郎。

大觀初，拜右正言，奏疏曰：「神宗造立法度，曠古絕儗，雖符祐之黨力起相軋，而終不能搖者，出於人心理義之所在也。陛下繼志廣聲，政事具舉，願如明詔敕有司勒爲成書，以明一代之制。」遷起居郎，進右諫議大夫。論東南兵政七弊，及言學官書局皆爲要塗，宜公選實學多聞之士，無使庸常之徒，得以幸進。

河北、河東羣盜起，太原、眞定守皆以不能擒捕罪去。居厚言：「將帥之才，不儲養於平時，故緩急無所可用，宜令觀察使以上，各舉所知。」又言：「比來從事於朝者，皆姑息胥吏，吏彊官弱，浸以成風。蓋輦轂之下，吏習狡獪，故怯懦者有所畏，至用爲耳目，倚爲鄉導，假借色辭，過爲卑辱，浸淫及於侍從。今廟堂之上，稍亦爲之，願重爲之制。」改戶部侍郎。言者論其在諫省時，爲宋喬年父子用，以集賢殿修撰知秦州。降羌在州者逸入京師訴事，坐失察，削職罷。

蔡京再相，起知滄、陳、齊三州，加徽猷閣待制，爲應天、河南尹。初建神霄宮，度地汗下，爲道士交訴，徙汝州。久之，知東平府。復以戶部侍郎召，未至，又以知青州。病不能赴，未幾卒。

劉嗣明，開封祥符人。入太學，積以試藝，名出諸生右。崇寧中，車駕幸學，解褐補承事郎，歷校書郎至給事中。

張商英居相位，惡其不附己。時鄭居中雖以嫌去樞密，然陰殖黨與，窺伺益固。嗣明與之合，計傾商英。門下省吏張天忱貶秩，嗣明駮弗下，商英爭之。詔御史臺覈曲直，商英以是罷。嗣明遂論商英引李士觀、尹天民入政典局，矯爲敕語，共造姦謀，三人俱坐責。嗣明遷大司成。士子肄雅樂被恩，嗣明亦升班與學士等。已而言者論其取悅權貴，妄升國子生預舍法以抑寒士，黜知潁州。未幾，入爲工部侍郎、翰林學士、工部尙書。卒，贈資政殿學士、太中大夫。

蔣靜字叔明，常州宜興人。第進士，調安仁令。俗好巫，疫癘流行，病者寧死不服藥，靜悉論巫罪，聚其所事淫像，得三百軀，毁而投諸江。知陳留縣，與屯將不協，罷去。徽宗初立，求言，靜上言，多詆元祐間事，蔡京第爲正等，擢職方員外郎；中書舍人吳伯舉封還之，京怒，黜伯舉。明年，遷國子司業。帝幸太學，命講書無逸篇，賜服金紫，進祭酒，爲中書舍人。以顯謨閣待制知壽州，徙江寧府。茅山道士劉混康以技進，賜號「先生」。其徒倚爲姦利，奪民葦場，彊市廬舍，詞訟至府，吏觀望不敢治，靜悉抵于法。徙睦州，移病，提舉洞霄宮。越九年，召爲大司成，出知洪州。復告歸，加直學士。卒，年七十一，贈通議大夫。

賈偉節，開封人。第進士，累擢兩浙轉運判官。條上民間利病，加直祕閣，爲江、淮發運副使。蔡京壞東南轉般法爲直達綱，偉節率先奉承，歲以上供物徑造都下，籍催諸道逋負，造巨船二千四百艘，非供奉物而輒運載者，請論以違制。花石、海錯之急切，自此而興。論功進秩，遂拜戶部侍郎，改刑部。歲餘，以顯謨閣直學士提舉醴泉觀，卒。

論曰：善乎歐陽脩之論朋黨也，其言曰：「君子以同道爲眞朋，小人以同利爲僞朋，同道則同心相益而共濟，小人見利則爭先，利盡則疎而相賊害矣。」蘇軾續脩說，謂：「君子不得志則奉身而退，樂道不仕；小人不得志則僥倖復用，唯怨之報，此所以不勝也。」秦觀亦言：「君子小人，不免有黨。人主不辨邪正，必至兩廢；或言兩存，則小人卒得志，君子終受害。」其說明甚，徽宗弗之察也。唯薇於紹述之說，崇姦貶正，黨論滋起。於是紹聖指元祐爲黨，崇寧指元符爲黨，而鄭居中、張商英、蔡京、王黼諸人互指爲黨，不復能辨。始以黨敗人，終以黨敗國，衣冠塗炭，垂三十年，其禍汰於東都、白馬，蓋至是而三子之言效焉。彼劉昺、強淵明、宋喬年、劉嗣明直斗筲耳，亦使攘臂恣睢，撼撞無忌，小人之爲術毉矣。嗚呼！朋黨之說，眞能空人之國如此哉。

崔鶠字德符，雍丘人。父毗，徙居潁州，遂爲陽翟人。登進士第，調鳳州司戶參軍、筠州推官。

徽宗初立，以日食求言，鶠上書曰：

臣聞諫爭之道，不激切不足以起人主意，激切則近訕謗。夫爲人臣而有訕謗之名，此讒邪之論所以易乘，而世主所以不悟，天下所以卷舌吞聲，而以言爲戒也。臣嘗讀史，見漢劉陶曹鸞、唐李少良之事，未嘗不掩卷興嗟，矯然有山林不反之意。比聞國家以日食之異，詢求直言，伏讀詔書，至所謂「言之失中，朕不加罪」，蓋陛下披至情，廓聖度，以來天下之言如此，而私秘所聞，不敢一吐，是臣子負陛下也。

方今政令煩苛，民不堪擾，風俗險薄，法不能勝，未暇一二陳之，而特以判左右之忠邪爲本。臣生於草萊，不識朝廷之士，特怪左右之人，有指元祐之臣爲姦黨者，必邪人也。使漢之黨錮，唐之牛、李之禍，將復見于今日，甚可駭也。

夫毁譽者，朝廷之公議。故責授朱崖軍司戶司馬光，左右以爲姦，而天下皆曰忠；今宰相章惇，左右以爲忠，而天下皆曰姦。此何理也？臣請略言姦人之迹：夫乘時抵巇以盜富貴，探微揣端以固權寵，謂之姦可也；包苴滿門，私謁踵路，陰交不逞，密結禁廷，謂之姦可也；以奇伎淫巧蕩上心，以倡優女色敗君德，獨操賞刑，自報恩怨，謂之姦可也；蔽遮主聽，排斥正人，微言者坐以刺譏，直諫者陷以指斥，以杜天下之言，掩滔天之罪，謂之姦可也。凡此數者，光有之乎？惇有之乎？

夫有其實者名隨之，無其實而有其名，誰肯信之？傳曰：「謂狐爲狸，非特不知狐，又不知狸。」是故以佞爲忠，必以忠爲佞，於是乎有繆賞濫罰。賞繆罰濫，佞人徜徉，如此而國不亂，未之有也。

光忠信直諒，聞於華夷，雖古名臣，未能遠過，而謂之姦，是欺天下也。至如惇狙詐凶險，天下士大夫呼曰「惇賊」。貴極宰相，人所具瞻，以名呼之，又指爲賊，豈非以其孤負主恩，玩竊國柄，忠臣痛憤，義士不服，故賊而名之，指其實而號之以賊邪。京師語曰「大惇小惇，殃及子孫」，謂惇與御史中丞安惇也。小人譬之蝮蝎，其兇忍害人，根乎天性，隨遇必發。天下無事，不過賊陷忠良，破碎善類；至緩急危疑之際，必有反覆賣國、跋扈不臣之心。

比年以來，諫官不論得失，御史不劾姦邪，門下不駁詔令，共持喑默，以爲得計。昔李林甫竊相位十有九年，海內怨痛，而人主不知。頃鄒浩以言事得罪，大臣拱而觀之，同列無一語者，又從而擠之。夫以股肱耳目，治亂安危所係，而一切若此，陛下雖有堯、舜之聰明，將誰使言之，誰使行之。

夫日者陽也，食之者陰也。四月正陽之月，陽極盛、陰極衰之時，而陰干陽，故其變爲大。惟陛下畏天威、聽明命，大運乾剛，大明邪正，毋違經義，毋鬱民心，則天意解矣。若夫伐鼓用幣，素服徹樂，而無修德善政之實，非所以應天也。

帝覽而善之，以爲相州教授。

後蔡京條籍上書人，以鶠爲邪等，免所居官。久之，調績溪令。移病歸，始居郟城，治地數畝，爲婆娑園。屏處十餘年，人無貴賤長少，悉尊師之。

宣和六年，起通判寧化軍，召爲殿中侍御史。既至而欽宗即位，授右正言。上疏曰：

六月一日詔書，詔諫臣直論得失，以求實是，有以見陛下求治之切也。數十年來，王公卿相，皆自蔡京出。要使一門生死，則一門生用；一故吏逐，則一故吏來。更持政柄，無一人立異，無一人害己者，此京之本謀也。安得實是之言，聞於陛下哉？

諫議大夫馮澥近上章曰：「士無異論，太學之盛也。」澥尙敢爲此姦言乎。王安石除異己之人，著三經之說以取士，天下靡然雷同，陵夷至于大亂，此無異論之效也。京又以學校之法馭士人，如軍法之馭卒伍，一有異論，累及學官。若蘇軾、黃庭堅之文，范鎭、沈括之雜說，悉以嚴刑重賞，禁其收藏，其苛錮多士，亦已密矣。而澥猶以爲太學之盛，欺罔不已甚乎。原京與澥罪，乃天地否泰所係，國家治亂，由之以分，不可忽也。

仁宗、英宗選敦朴敢言之士以遺子孫，安石目爲流俗，一切逐去。司馬光復起而用之，元祐之治，天下安於泰山。及章惇、蔡京倡爲紹述之論，以欺人主。紹述一道德，而天下一於諂佞；紹述同風俗，而天下同於欺罔；紹述理財而公私竭；紹述造士而人材衰；紹述開邊而塞塵犯闕矣。元符應詔上書者數千人，京遺腹心考定之，同己爲正，異己爲邪，澥與京同者也，故列於正。京之術破壞天下，於茲極矣，尙忍使其餘蠹再破壞邪？京姦邪之計大類王莽，而朋黨之衆則又過之，願斬之以謝天下。

累章極論，時議歸重。忽得攣疾，不能行。三求去，帝惜之，不許。呂好問、徐秉哲爲言，乃以龍圖閣直學士主管嵩山崇福宮，命下而卒。鷗平生爲文至多，輒爲人取去，篋無留者。尤長於詩，清峭雄深，有法度。無子，壻衞昂集其遺文，爲三十卷，傳於世。

張根字知常，饒州德興人。少入太學，甫冠，第進士。調臨江司理參軍、遂昌令。當改京秩，以四親在堂，冀以父母之恩封大父母，而貤妻封及母，遂致仕，得通直郎，如其志。時年三十一。鄉人之賢者彭汝礪序其事，自以爲不及。

屏處十年，曾布、曾肇、鄒浩及本道使者上其行義，徽宗召詣闕。爲帝言：「人主一日萬幾，所恃者是心耳。一累於物，則聰明智慮且耗，賢不肖混淆，綱紀不振矣。願陛下清心省欲，以窒禍亂之原。」遂請罷錢塘製造局。帝改容嘉美，以爲親賢宅教授。

未幾，通判杭州，提舉江西常平。內侍走馬承受舉劾一路以錢半給軍衣非是，自轉運使、郡守以下皆罷。根言：「東南軍法與西北殊，此事行之百五十年矣。帥守、監司，分朝廷憂，顧使有罪，猶當審處，豈宜以小奄尺紙空十郡吏哉？」詔皆令復還。又言：「本道去歲蠲租四十萬，而戶部責償如初。祖宗立發運上供額，而給本錢數百萬緡，使廣糴以待用。比希恩者乃獻爲羨餘，故歲計不足，至爲無名之斂。」詔貸所蠲租，而以糴本錢還之六路。

洪州失官錫，繫治兵吏千計。根曰：「此有司失於幾察之過也。今羅取無罪之人，責以不可得之物，何以召和氣？」乃罷其獄。

大觀中，入對言：「陛下幸滌煩苛，破朋黨，而士大夫以議論不一，觀望苟且，莫肯自盡。陛下毁石刻，除黨籍，與天下更始，而有司以大臣仇怨，廢錮自如。爲治之害，莫大於此，願思所以勵敕之。」卽命爲轉運副使，改淮南轉運使，加直龍圖閣。上書請：「常平止聽納息，以塞兼幷；下戶均出役錢，以絕姦僞；市易惟取淨利，以役商賈。雖名若非正，然與和買不讎其直什一，而使之倍輸額外無名無數之斂，有間矣。」又請：「分舉官爲三科：一縣令，二學官，三縣丞曹。州郡亦分三等。明言其人某材堪充某州、某官、某縣令，吏部據以注擬，則令選稍淸，視平配硬差遠矣。」詔吏部、戶部相度以聞。根又以水災多，乞蠲租賦，散洛口米、常平靑苗米，振貸流民。詔褒諭之。

徙兩浙，辭不行，乃具疏付驛遞奏。大略謂：「今州郡無兼月之儲，太倉無終歲之積，軍須匱乏，邊備缺然。東南水旱，盜賊間作，西、北二國窺伺日久，安得不豫爲之計？」因條列茶鹽、常平等利病之數，遂言：「爲今之計，當節其大者，而莫大於土木之功。今羣臣賜一第，或費百萬。臣所部二十州，一歲上供財三十萬緡耳，曾不足給一第之用。以寵元勳盛德，猶慮不稱，况出於閭閻干澤者哉。雖趙普、韓琦佐命定策所未有，願陛下靳之。其次如田園、邸店，雖不若賜第之多，亦顧日削而月損之。如金帛好賜之類，亦不可不節也。又其次如錫帶，其直雖數百緡，亦必斂於數百家而後足，今乃下被僕隸，使混淆公卿間，賢不肖無辨。如以其左右趨走，不欲墨綬，當別爲制度，以示等威可也。」書奏，權倖側目，謀所以中傷之者，言交上，帝察根誠，不之罪也。

尋以花石綱拘占漕舟，官買一竹至費五十緡，而多入諸臣之家。因力陳其弊，益忤權倖，迺擿根所書奏牘注切草略，爲傲慢不恭，責監信州酒。既又言根非詆常平之法，以搖紹述之政，再貶濠州團練副使，安置郴州。尋以討淮賊功，得自便。以朝散大夫終于家，年六十。

根性至孝，父病蠱戒鹽，根爲食淡。母嗜河豚及蟹，母終，根不復食。母方病，每至鷄鳴則少蘇，後不忍聞鷄聲。子燾，自有傳。弟樸。

樸字見素。第進士。歷耀、淄、宿三州教授、太學錄，升博士，改禮部員外郎。高麗遣子弟入學肄業，又兼博士，遷光祿、太常少卿，擢侍御史。

鄭居中去位，樸言：「朋黨分攻，非朝廷福，若不揃其尤，久則難圖。」於是宇文黃中、賈安宅等六人皆罷，凡蔡京所惡，亦指爲居中黨而逐。時郎員冗濫，至五十五人。徽宗喩樸使論列，乃擿其庸繆者十六人，疏斥諸外。

徐處仁議置裕民局，以京提舉，京不樂，樸言「國家法令明具，何嘗不裕民乎？今置局非是」，卒罷之。起復修製大樂局管勾官田爲大晟府典樂，樸論爲「貪濫不法，物論弗齒，且典樂在太常少卿之上，修製冗官不當超踰」，迺罷爲樂令。未幾，復前命，樸爭不已，改祕書少監。蔡攸引爲道史檢討官，召試中書舍人，卒。

任諒字子諒，眉山人，徙汝陽。九歲而孤，舅欲奪母志，諒挽衣泣曰：「豈有爲人子不能養其親者乎！」母爲感動而止。諒力學自奮，年十四，即冠鄉書。登高第，調河南戶曹。以兵書謁樞密曾布，布使人邀詣闕，既見，覺不能合，徑去。布爲相，猶欲用之。諒予書，規以李德裕事，布始怒。蔣之奇、章楶在樞府，薦爲編修官，布持其奏不下，爲懷州教授。徽宗見其所作新學碑，曰：「文士也。」擢提舉夔路學事，歷京西、河北、京東，改轉運判官。著河北根本籍，凡戶口之升降，官吏之增損，與一歲出納奇贏之數，披籍可見，上之朝。張商英見其書，謂爲天下部使者之最。

提點京東刑獄。梁山濼漁者習爲盜，蕩無名籍，諒伍其家，刻其舟，非是不得輒入。他縣地錯其間者，鑱石爲表。盜發，則督吏名捕，莫敢不盡力，跡無所容。加直祕閣，徙陝西轉運副使。降人李訛哆知邊廩不繼，陰闕地窖粟而叛，遺西夏統軍書，稱定邊可唾手取。諒諜知其謀，亟輸粟定邊及諸城堡，且募人發所窖，得數十萬石。訛哆果入寇，失藏粟，七日而退。他日，復圍觀化堡，而邊儲已足，訛哆遂解去。

加徽猷閣待制、江淮發運使。蔡京破東南轉般漕運法爲直達綱，應募者率游手亡賴，盜用乾沒，漫不可核，人莫敢言。諒入對，首論之，京怒。會汴、泗大水，泗州城不沒者兩板。諒親部卒築隄，徙民就高，振以米粟。水退，人獲全，京誣以爲漂溺千計，坐削籍歸田里。執政或言：「水災守臣職，發運使何罪？」帝亦知其枉，復右文殿修撰、陝西都轉運使。尋復徽猷閣待制，進直學士。童貫更錢法，必欲鐵錢與銅錢等，物價率十減其九。詔諒與貫議，諒言爲六路害，寢其策。加龍圖閣直學士、知京兆府，徙渭州。以母憂去。

宣和七年，提舉上淸寶籙宮、修國史。初，朝廷將有事於燕，諒曰：「中國其有憂乎。」乃作書貽宰相曰：「今契丹之勢，其亡昭然，取之當以漸，師出不可無名。宜別立耶律氏之宗，使散爲君長，則我有存亡繼絕之義，彼有瓜分輻裂之弱，與鄰崛起之金國，勢相萬也。」至是，又言郭藥師必反。帝不聽，大臣以爲病狂，出提舉嵩山崇福宮。是冬，金人舉兵犯燕山，藥師叛降，皆如諒言。迺復起諒爲京兆，未幾，卒，年五十八。

周常字仲修，建州人。中進士第。以所著禮檀弓義見王安石、呂惠卿，二人稱之，補國子直講、太常博士。以養親，求教授揚州。年未五十即致仕。

久之，御史中丞黃履薦其恬退，起爲太常博士，辭。元符初，復申前命，兼崇政殿說書，遷著作佐郎。疏言：「祖宗諸陵器物止用塗金，服飾又無珠玉，蓋務在質素，昭示訓戒。自裕陵至宣仁后寢宮，乃施金珠，願收貯景靈殿，以遵遺訓。」詔置之奉宸庫。擢起居舍人。鄒浩得罪，常於講席論救，貶監郴州酒。徽宗立，召爲國子祭酒、起居郎，從容言：「自古求治之主，未嘗不以尚志爲先。然溺於富貴逸樂，蔽於諂諛順適，則志隨以喪，不可不戒。元祐法度互有得失，人才各有所長，不可偏棄。」

時以天暑，令記注官卯漏正卽勿奏事，仍具爲令。常言：「本朝記注類多兼諫員，故凡言動，得以所聞見論可否。神宗皇帝時，修注官雖不兼諫職，亦許以史事於崇政、延和殿直前陳述。陛下於炎暾可畏之候，暫停進對，亦人情之常。若著爲定令，則必記於日錄，傳之史筆，使後人觀之，將以爲倦於聽納，而忘先帝之美意矣。」事遂寢。進中書舍人、禮部侍郎。蔡京用事，不能容，以寶文閣待制出知湖州。尋又奪職，居婺州。復集賢殿修撰。卒，年六十七。

論曰：徽宗荒于治，嬖倖塞朝，柄移權姦，不鳴者進，習爲脥熟。鵰、根、諒、常氣節偘偘，指切時斂，能盡言不諱。卒不勝讒舌，根、常死外，鵰、諒甫用而病奪之，可悲也已！金兵旣舉，郭藥師已叛，朝廷猶弗知，矧能先見禍幾哉，毋惑乎狂諒之言也。

宋史卷三百五十七

列傳第一百一十六

何灌 李熙靖 王雲 譚世勣 梅執禮 程振 劉延慶

何灌字仲源，開封祥符人。武選登第，爲河東從事。經略使韓縝雖數試其材，而常沮抑之，不假借。久乃語之曰：「君奇士也，他日當據吾坐。」爲府州、火山軍巡檢〔一〕。盜蘇延福狡悍，爲二邊患，灌親梟其首。賈胡疃有泉，遼人常越境而汲，灌親申畫界堠，遏其來，忿而舉兵犯我。灌迎高射之，發輒中，或著崖石皆沒鏃，敵驚以爲神，逡巡斂去。後三十年，契丹蕭太師與灌會，道曩事，數何巡檢神射，灌曰：「卽灌是也。」蕭矍然起拜。

爲河東將，與夏人遇，鐵騎來追，灌射皆徹甲，至洞胸出背，疊貫後騎，羌懼而引卻。知寧化軍、豐州，徙熙河都監，見童貫不拜，貫憾焉。張康國薦於徽宗，召對，問西北邊事，以笏畫御榻，指坐衣花紋爲形勢。帝曰：「敵在吾目中矣。」

提點河東刑獄，遷西上閤門使、領威州刺史、知滄州。以治城郭功，轉引進使。詔運粟三十萬石於並塞三州，灌言：「水淺不勝舟，陸當用車八千乘，沿邊方登麥，願以運費增價就糴之。」奏上，報可。安撫使忌之，劾云板築未畢而冒賞，奪所遷官，仍再貶秩，罷去。未幾，知岷州，引邈川水溉閑田千頃，湟人號廣利渠。徙河州，復守岷，提舉熙河蘭湟弓箭手。入言：「漢金城、湟中穀斛八錢，今西寧、湟、廓即其地也，漢、唐故渠尚可考。若先葺渠引水，使田不病旱，則人樂應募，而射士之額足矣。」從之。甫半歲，得善田二萬六千頃，募士七千四百人，爲他路最。童貫用兵西邊，灌取古骨龍馬進武軍〔三〕，加吉州防禦使，改知蘭州。又攻仁多泉城，砲傷足不顧，卒拔城，斬首五千級。正拜廓州防禦使。

宣和初，劉法陷於敵，震武危甚，熙帥劉仲武使灌往救。灌以衆寡不敵，但張虛聲駭之，夏人宵遁。灌恐覘其實，遽反兵，仲武猶奏其逗遛，罷爲淮西鈐轄。從平方臘，獲賊帥呂師囊，遷同州觀察使、浙東都鈐轄，改浙西。

童貫北征，檄統制兵馬，涿、易平，以知易州，遷寧武軍承宣使、燕山路副都總管，又加龍、神衞都指揮使。斡离不取景州，圍薊州。貫諉以兵事，卽復景城，釋薊圍。郭藥師統蕃、漢兵，灌曰：「頃年折氏歸朝，朝廷別置一司，專部漢兵，至于克行，乃許同營。今但宜令藥師主常勝軍，而以漢兵委灌輩。」貫不聽。召還，管幹步軍司。

陪遼使射玉津園，一發破的，再發則否。客曰：「太尉不能耶？」曰：「非也，以禮讓客耳。」整弓復中之，觀者誦歎，帝親賜酒勞之。遷步軍都虞候。

金師南下，悉出禁旅付梁方平守黎陽。灌謂宰相白時中曰：「金人傾國遠至，其鋒不可當。今方平掃精銳以北，萬有一不枝梧，何以善吾後，盍留以衞根本。」不從，明日，又命灌行，辭以軍不堪戰，彊之，拜武泰軍節度使、河東河北制置副使。未及行而帝內禪，灌領兵入衞。鄆王楷至門欲入，灌曰：「大事已定，王何所受命而來？」導者懼而退。灌竟行，援兵二萬不能足，聽募民充數。

靖康元年正月二日，次滑州，方平南奔，灌亦望風迎潰。黃河南岸無一人禦敵，金師遂直叩京城。灌至，乞入見，不許，而令控守西隅。背城拒戰凡三日，被創，沒于陣，年六十二。帳下韓綜、雷彥興，奇士也，各手殺數人，從以死。欽宗哀悼，賜金帛，命官護葬。已而言者論其不守河津，追削官秩。

長子薊，至閤門宣贊舍人。從父戰，箭貫左臂，拔出之，病創死。紹興四年，中子薛以灌事泣訴于朝，詔復履正大夫、忠正軍承宣使。

李熙靖字子安，常州晉陵人，唐衞公德裕九世孫也。祖均、父公弼皆進士第。公弼，崇寧初通判潞州，以議三舍法不便，使者劾其沮格詔令，坐削黜以死。熙靖擢第，又中詞學兼茂，選爲辟雍錄、太學正，升博士。以父老丐外，除提舉淮東學事便養，命下，乃得河東；而爲淮東者，臧祜之也。蓋省吏取祜之賂，輒易之。或教使自言，熙靖曰：「事君不擇地，吾其可發人之私，求自便也？」宰相聞而賢之，留爲兵部員外郎。遭父憂去，還，爲右司員外郎。

王黼以太宰領應奉司，又方事燕雲，立經撫房於中書獨專之，他執政皆不得預。熙靖與言曰：「應奉之職，非宰相所當預。尙書、樞密皆有兵房，足以治疆事，經撫何爲者哉？」黼積不樂。同列五人皆躐躋禁從，獨滯留四年。都水丞失職，移過於熙靖，貶其兩秩，又將左轉爲國子司業，執政交言不可，僅遷太常少卿。黼罷，乃拜中書舍人，蔡攸又惡之，出知拱州。

越兩月，復以故官召，入對言：「燕山雖定，宜益謹思患豫防之戒。」徽宗曰：「詩所謂『迨天之未陰雨，徹彼桑土，綢繆牖戶』者是也。」熙靖進曰：「孔子云：『爲此詩者，其知道乎！能治其國家，誰敢侮之？』願陛下爲無疆之計。」帝嘉之。

靖康初，同譚世勣事龍德宮，改顯謨閣待制、提舉醴泉觀。道君待之甚厚，常從容及內禪事，曰：「外人以爲吳敏功，殊不知此自出吾意耳，吾苟不欲，人言且滅族，誰敢哉？或謂吾似唐睿宗上畏天戒，故爲之，吾有此心久矣。」熙靖再拜賀。敏聞而忌之，以進對不時受罰。

既拒張邦昌之命，憂憤廢食，家人進粥藥寬譬之，終無生意。故人視其病，相持啜泣，索筆書唐王維所賦「百官何日再朝天」之句，明日遂卒，年五十三，與世勣同贈端明殿學士〔三〕。

王雲字子飛，澤州人。父獻可，仕至英州刺史、知瀘州。黃庭堅謫於涪，獻可遇之甚厚，時人稱之。雲舉進士，從使高麗，撰雞林志以進。擢秘書省校書郎，出知簡州，遷陝西轉運副使。宣和中，從童貫宣撫幕，入爲兵部員外郎、起居中書舍人。

靖康元年，以給事中使斡离不軍，議割三鎭以和。使還，傳道斡离不之意，以爲黏罕得朝廷所與余覩蠟書，堅云中國不可信，欲敗和約。執政以爲不然，罷爲徽猷閣待制、知唐州。

金人陷太原，召拜刑部尚書，再出使，許以三鎭賦入之數。雲至眞定，遣從吏李裕還言：「金人不復求地，但索五輅及上尊號，且須康王來，和好乃成。」欽宗悉從之，且命王及馮澥往。未行，而車輅至長垣，爲所卻，雲亦還。澥奏言雲誕妄誤國，雲言：「事勢中變，金人必欲得三鎭，不然，則進兵取汴都。」中外震駭，詔集百官議，雲固言：「康王舊與斡离不結歡，宜將命。」帝慮爲所留，雲曰：「和議既成，必無留王之理，臣敢以百口保之。」王遂受命，而雲以資政殿學士爲之副。

頃雲奉使過磁、相，勸兩郡徹近城民舍，運粟入保，爲清野之計，民怨之。及是，次磁州，又與守臣宗澤有憾。於是王出謁嘉應神祠，雲在後，民遮道諫曰：「肅王已爲金人所留，王不宜北去。」厲聲指雲曰：「清野之人，眞姦賊也。」王出廟行，或發雲笥，得烏絁短巾，蓋雲夙有風眩疾，寢則以護首者。民益信其爲姦，譟而殺之。王見事勢洶洶，乃南還相州。是役也，雲不死，王必北行，議者以是驗天命云。建炎初，贈觀文殿學士。

雲兄霽，崇寧時，爲謀議司詳議官〔四〕，上書告蔡京罪，黥隸海島。欽宗復其官，從种師中戰死。

譚世勣字彥成，潭州長沙人。第進士，教授郴州。時王氏學盛行，世勣雅不喜。或問之，曰：「說多而屢變，無不易之論也。」置其書不觀。又中詞學兼茂科，除祕書省正字。時相蔡京子攸領書局，同舍郎多翕附以取貴仕。世勣獨坐直廬，繙書竟日。梁師成之客與爲隣居，數致師成願交意，謝不答。

在館六年不遷，京罷，用久次爲司門員外郎。又三年，遷吏部。京復相，嫌不附己，罷提點太平宮。久之，復還吏部。倖臣妄引恩澤任子，持不與。吏白有某例，世勣曰：「豈當以暫例破成法！」已而取中旨行之。進少府監，擢中書舍人，以謹命令、惜名器、廣言路、吝賜予、正上供、省浮費六事言于上，又爲當路所嫉。以徽猷閣待制知婺州，未行，復留之。徽宗禪位東幸，且還，使與李熙靖副執政奉迎，遂同主管龍德宮。請辨正宣仁國史之謗，述欽聖遺旨以復瑤華，大享神祖仍用富弼侑食，釋奠先聖不當以王安石配，後皆施行。

秋七月，彗出東方，大臣或謂此四夷將衰之兆，世勣面奏：「垂象可畏，當修德以應天，不宜惑諛說。」進給事中兼侍讀。內侍喧爭殿門，詔以贖論，世勣駁其不恭，因言：「童貫輩初亦甚微，小惡不懲，將馴至大患。」疏入，同類側目。何㮚建議分外郡爲四道，置都總管，事得顓決。世勣言：「裂天下以付四人，而王畿所治者纔十六縣，獨無尾大不掉之慮乎？」㮚不樂。改禮部侍郎。

金騎駸駸南下，世勣言：「守邊爲上策；今邊不得守，守河則京畿自固，中策也；巡幸江、淮，會東南兵以捍敵，下策也。」金人既渡河，又請遣大將秦元以所部京畿保甲，分護國門，使兵勢連屬，首尾相援，卽金人不敢逼。孫傅深然之，又格於㮣議。再扈車駕至金帥帳，以十害說其用事者，言講解之利，詞意忠激，金人聳聽。

張邦昌僭國，令與李熙靖同直學士院，皆稱疾臥不起，以憂卒，年五十四。建炎初，褒其守節，贈端明殿學士。

梅執禮字和勝，婺州浦江人。第進士，調常山尉未赴，以薦爲敕令删定官、武學博士。大司成強淵明賢其人，爲宰相言，相以未嘗識面爲慊。執禮聞之曰：「以人言而得，必以人言而失，吾求在我者而已。」卒不往謁。

歷軍器、鴻臚丞，比部員外郎。比部職勾稽財貨，文牘山委，率不暇經目。苑吏有持茶券至爲錢三百萬者，以楊戩旨意迫取甚急。執禮一閱，知其妄，欲白之，長貳疑不敢，乃獨列上，果詐也。改度支、吏部，進國子司業兼資善堂翊善，遷左司員外郎，擢中書舍人、給事中。

林攄以前執政赴闕宿留，冀復故職，執禮論去之。孟昌齡居鄆質人屋，當贖不肯與，而請中旨奪之；外郡卒留役中都者萬數，肆不逞爲姦，詔悉令還，楊戩占不遣；內侍張佑董葺太廟，僭求賞：皆駮奏弗行。遷禮部侍郎。

素與王黼善，黼嘗置酒其第，夸示園池妓妾之盛，有驕色。執禮曰：「公爲宰相，當與天下同憂樂。今方臘流毒吳地，瘡痍未息，是豈歌舞宴樂時乎？」退又戒之以詩。黼愧怒，會孟饗原廟後至，以顯謨閣待制知蘄州，又奪職。

明年，徙滁州，復集英殿修撰。時賦鹽虧額，滁亦苦抑配。執禮曰：「郡不能當蘇、杭一邑，而食鹽乃倍粟數，民何以堪？」請於朝，詔損二十萬，滁人德之。

欽宗立，徙知鎭江府，召爲翰林學士，道除吏部尙書，旋改戶部。方軍興，調度不足，執禮請以禁內錢隸有司，凡六宮稟給，皆由度支乃得下。嘗有小黃門持中批詣部取錢，而封識不用璽，既悟其失，復取之。執禮奏審，詔責典寶夫人而杖黃門。

金人圍京都，執禮勸帝親征，而請太上帝后、皇后、太子皆出避，用事者沮之。洎失守，金人質天子，邀金帛以數百千萬計，曰：「和議已定，但所需滿數，則奉天子還闕。」執禮與同列陳知質、程振、安扶皆主根索，四人哀民力已困，相與謀曰：「金人所欲無藝極，雖銅鐵亦不能給，盍以軍法結罪，儻塞其求。」而宦者挾宿怨語金帥曰：「城中七百萬戶，所取未百一，但許民持金銀換粟麥，當有出者。」已而果然。酋怒，呼四人責之，對曰：「天子蒙塵，臣民皆願致死，雖肝腦不計，於金繒何有哉？顧比屋枵空，亡以塞命耳。」酋問官長何在，振恐執禮獲罪，遂前曰：「皆官長也。」酋益怒，先取其副胡舜陟、胡唐老、姚舜明、王俁，各杖之百。執禮等猶爲之請，俄遣還，將及門，呼下馬撾殺之，而梟其首，時靖康二年二月也。是日，天宇晝冥，士庶皆隕涕憤歎。

初，車駕再出，執禮與宗室子昉、諸將吳革等謀集兵奪萬勝門，夜擣金帥帳，迎二帝以歸。而王時雍、徐秉哲使范瓊泄其謀，故不克。死時，年四十九。高宗即位，詔贈通奉大夫、端明殿學士。議者以爲薄，復加資政殿學士。

程振字伯起，饒州樂平人。少有軼材，入太學，一時名輩多從之游。徽宗幸學，以諸生右職除官，爲辟雍錄，升博士，遷太常博士，提舉京東、西路學事。請立廟于鄒祀孟軻，以公孫丑、萬章、樂正克等配食，從之。

提舉京西常平，入爲膳部員外郎、監察御史、辟雍國子司業、左司員外郎兼太子舍人。始至，卽言：「古者大祭祀登餕受爵，必以上嗣，旣禮經所載，且元豐彝典具存。昨天子展事明堂，而殿下不預，非所以尊宗廟、重社稷也。」太子矍然曰：「宮僚初無及此者。」由是特加獎異。

方臘起，振謂王黼宜乘此時建革天下弊事，以上當天意，下順人心。黼不懌，曰：「上且疑黼挾寇，奈何？」振知黼忌其言，趨而出，然太子薦之甚力，遂擢給事中。黼白振資淺，且雅長書命，請以爲中書舍人。侍郎馮熙載出知亳州，黼怨熙載，欲振詆以醜語，振不肯。黼使言者劾爲黨，罷提舉沖佑觀。居三年，復還故官。

靖康元年，進吏部侍郎，爲欽宗言：「柄臣不和，論議多駁，詔令輕改，失於事幾。金人交兵半歲，而至今不解者，以和戰之說未一故也。裁抑濫賞，如白黑易分，而數月之間，三變其議，以私心不除，各蔽其黨故也。今日一人言之，以爲是而行；明日一人言之，以爲非而止。或聖斷險度而不暇疇咨，或大臣偏見而遂形播告，所以動未必善，處未必宜，乃輒爲之反汗，其勢不得不爾也。」

時金兵至河北，振請糾諸道兵掎角擊之，曰：「彼猖獗如此，陛下尚欲守和議，而不使之少有懲艾乎？」上嗟味其言，而牽於外廷，不能用。拜開封尹。故時，大辟有情可矜，多奏取原貸；崇寧以來，議者謂輦轂先彈壓，率便文殺之。振請復舊制。詔捕亡命卒，得數千人，振請以隸步軍而除其罪。步軍司欲論如法，振曰：「方多事之際，而一日殺數千人，必大駭觀聽。」乃盡釋之。改刑部侍郎。

金騎在郊，邀車駕出城，振爲何㮚言：「宜思所以折之之策。」㮚不從。未幾，及於難，年五十七。金人去，從子庭訪得其首歸葬之。初，王黼使其客沈積中圖燕，振戒以後禍，積中懼而言不可。既而振乃用是死，聞者痛之。

初，宣和崇道家之說，振侍坐東宮，從容言：「孔子以鴟鴞之詩爲知道，其詞不過曰『迨天之未陰雨，綢繆牖戶』而已。老子亦云：『爲之於未有，治之於未亂。』今不固根本於無事之時，而事目前區區，非二聖人意。」他日，太子爲徽宗道之。徽宗寤，頗欲去健羨，疏左右近習，而宦寺楊戩輩方大興宮室，懼不得肆，因譏家令楊馮，以爲將輔太子幸非常。徽宗震怒，執馮誅之，而太子之言亦廢。振尹京時，兩宮方困於朞間，振極意彌縫，治龍德梁忻獄，寬其罪，不使有纖介可指。

高宗卽位，進秩七等，仍官其子及親屬三人，又贈端明殿學士。端平初，曾孫東請謚，賜謚剛愍。同時死者禮部侍郎陳知質，失其傳；給事中安扶，附見父安燾傳。

劉延慶，保安軍人。世爲將家，雄豪有勇，數從西伐，立戰功，積官至相州觀察使、龍神衞都指揮使、鄜延路總管。遷泰寧軍節度觀察留後，改承宣使。破夏人成德軍，擒其酋賞屈，降王子益麻党征。拜保信軍節度使、馬軍副都指揮使。從童貫平方臘，節度河陽三城。又從北伐，以宣撫都統制督兵十萬，渡白溝。

延慶行軍無紀律，郭藥師扣馬諫曰：「今大軍跋隊行而不設備，若敵人置伏邀擊，首尾不相應，則望塵決潰矣。」不聽。至良鄉，遼將蕭幹帥衆來，延慶與戰，敗績，遂閉壘不出。藥師曰：「幹兵不過萬人，今悉力拒我，燕山必虛，願得奇兵五千，倍道襲取，令公之子三將軍簡師爲後繼。」延慶許之，遣大將高世宣與藥師先行，即入燕城，幹舉精甲三千巷戰。三將軍者，光世也。

渝約不至，藥師失援敗走，世宣死之。延慶營于盧溝南，幹分兵斷饟道，擒護糧將王淵，得漢軍二人，蔽其目，留帳中，夜半僞相語曰：「聞漢軍十萬壓吾境，吾師三倍，敵之有餘。當分左右翼，以精兵衝其中，左右翼爲應，殲之無遺。」陰逸其一人歸報。明旦，延慶見火起，以爲敵至，燒營而奔，相蹂踐死者百餘里。自熙、豐以來，所儲軍實殆盡。退保雄州，燕人作賦及歌誚之。朝議延慶喪師，不可不行法，坐貶率府率，安置筠州。契丹知中國不能用兵，由是輕宋。

未幾，復爲鎭海軍節度使。靖康之難，延慶分部守京城，城陷，引秦兵萬人奪開遠門以出，至龜兒寺，爲追騎所殺。光世自有傳。

論曰：靖康之變，執禮、振不忍都人塗炭，拒彊敵無厭之欲，親逢其凶。熙靖、世勣不肯以一身事二姓，悲不食以終。灌、延慶戰敗而沒。此數人者，其所遭不同，至於死國難則一而已。雲之死，雖其有以取之，殆亦天未欲絕宋祀也；不然，是行也，康王其危哉！

校勘記

〔一〕府州火山軍巡檢　「火」原作「大」。按宋無「大山軍」，本書卷八六地理志有火山軍，與府州同屬河東路；東都事略卷一〇七本傳作「府州、黃河東岸巡檢」，火山軍正在黃河東岸。據改。

〔二〕灌取古骨龍馬進武軍　東都事略卷一〇七本傳作「取震武軍」；本書卷八七地理志，「政和六年，建築古骨龍城，賜名震武城，未幾改爲震武軍。」此句當脫誤，疑「馬」是「爲」字之訛，「進武」是「震武」之訛。

〔三〕贈端明殿學士　「端明殿」，本書卷四五三重出李熙靖傳作「延康殿」；繫年要錄卷三記李熙靖、宋會要儀制一一之一〇記譚世勣同。按本書卷一六二職官志，「建炎二年，都省言延康殿學士舊係端明殿學士，詔依舊。」下文譚世勣傳記贈官在建炎初，疑以作「延康殿」爲是。

〔四〕謀議司詳議官　當作「講議司詳議官」。按宋無「謀議司」，本書卷一六一職官志有講議司。長編紀事本末卷一三二載講議司有詳議官。東都事略卷一〇九和北盟會編卷六四王雲傳又說王雲爲講議司編修，疑爲一人先後充任不同官職。

宋史卷三百五十八

列傳第一百一十七

李綱上

李綱字伯紀，邵武人也，自其祖始居無錫。父夔，終龍圖閣待制。綱登政和二年進士第，積官至監察御史兼權殿中侍御史，以言事忤權貴，改比部員外郎，遷起居郎。宣和元年，京師大水，綱上疏言陰氣太盛，當以盜賊外患爲憂。朝廷惡其言，謫監南劍州沙縣稅務。

七年，爲太常少卿。時金人渝盟，邊報狎至，朝廷議避敵之計，詔起師勤王，命皇太子爲開封牧，令侍從各具所見以聞。綱上禦戎五策，且語所善給事中吳敏曰：「建牧之議，豈非欲委以留守之任乎？巨敵猖獗如此，非傳以位號，不足以招徠天下豪傑。東宮恭儉之德聞於天下，以守宗社可也。公以獻納論思爲職，曷不爲上極言之。」敏曰：「監國可乎？」綱曰：「肅宗靈武之事，不建號不足以復邦，而建號之議不出於明皇，後世惜之。主上聰明仁恕，公言萬一能行，將見金人悔禍，宗社底寧，天下受其賜。」

翌日，敏請對，具道所以，因言李綱之論，蓋與臣同。有旨召綱入議，綱刺臂血上疏云：「皇太子監國，典禮之常也。今大敵入攻，安危存亡在呼吸間，猶守常禮可乎？名分不正而當大權，何以號召天下，期成功於萬一哉？若假皇太子以位號，使爲陛下守宗社，收將士心，以死捍敵，天下可保。」疏上，內禪之議乃決。

欽宗卽位，綱上封事，謂：「方今中國勢弱，君子道消，法度紀綱，蕩然無統。陛下履位之初，當上應天心，下順人欲。攘除外患，使中國之勢尊；誅鋤內姦，使君子之道長，以副道君皇帝付託之意。」召對延和殿，上迎謂綱曰：「朕頃在東宮，見卿論水災疏，今尙能誦之。」李鄴使金議割地，綱奏：「祖宗疆土，當以死守，不可以尺寸與人。」欽宗嘉納，除兵部侍郎。

靖康元年，以吳敏爲行營副使，綱爲參謀官。金將斡离不兵渡河，徽宗東幸，宰執議請上暫避敵鋒。綱曰：「道君皇帝挈宗社以授陛下，委而去之可乎？」上默然。太宰白時中謂都城不可守，綱曰：「天下城池，豈有如都城者，且宗廟社稷、百官萬民所在，捨此欲何之？」上顧宰執曰：「策將安出？」綱進曰：「今日之計，當整飭軍馬，固結民心，相與堅守，以待勤王之師。」上問誰可將者，綱曰：「朝廷以高爵厚祿崇養大臣，蓋將用之於有事之日。白時中、李邦彥等雖未必知兵，然藉其位號，撫將士以抗敵鋒，乃其職也。」時中忿曰：「李綱莫能將兵出戰否？」綱曰：「陛下不以臣庸懦，儻使治兵，願以死報。」乃以綱爲尙書右丞。

宰執猶守避敵之議。有旨以綱爲東京留守，綱爲上力陳所以不可去之意，且言：「明皇聞潼關失守，卽時幸蜀，宗廟朝廷毀于賊手，范祖禹以爲其失在於不能堅守以待援。今四方之兵不日雲集，陛下奈何輕舉以蹈明皇之覆轍乎？」上意頗悟。會內侍奏中宮已行，上色變，倉卒降御榻曰：「朕不能留矣。」綱泣拜，以死邀之。上顧綱曰：「朕今爲卿留。治兵禦敵之事，專責之卿，勿令有疏虞。」綱皇恐受命。

未幾，復決意南狩，綱趨朝，則禁衞擐甲，乘輿已駕矣。綱急呼禁衞曰：「爾等願守宗社乎，願從幸乎？」皆曰：「願死守。」綱入見曰：「陛下已許臣留，復戒行何也？今六軍父母妻子皆在都城，願以死守，萬一中道散歸，陛下孰與爲衞？敵兵已逼，知乘輿未遠，以健馬疾追，何以禦之？」上感悟，遂命輟行。綱傳旨語左右曰：「敢復有言去者斬！」禁衞皆拜伏呼萬歲，六軍聞之，無不感泣流涕。

命綱爲親征行營使，以便宜從事。綱治守戰之具，不數日而畢。敵兵攻城，綱身督戰，募壯士縋城而下，斬酋長十餘人，殺其衆數千人。金人知有備，又聞上已內禪，乃退。求遣大臣至軍中議和，綱請行。上遣李梲，綱曰：「安危在此一舉，臣恐李梲怯懦而誤國事也。」上不聽，竟使梲往。金人須金幣以千萬計，求割太原、中山、河間地，以親王、宰相爲質。梲受事目，不措一辭，還報。綱謂：「所需金幣，竭天下且不足，況都城乎？三鎭，國之屏蔽，割之何以立國？至於遣質，卽宰相當往，親王不當往。若遣辯士姑與之議所以可不可者，宿留數日，大兵四集，彼孤軍深入，雖不得所欲，亦將速歸。此時而與之盟，則不敢輕中國，而和可久也。」宰執議不合，綱不能奪，求去。上慰諭曰：「卿第出治兵，此事當徐議之。」綱退，則誓書已行，所求皆與之，以皇弟康王、少宰張邦昌〔二〕爲質。

時朝廷日輸金幣，而金人需求不已，日肆屠掠。四方勤王之師漸有至者，种師道、姚平仲亦以涇原、秦鳳兵至。綱奏言：「金人貪婪無厭，兇悖已甚，其勢非用師不可。且敵兵號六萬，而吾勤王之師集城下者已二十餘萬；彼以孤軍入重地，猶虎豹自投檻穽中，當以計取之，不必與角一旦之力。若扼河津，絕饟道，分兵復畿北諸邑，而以重兵臨敵營，堅壁勿戰，如周亞夫所以困七國者。俟其食盡力疲，然後以一檄取誓書，復三鎭，縱其北歸，半渡而擊之，此必勝之計也。」上深以爲然，約日舉事。

姚平仲勇而寡謀，急於要功，先期率步騎萬人，夜斫敵營，欲生擒斡离不及取康王以歸。夜半，中使傳旨諭綱曰：「姚平仲已舉事，卿速援之。」綱率諸將旦出封丘門，與金人戰幕天坡，以神臂弓射金人，却之。平仲竟以襲敵營不克，懼誅亡去。金使來，宰相李邦彥語之曰：「用兵乃李綱、姚平仲，非朝廷意。」遂罷綱，以蔡懋代之。太學生陳東等詣闕上書，明綱無罪。軍民不期而集者數十萬，呼聲動地，恚不得報，至殺傷內侍。帝亟召綱，綱入見，泣拜請死。帝亦泣，命綱復爲尚書右丞，充京城四壁守禦使。

始，金人犯城者，蔡懋禁不得輒施矢石，將士積憤，至是，綱下令能殺敵者厚賞，衆無不奮躍。金人懼，稍稍引却，且得割三鎭詔及親王爲質，乃退師。除綱知樞密院事。綱奏請如澶淵故事，遣兵護送，且戒諸將，可擊則擊之。乃以兵十萬分道並進，將士受命，踊躍以行。先是，金帥粘罕圍太原，守將折可求、劉光世軍皆敗；平陽府義兵亦叛，導金人入南北關，取隆德府，至是，遂攻高平。宰相咎綱盡遣城下兵追敵，恐倉卒無措，急徵諸將還。諸將已追及金人於邢、趙間，遽得還師之命，無不扼腕。比綱力爭，復遣，而將士解體矣。

詔議迎太上皇帝還京。初，徽宗南幸，童貫、高俅等以兵扈從。既行，聞都城受圍，乃止東南郵傳及勤王之師。道路籍籍，言貫等爲變。陳東上書，乞誅蔡京、蔡攸、童貫、朱勔、高俅、盧宗原等。議遣聶山爲發運使往圖之，綱曰：「使山所圖果成，震驚太上，此憂在陛下。萬一不果，是數人者，挾太上於東南，求劍南一道，陛下將何以處之？莫若罷山之行，請於太上去此數人，自可不勞而定。」上從其言。

徽宗還次南都，以書問改革政事之故，且召吳敏、李綱。或慮太上意有不測，綱請行，曰：「此無他，不過欲知朝廷事爾。」綱至，具道皇帝聖孝思慕，欲以天下養之意，請陛下早還京師。徽宗泣數行下，問：「卿頃以何故去？」綱對曰：「臣昨任左史，以狂妄論列水災，蒙恩寬斧鉞之誅，然臣當時所言，以謂天地之變，各以類應，正爲今日攻圍之兆。夫災異變故，譬猶一人之身，病在五臟，則發於氣色，形於脈息，善醫者能知之。所以聖人觀變於天地，而修其在我者，故能制治保邦，而無危亂之憂。」徽宗稱善。

又詢近日都城攻圍守禦次第，語漸浹洽。徽宗因及行宮止遞角等事，曰：「當時恐金人知行宮所在，非有他也。」綱奏：「方艱危時，兩宮隔絕，朝廷應副行宮，亦豈能無不至者，在聖度燭之耳。」且言：「皇帝仁孝，惟恐有一不當太上皇帝意者，每得詰問之詔，輒憂懼不食。臣竊譬之，家長出而疆寇至，子弟之任家事者，不得不從宜措置。長者但當以其能保田園大計而慰勞之，苟誅及細故，則爲子弟者，何所逃其責哉？皇帝傳位之初，陛下巡幸，適當大敵入攻，爲宗社計，庶事不得不小有更革。陛下回鑾，臣謂宜有以大慰安皇帝之心，勿問細故可也。」徽宗感悟，出玉帶、金魚、象簡賜綱，曰：「行宮人得卿來皆喜，以此示朕意，卿可便服之。」且曰：「卿輔助皇帝、扞守宗社有大功，若能調和父子間，使無疑阻，當遂書青史，垂名萬世。」綱感泣再拜。

綱還，具道太上意。宰執進迎奉太上儀注，耿南仲議欲屏太上左右，車駕乃進。綱言：「如此，是示之以疑也。天下之理，誠與疑、明與闇而已。自誠明而推之，可至於堯、舜；自疑闇而推之，其患有不可勝言者。耿南仲不以堯、舜之道輔陛下，乃闇而多疑。」南仲怫然曰：「臣適見左司諫陳公輔，乃爲李綱結士民伏闕者，乞下御史置對。」上愕然。綱曰：「臣與南仲所論，國事也。南仲乃爲此言，臣何敢復有所辨？願以公輔事下吏，臣得乞身待罪。」章十餘上，不允。

太上皇帝還，綱迎拜國門。翌日，朝龍德宮，退，復上章懇辭。上手詔諭意曰：「乃者敵在近郊，士庶伏闕，一朝倉猝，衆數十萬，忠憤所激，不謀同辭，此豈人力也哉？不悅者造言，致卿不自安，朕深諒卿，不足介懷。巨敵方退，正賴卿協濟艱難，宜勉爲朕留。」綱不得已就職。上備邊禦敵八事。

時北兵已去，太上還宮，上下恬然，置邊事於不問。綱獨以爲憂，與同知樞密院事許翰議調防秋之兵。吳敏乞置詳議司檢詳法制，以革弊政，詔以綱爲提舉官，南仲沮止之。綱奏：「邊患方棘，調度不給，宜稍抑冒濫，以足國用。謂如節度使至遙郡刺史，本以待勳臣，今皆以戚里恩澤得之；堂吏轉官止於正郎，崇、觀間始轉至中奉大夫，今宜皆復舊制。」執政揭其奏通衢，以綱得士民心，欲因此離之。會守禦司奏補副尉二人，御批有「大臣專權，浸不可長」語。綱奏：「頃得旨給空名告敕，以便宜行事。二人有勞當補官，故具奏聞，乃遵上旨，非專權也。」

時太原圍未解，种師中戰沒，師道病歸，南仲曰：「欲援太原，非綱不可。」上以綱爲河東、北宣撫使，綱言：「臣書生，實不知兵。在圍城中，不得已爲陛下料理兵事，今使爲大帥，恐誤國事。」因拜辭，不許。退而移疾，乞致仕，章十餘上，不允。臺諫言綱不可去朝廷，上以其爲大臣遊說，斥之。或謂綱曰：「公知所以遣行之意乎？此非爲邊事，欲緣此以去公，則都人無辭耳。公堅臥不起，讒者益肆，上怒且不測，奈何？」許翰書「杜郵」二字遺綱，綱皇恐受命。上手書裴度傳以賜，綱言：「吳元濟以區區環蔡之地抗唐室，與金人彊弱固不相侔，而臣曾不足以望裴度萬分之一。然寇攘外患可以掃除，小人在朝，蠹害難去。使朝廷既正，君子道長，則所以扞禦外患者，有不難也。」因書裴度論元稹、魏洪簡章疏要語以進，上優詔答之。

宣撫司兵僅萬二千人，庶事未集，綱乞展行期。御批以爲遷延拒命，綱上疏明其所以未可行者，且曰：「陛下前以臣爲專權，今以臣爲拒命，方遣大帥解重圍，而以專權、拒命之人爲之，無乃不可乎？願乞骸骨，解樞筦之任。」上趣召數四，曰：「卿爲朕巡邊，便可還朝。」綱曰：「臣之行，無復還之理。昔范仲淹以參政出撫西邊，過鄭州，見呂夷簡。夷簡曰：『參政豈可復還！』其後果然。今臣以愚直不容於朝，使既行之後，進而死敵，臣之願也。萬一朝廷執議不堅，臣當求去，陛下宜察臣孤忠，以全君臣之義。」上為之感動。及陛辭，言唐恪、聶山之姦，任之不已，後必誤國。

進至河陽，望拜諸陵，復上奏曰：「臣總師出鞏、洛，望拜陵寢，潸然出涕。恭惟祖宗創業守成〔二〕，垂二百年，以至陛下。適丁艱難之秋，彊敵內侵，中國勢弱，此誠陛下嘗膽思報，厲精求治之日，願深考祖宗之法，一一推行之〔三〕。進君子，退小人，益固邦本，以圖中興，上以慰安九廟之靈，下為億兆蒼生之所依賴，天下幸甚！」

行次懷州，有詔罷減所起兵，綱奏曰：「太原之圍未解，河東之勢甚危，秋高馬肥，敵必深入，宗社安危，殆未可知。使防秋之師果能足用，不可保無敵騎渡河之警。況臣出使未幾，朝廷盡改前詔，所團結之兵，悉罷減之。今河北、河東日告危急，未有一人一騎以副其求，甫集之兵又皆散遣，臣誠不足以任此。且以軍法勒諸路起兵，而以寸紙罷之，臣恐後時有所號召，無復應者矣。」疏上，不報。御批日促解太原之圍，而諸將承受御畫，事皆專達，宣撫司徒有節制之名。綱上疏，極諫節制不專之弊。

時方議和，詔止綱進兵。未幾，徐處仁、吳敏罷相而相唐恪，許翰罷同知樞密院而進聶山、陳過庭、李回等，吳敏復謫置涪州。綱聞之，歎曰：「事無可為者矣！」卽上奏丐罷。乃命种師道以同知樞密院事領宣撫司事，召綱赴闕。尋除觀文殿學士、知揚州，綱具奏辭免。未幾，以綱專主戰議，喪師費財，落職提舉亳州明道宮，責授保靜軍節度副使，建昌軍安置；再謫寧江。

金兵再至，上悟和議之非，除綱資政殿大學士，領開封府事。綱行次長沙，被命，卽率湖南勤王之師入援，未至而都城失守。先是，康王至北軍，爲金人所憚，求遣肅王代之。至是，康王開大元帥府，承制復綱故官，且貽書曰：「方今生民之命，急於倒垂，諒非不世之才，何以協濟事功。閣下學窮天人，忠貫金石，當投袂而起，以副蒼生之望。」

高宗卽位，拜尚書右僕射兼中書侍郎，趣赴闕。中丞顏岐奏曰：「張邦昌爲金人所喜，雖已爲三公、郡王，宜更加同平章事，增重其禮；李綱爲金人所惡，雖已命相，宜及其未至罷之。」章五上，上曰：「如朕之立，恐亦非金人所喜。」岐語塞而退。岐猶遣人封其章示綱，覬以沮其來。上聞綱且至，遣官迎勞，錫宴，趣見于內殿。綱見上，涕泗交集，上爲動容。因奏曰：「金人不道，專以詐謀取勝，中國不悟，一切墮其計中。賴天命未改，陛下總師于外，爲天下臣民之所推戴，內修外攘，還二聖而撫萬邦，責在陛下與宰相。臣自視闕然，不足以副陛下委任之意，乞追寢成命。且臣在道，顏岐嘗封示論臣章，謂臣爲金人所惡，不當爲相。如臣愚惷，但知有趙氏，不知有金人，宜爲所惡。然謂臣材不足以任宰相則可，謂爲金人所惡不當爲相則不可。」因力辭。帝爲出范宗尹知舒州〔四〕，顏岐與祠。綱猶力辭，上曰：「朕知卿忠義智略久矣，欲使敵國畏服，四方安寧，非相卿不可，卿其勿辭。」綱頓首泣謝，云：

臣愚陋無取，荷陛下知遇，然今日扶顚持危，圖中興之功，在陛下而不在臣。臣無左右先容，陛下首加識擢，付以宰柄，顧區區何足以仰副圖任責成之意？然「靡不有初，鮮克有終」。臣孤立寡與，望察管仲害霸之言，留神於君子小人之間，使得以盡志畢慮，雖死無憾。昔唐明皇欲相姚崇，崇以十事要說，皆中一時之病。今臣亦以十事仰干天聽，陛下度其可行者，賜之施行，臣乃敢受命。

一曰議國是。謂中國之御四裔，能守而後可戰，能戰而後可和，而靖康之末皆失之。今欲戰則不足，欲和則不可，莫若先自治，專以守爲策，俟吾政事修，士氣振，然後可議大舉。

二曰議巡幸。謂車駕不可不一到京師，見宗廟，以慰都人之心，度未可居，則爲巡幸之計。以天下形勢而觀，長安爲上，襄陽次之，建康又次之，皆當詔有司預爲之備。

三曰議赦令。謂祖宗登極赦令，皆有常式。前日赦書，乃以張邦昌僞赦爲法，如赦惡逆及罪廢官盡復官職，皆汎濫不可行，宜悉改正以法祖宗〔五〕。

四曰議僭逆。謂張邦昌爲國大臣，不能臨難死節，而挾金人之勢易姓改號，宜正典刑，垂戒萬世。

五曰議僞命。謂國家更大變，鮮仗節死義之士，而受僞官以屈膝於其庭者，不可勝數。昔肅宗平賊，汙僞命者以六等定罪，宜倣之以勵士風。

六曰議戰。謂軍政久廢，士氣怯惰，宜一新紀律，信賞必罰，以作其氣。

七曰議守。謂敵情狡獪，勢必復來，宜於沿河、江、淮措置控禦，以扼其衝。

八曰議本政。謂政出多門，紀綱紊亂，宜一歸之於中書，則朝廷尊。

九曰議久任。謂靖康間進退大臣太速，功效蔑著，宜慎擇而久任之，以責成功。

十曰議修德。謂上始膺天命，宜益修孝悌恭儉，以副四海之望，而致中興。

翌日，班綱議于朝，惟僭逆、僞命二事留中不出。綱言：

二事乃今日政刑之大者。邦昌當道君朝，在政府者十年，淵聖即位，首擢爲相。方國家禍難，金人爲易姓之謀，邦昌如能以死守節，推明天下戴宋之義，以感動其心，敵人未必不悔禍而存趙氏。而邦昌方自以爲得計，偃然正位號，處宮禁，擅降僞詔，以止四方勤王之師。及知天下之不與，不得已而後請元祐太后垂簾聽政，而議奉迎。邦昌僭逆始末如此，而議者不同，臣請備論而以春秋之法斷之。

夫都城之人德邦昌，謂因其立而得生，且免重科金銀之擾。元帥府恕邦昌，謂其不待征討而遣使奉迎。若天下之憤嫉邦昌者，則謂其建號易姓，而奉迎特出於不得已。都城德之，元帥府恕之，私也；天下憤嫉之，公也。春秋之法，人臣無將，將而必誅；趙盾不討賊，則書以弑君。今邦昌已僭位號，敵退而止勤王之師，非特將與不討賊而已。

劉盆子以漢宗室爲赤眉所立，其後以十萬衆降光武，但待之以不死。邦昌以臣易君，罪大於盆子，不得已而自歸，朝廷既不正其罪，又尊崇之，此何理也？陛下欲建中興之業，而尊崇僭逆之臣，以示四方，其誰不解體？又僞命臣寮，一切置而不問，何以厲天下士大夫之節？

時執政中有論不同者，上乃召黃潛善等語之。潛善主邦昌甚力，上顧呂好問曰：「卿昨在圍城中知其故，以爲何如？」好問附潛善，持兩端，曰：「邦昌僭竊位號，人所共知，既已自歸，惟陛下裁處。」綱言：「邦昌僭逆，豈可使之在朝廷，使道路指目曰『此亦一天子』哉！」因泣拜曰：「臣不可與邦昌同列，當以笏擊之。陛下必欲用邦昌，第罷臣。」上頗感動。伯彥乃曰：「李綱氣直，臣等所不及。」乃詔邦昌謫潭州，吳幵、莫儔而下皆遷謫有差。綱又言：「近世士大夫寡廉鮮恥，不知君臣之義。靖康之禍，能仗節死義者，在內惟李若水，在外惟霍安國，願加贈恤。」上從其請，仍詔有死節者，諸路詢訪以聞。上謂綱曰：「卿昨爭張邦昌事，內侍輩皆泣涕，卿今可以受命矣。」綱拜謝。

有旨兼充御營使。入對，奏曰：

今國勢不逮靖康間遠甚，然而可爲者，陛下英斷於上，羣臣輯睦於下，庶幾靖康之弊革，而中興可圖。然非有規模而知先後緩急之序，則不能以成功。

夫外禦彊敵，內銷盜賊，修軍政，變士風，裕邦財，寬民力，改弊法，省冗官，誠號令以感人心，信賞罰以作士氣，擇帥臣以任方面，選監司、郡守以奉行新政，俟吾所以自治者政事已修，然後可以問罪金人，迎還二聖，此所謂規模也。至於所當急而先者，則在於料理河北、河東。蓋河北、河東者，國之屏蔽也。料理稍就，然後中原可保，而東南可安。今河東所失者忻、代、太原、澤、潞、汾、晉〔六〕，餘郡猶存也。河北所失者，不過眞定、懷、衞、濬四州而已，其餘二十餘郡，皆爲朝廷守。兩路士民兵將，所以戴宋者，其心甚堅，皆推豪傑以爲首領，多者數萬，少者亦不下萬人。朝廷不因此時置司、遣使以大慰撫之，分兵以援其危急，臣恐糧盡力疲，坐受金人之困。雖懷忠義之心，援兵不至，危迫無告，必且憤怨朝廷，金人因得撫而用之，皆精兵也。

莫若於河北置招撫司，河東置經制司，擇有材略者爲之使，宣諭天子恩德，所以不忍棄兩河於敵國之意。有能全一州、復一郡者，以爲節度、防禦、團練使，如唐方鎭之制，使自爲守。非惟絕其從敵之心，又可資其禦敵之力，使朝廷永無北顧之憂，最今日之先務也。

上善其言，問誰可任者，綱薦張所、傅亮。所嘗爲監察御史，在靖康圍城中，以蠟書募河北兵，士民得書，喜曰：「朝廷棄我，猶有一張察院能拔而用之。」應募者凡十七萬人，由是所之聲震河北。故綱以爲招撫河北，非所不可。傅亮者，先以邊功得官，嘗治兵河朔。都城受圍時，亮率勤王之兵三萬人，屢立戰功。綱察其智略可以大用，欲因此試之。上乃以所爲河北招撫使，亮爲河東經制副使。

皇子生，故事當肆赦。綱奏：「陛下登極，曠蕩之恩獨遺河北、河東，而不及勤王之師，天下觖望。夫兩路爲朝廷堅守，而赦令不及，人皆謂已棄之，何以慰忠臣義士之心？勤王之師在道路半年，擐甲荷戈，冒犯霜露，雖未效用，亦已勞矣。加以疾病死亡，恩恤不及，後有急難，何以使人乎？願因今赦廣示德意。」上嘉納。於是兩路知天子德意，人情翕然，間有以破敵捷書至者。金人圍守諸郡之兵，往往引去。而山砦之兵，應招撫、經制二司募者甚衆。

有許高、許亢者，以防河而遁，謫嶺南，至南康謀變，守倅戮之。或議其擅殺，綱曰：

「高、亢受任防河，寇未至而遁，沿途刼掠，甚於盜賊。朝廷不能正軍法，而一守倅能行之，眞健吏也。使受命捍賊而欲退走者，知郡縣之吏皆得以誅之，其亦少知所戒乎！」上以爲然，命轉一官。開封守闕，綱以留守非宗澤不可，力薦之。澤至，撫循軍民，修治樓櫓，屢出師以挫敵。

綱立軍法，五人爲伍，伍長以牌書同伍四人姓名。二十五人爲甲，甲正以牌書伍長五人姓名。百人爲隊，隊將以牌書甲正四人姓名。五百人爲部，部將以牌書隊將正副十人姓名。二千五百人爲軍，統制官以牌書部將正副十人姓名。命招置新軍及御營司兵，並依新法團結，有所呼召、使令，按牌以遣。三省、樞密院置賞功司，受賂乞取者行軍法，遇敵逃潰者斬，因而爲盜賊者，誅及其家屬。凡軍政申明改更者數十條。

又奏步不足以勝騎，騎不足以勝車，請以車制頒京東、西，製造而敎閱之。又奏造戰艦，募水軍，及詢訪諸路武臣材略之可任者以備用。又進三疏：一曰募兵，二曰買馬，三曰募民出財以助兵費。諫議大夫宋齊愈聞而笑之，謂虞部員外郎張浚曰：「李丞相三議，無一可行者。」浚問之，齊愈曰：「民財不可盡括；西北之馬不可得，而東南之馬不可用；至於兵數，若郡增二千，則歲用千萬緡，費將安出？」齊愈將極論之。浚曰：「公受禍自此始矣。」

時朝廷議遣使于金，綱奏曰：「堯、舜之道，孝悌而已，孝悌之至，可以通神明。陛下以二聖遠狩沙漠，食不甘味，寢不安席，思迎還兩宮，致天下養，此孝悌之至，而堯、舜之用心也。今日之事，正當枕戈嘗膽，內修外攘，使刑政修而中國疆，則二帝不俟迎請而自歸。不然，雖冠蓋相望，卑辭厚禮，恐亦無益。今所遣使，但當奉表通問兩宮，致思慕之意可也。」上乃命綱草表，以周望、傅雱爲二聖通問使，奉表以往。且乞降哀痛之詔，以感動天下，使同心協力，相與扶持，以致中興。又乞省冗員，節浮費。上皆從其言。是時，四方潰兵爲盜者十餘萬人，攻刼山東、淮南、襄漢之間，綱命將悉討平之。

一日，論靖康時事，上曰：「淵聖勤於政事，省覽章奏，至終夜不寐，然卒致播遷，何耶？」綱曰：「人主之職在知人，進君子而退小人，則大功可成，否則衡石程書，無益也。」因論靖康初朝廷應敵得失之策，且極論金人兩至都城，所以能守不能守之故；因勉上以明恕盡人言，以恭儉足國用，以英果斷大事。上皆嘉納。又奏：「臣嘗言車駕巡幸之所，關中爲上，襄陽次之，建康爲下。陛下縱未能行上策，猶當且適襄、鄧，示不忘故都，以係天下之心。不然，中原非復我有，車駕還闕無期，天下之勢遂傾不復振矣。」上爲詔諭兩京以還都之意，讀者皆感泣。

未幾，有詔欲幸東南避敵，綱極論其不可，言：「自古中興之主，起於西北，則足以據中原而有東南；起於東南，則不能以復中原而有西北。蓋天下精兵健馬皆在西北，一旦委中原而棄之，豈惟金人將乘間以擾內地；盜賊亦將蠭起爲亂，跨州連邑，陛下雖欲還闕，不可得矣，況欲治兵勝敵以歸二聖哉？夫南陽光武之所興，有高山峻嶺可以控扼，有寬城平野可以屯兵；西鄰關、陝，可以召將士；東達江、淮，可以運穀粟；南通荆湖、巴蜀，可以取財貨；北距三都，可以遣救援。暫議駐蹕，乃還汴都，策無出於此者。今乘舟順流而適東南，固甚安便，第恐一失中原，則東南不能必其無事，雖欲退保一隅，不易得也。況嘗降詔許留中原，人心悅服，奈何詔墨未乾，遽失大信於天下！」上乃許幸南陽，而黃潛善、汪伯彥實陰主巡幸東南之議。客或有謂綱曰：「外論洶洶，咸謂東幸已決。」綱曰：「國之存亡，於是焉分，吾當以去就爭之。」初，綱每有所論諫，其言雖切直，無不容納，至是，所言常留中不報。已而遷綱尚書左僕射兼門下侍郎，黃潛善除右僕射兼中書侍郎。張所乞且置司北京，俟措置有緒，乃渡河。北京留守張益謙，潛善黨也，奏招撫司之擾，又言自置司河北，盜賊益熾。綱言：「所尚留京師，益謙何以知其擾？河北民無所歸，聚而爲盜，豈由置司乃有盜賊乎？」

有旨令留守宗澤節制傅亮，即日渡河。亮言：「措置未就而渡河，恐誤國事。」綱言：「招撫、經制，臣所建明；而張所、傅亮，又臣所薦用。今潛善、伯彥沮所及亮，所以沮臣。臣每鑒靖康大臣不和之失，事未嘗不與潛善、伯彥議而後行，而二人設心如此，願陛下虛心觀之。」既而詔罷經制司，召亮赴行在。綱言：「聖意必欲罷亮，乞以御筆付潛善施行，臣得乞身歸田。」綱退，而亮竟罷，乃再疏求去。上曰：「卿所爭細事，胡乃爾？」綱言：「方今人材以將帥爲急，恐非小事。臣昨議遷幸，與潛善、伯彥異，宜爲所嫉。然臣東南人，豈不願陛下東下爲安便哉？顧一去中原，後患有不可勝言者。願陛下以宗社爲心，以生靈爲意，以二聖未還爲念，勿以臣去而改其議。臣雖去左右，不敢一日忘陛下。」泣辭而退。或曰：「公決於進退，於義得矣，如讒者何？」綱曰：「吾知盡事君之道，不可，則全進退之節，患禍非所恤也。」

初，二帝北行，金人議立異姓。吏部尙書王時雍問於吳幵、莫儔，二人微言敵意在張邦昌，時雍未以爲然。適宋齊愈自敵所來，時雍又問之，齊愈取片紙書「張邦昌」三字，時雍意乃決，遂以邦昌姓名入議狀。至是，齊愈論綱三事之非，不報。擬章將再上，其鄉人嗛齊愈者，竊其草示綱。時方論僭逆附僞之罪，於是逮齊愈，齊愈不承，獄吏曰：「王尙書輩所坐不輕，然但遷嶺南，大諫第承，終不過踰嶺爾。」齊愈引伏，遂戮之東市。張浚爲御史，劾綱以私意殺侍從，且論其買馬招軍之罪。詔罷綱爲觀文殿大學士、提舉洞霄宮。尙書右丞許翰言綱忠義，捨之無以佐中興。會上召見陳東，東言：「潛善、伯彥不可任，綱不可去。」東坐誅。翰曰：「吾與東皆爭李綱者，東戮都市，吾在廟堂可乎？」遂求去。後有旨，綱落職居鄂州。

自綱罷，張所以罪去，傅亮以母病辭歸，招撫、經制二司皆廢。車駕遂東幸，兩河郡縣相繼淪陷，凡綱所規畫軍民之政，一切廢罷。金人攻京東、西，殘毀關輔，而中原盜賊蠭起矣。

校勘記

〔一〕少宰張邦昌　「少宰」原作「少保」。按本書卷四七五本傳，他爲質於金時是少宰，繫年要錄卷一所載同，據改。

〔二〕恭惟祖宗創業守成　「恭」字原脫，據李綱梁谿先生文集卷四八乞深考祖宗之法劄子、李綱靖康傳信錄卷下補。

〔三〕一一推行之　「一一」原作「一二」，據同上書同卷同篇改。

〔四〕舒州　原作「饒州」，據本書卷三六二本傳、繫年要錄卷六改。

〔五〕宜悉改正以法祖宗　「祖宗」二字原脫。按梁谿先生文集卷五八議赦令作「宜降詔改從祖宗之制」；李綱建炎時政記卷上「以法」下有「祖宗」二字；繫年要錄卷六載此條，謂「一切比附張邦昌僞赦，非是，宜改正以法祖宗」，據補。

〔六〕忻代太原澤潞汾晉　「忻」原作「恆」，據李綱建炎進退志卷二、繫年要錄卷六改。

宋史卷三百五十九

列傳第一百一十八

李綱下

紹興二年，除觀文殿學士、湖廣宣撫使兼知潭州。是時，荊湖江、湘之間，流民潰卒羣聚爲盜賊，不可勝計，多者至數萬人，綱悉蕩平之。上言：「荊湖，國之上流，其地數千里，諸葛亮謂之用武之國。今朝廷保有東南，控馭西北。如鼎、澧、岳、鄂若荊南一帶，皆當屯宿重兵，倚爲形勢，使四川之號令可通，而襄、漢之聲援可接，乃有恢復中原之漸。」議未及行，而諫官徐俯、劉棐劾綱，罷爲提舉西京崇福宮。

四年冬，金人及僞齊來攻，綱具防禦三策，謂：「僞齊悉兵南下，境內必虛。儻出其不意，電發霆擊，擣潁昌以臨畿甸，彼必震懼還救，王師追躡，必勝之理，此上策也。若駐蹕江上，號召上流之兵，順流而下，以助聲勢，金鼓旌旗，千里相望，則敵人雖衆，不敢南渡。然後以重師進屯要害之地，設奇邀擊，絕其糧道，俟彼遁歸，徐議攻討，此中策也。萬一借親征之名，爲順動之計，使卒伍潰散，控扼失守，敵得乘間深入，州縣望風奔潰，則其患有不可測矣。往歲，金人利在侵掠，又方時暑，勢必還師，朝廷因得以還定安集。今僞齊導之而來，勢不徒還，必謀割據。姦民潰卒從而附之，聲勢鴟張，苟或退避，則無以爲善後之策。昔苻堅以百萬衆侵晉，而謝安以偏師破之。使朝廷措置得宜，將士用命，安知北敵不授首於我？顧一時機會所以應之者如何耳。望降臣章與二三大臣熟議之。」詔：綱所陳，今日之急務，付三省、樞密院施行。時韓世忠屢敗金人於淮、楚間，有旨督劉光世、張俊統兵渡河，車駕進發至江上勞軍。

五年，詔問攻戰、守備、措置、綏懷之方，綱奏：

願陛下勿以敵退爲可喜，而以仇敵未報爲可憤；勿以東南爲可安，而以中原未復、赤縣神州陷於敵國爲可恥；勿以諸將屢捷爲可賀，而以軍政未修、士氣未振而彊敵猶得以潛逃爲可虞。則中興之期，可指日而俟。

議者或謂敵馬既退，當遂用兵爲大舉之計，臣竊以爲不然。生理未固，而欲浪戰以僥倖，非制勝之術也。高祖先保關中，故能東嚮與項籍爭。光武先保河內，故能降赤眉、銅馬之屬。肅宗先保靈武，故能破安、史而復兩京。今朝廷以東南爲根本，將士暴露之久，財用調度之煩，民力科取之困，苟不大修守備，痛自料理，先爲自固之計，何以能萬全而制敵？

議者又謂敵人既退，當且保據一隅，以苟目前之安，臣又以爲不然。秦師三伐晉，以報殽之師；諸葛亮佐蜀，連年出師以圖中原，不如是，不足以立國。高祖在漢中，謂蕭何曰：『吾亦欲東。』光武破隗囂，既平隴，復望蜀。此皆以天下爲度，不如是，不足以混一區宇，戡定禍亂。況祖宗境土，豈可坐視淪陷，不務恢復乎？今歲不征，明年不戰，使敵勢益張，而吾之所糾合精銳士馬，日以損耗，何以圖敵？謂宜於防守既固、軍政既修之後，卽議攻討，乃爲得計。此二者，守備、攻戰之序也。

至於守備之宜，則當料理淮南、荆襄，以爲東南屏蔽。夫六朝之所以能保有江左者，以彊兵巨鎭，盡在淮南、荆襄間。故以魏武之雄，苻堅、石勒之衆，宇文、拓拔之盛，卒不能窺江表。後唐李氏有淮南，則可以都金陵，其後淮南爲周世宗所取，遂以削弱。近年以來，大將擁重兵於江南，官吏守空城於江北，雖有天險而無戰艦水軍之制，故敵人得以侵擾窺伺。今當於淮之東西及荆襄置三大帥，屯重兵以臨之，分遣偏師，進守支郡，加以戰艦水軍，上連下接，自爲防守。敵馬雖多，不敢輕犯，則藩籬之勢盛而無窮之利也。有守備矣，然後議攻戰之利，分責諸路，因利乘便，收復京畿，以及故都。

斷以必爲之志而勿失機會，則以弱爲彊；取威定亂於一勝之間，逆臣可誅，彊敵可滅，攻戰之利，莫大於是。

若夫萬乘所居，必擇形勝以爲駐蹕之所，然後能制服中外，以圖事業。建康自昔號帝王之宅，江山雄壯，地勢寬博，六朝更都之。臣昔舉天下形勢而言，謂關中爲上，今以東南形勢而言，則當以建康爲便。今者，鑾輿未復舊都，莫若且於建康權宜駐蹕。願詔守臣治城池，修宮闕，立官府，創營壁，使粗成規模，以待巡幸。蓋有城池然後人心不恐，有官府然後政事可修，有營壘然後士卒可用，此措置之所當先也。

至於西北之民，皆陛下赤子，荷祖宗涵養之深，其心未嘗一日忘宋。特制於彊敵，陷於塗炭，而不能以自歸。天威震驚，必有結納來歸、願爲內應者。宜給之土田，予以爵賞，優加撫循，許其自新，使陷溺之民知所依怙，莫不感悅，益堅戴宋之心，此綏懷之所當先也。

臣竊觀陛下有聰明睿智之姿，有英武敢爲之志，然自臨御，迨今九年，國不闢而日蹙，事不立而日壞，將驕而難御，卒惰而未練，國用匱而無贏餘之蓄，民力困而無休息之期。使陛下憂勤雖至，而中興之效，邈乎無聞，則羣臣誤陛下之故也。

陛下觀近年以來所用之臣，慨然敢以天下之重自任者幾人？平居無事，小廉曲謹，似可無過，忽有擾攘，則錯愕無所措手足，不過奉身以退，天下憂危之重，委之陛下而已。有臣如此，不知何補於國，而陛下亦安取此？夫用人如用醫，必先知其術業可以已病，乃可使之進藥而責成功。今不詳究其術業而姑試之，則雖日易一醫，無補於病，徒加疾而已。大概近年，閑暇則以和議爲得計，而以治兵爲失策；倉卒則以退避爲愛君，而以進禦爲誤國〔一〕。上下偷安，不爲長久之計。天步艱難，國勢益弱，職此之由。

今天啓宸衷，悟前日和議退避之失，親臨大敵。天威所臨，使北軍數十萬之衆，震怖不敢南渡，潛師宵奔。則和議之與治兵，退避之與進禦，其效槪可覩矣。然敵兵雖退，未大懲創，安知其秋高馬肥，不再來擾我疆埸，使疲於奔命哉？

臣夙夜爲陛下思所以爲善後之策，惟自昔創業、中興之主，必躬冒矢石，履行陣而不避。故高祖既得天下，擊韓王信、陳豨、黥布，未嘗不親行。光武自即位至平公孫述，十三年間，無一歲不親征。本朝太祖、太宗，定惟揚，平澤、潞，下河東，皆躬御戎輅；眞宗亦有澶淵之行，措天下於大安。此所謂始憂勤而終逸樂也。

若夫退避之策，可暫而不可常，可一而不可再，退一步則失一步，退一尺則失一尺。往時自南都退而至惟揚，則關陝、河北、河東失矣；自惟揚退而至江、浙，則京東、西失矣。萬有一敵騎南牧，復將退避，不知何所適而可乎？航海之策，萬乘冒風濤不測之險，此又不可之尤者也。惟當於國家閒暇之時，明政刑，治軍旅，選將帥，修車馬，備器械，峙糗糧，積金帛。敵來則禦，俟時而奮，以光復祖宗之大業，此最上策也。臣願陛下自今以往，勿復爲退避之計，可乎？

臣又觀古者敵國善鄰，則有和親，仇讎之邦，鮮復遣使。豈不以釁隙既深，終無講好修睦之理故耶？東晉渡江，石勒遣使于晉，元帝命焚其幣而却其使。彼遣使來，且猶却之，此何可往？假道僭僞之國，其自取辱，無補於事，祇傷國體。金人造釁之深，知我必報，其措意爲何如？而我方且卑辭厚幣，屈體以求之，其不推誠以見信，決矣。器幣禮物，所費不貲，使軺往來，坐索士氣，而又邀我以必不可從之事，制我以必不敢爲之謀，是和卒不成，而徒爲此擾擾也。非特如此，於吾自治自彊之計，動輒相妨，實有所害。金人二十餘年，以此策破契丹、困中國，而終莫之悟。夫辨是非利害者，人心所同，豈眞不悟哉？聊復用此以僥倖萬一，曾不知爲吾害者甚大，此古人所謂幾何僥倖而不喪人之國者也。臣願自今以往，勿復遣和議之使，可乎？

二說既定，擇所當爲者，一切以至誠爲之。俟吾之政事修，倉廩實，府庫充，器用備，士氣振，力可有爲，乃議大舉，則兵雖未交，而勝負之勢已決矣。

抑臣聞朝廷者根本也，藩方者枝葉也，根本固則枝葉蕃。朝廷者腹心也，將士者爪牙也，腹心壯則爪牙奮。今遠而彊敵，近而僞臣，國家所仰以爲捍蔽者在藩方，所資以致攻討者在將士，然根本腹心則在朝廷。惟陛下正心以正朝廷百官，使君子小人各得其分，則是非明，賞罰當，自然藩方協力，將士用命，雖彊敵不足畏，逆臣不足憂，此特在陛下方寸之間耳。

臣昧死上條六事：一曰信任輔弼，二曰公選人材，三曰變革士風，四曰愛惜日力，五曰務盡人事，六曰寅畏天威。

何謂信任輔弼？夫興衰撥亂之主，必有同心同德之臣相與有爲，如元首股肱之於一身，父子兄弟之於一家，乃能協濟。今陛下選於衆以圖任，遂能捍禦大敵，可謂得人矣。然臣願陛下待以至誠，無事形跡，久任以責成功，勿使小人得以間之，則君臣之美，垂於無窮矣。

何謂公選人才？夫治天下者，必資於人才，而創業、中興之主，所資尤多。何則？繼體守文，率由舊章，得中庸之才，亦足以共治；至於艱難之際，非得卓犖瓌偉之才，則未易有濟。是以大有爲之主，必有不世出之才，參贊翊佐，以成大業。然自昔抱不羣之才者，多爲小人之所忌嫉，或中之以黯闇，或指之爲黨與，或誣之以大惡，或擿之以細故。而以道事君者，不可則止，難於自進，恥於自明，雖負重謗、遭深譴，安於義命，不復自辨。苟非至明之主，深察人之情僞，安能辨其非辜哉？陛下臨御以來，用人多矣，世之所許以爲端人正士者，往往閑廢於無用之地；而陛下寤寐側席，有乏材之歎，盍少留意而致察焉！

何謂變革士風？夫用兵之與士風，似不相及，而實相爲表裏。士風厚則議正而是非明，朝廷賞罰當功罪而人心服，攷之本朝嘉祐、治平以前可知已。數十年來，奔競日進，論議徇私，邪說利口，足以惑人主之聽。元祐大臣，持正論如司馬光之流，皆社稷之臣也，而羣枉嫉之，指爲姦黨，顚倒是非，政事大壞，馴致靖康之變，非偶然也。竊觀近年士風尤薄，隨時好惡，以取世資，潝訿成風，豈朝廷之福哉？大抵朝廷設耳目及獻納論思之官，固許之以風聞，至於大故，必須覈實而後言。使其無實，則誣人之罪，服讒蒐慝，得以中害善良，皆非所以修政也。

何謂愛惜日力？夫創業、中興，如建大廈，堂室奧序，其規模可一日而成，鳩工聚材，則積累非一日所致。陛下臨御，九年于茲，境土未復，僭逆未誅，仇敵未報，尙稽中興之業者，誠以始不爲之規摹，而後不爲之積累故也。邊事粗定之時，朝廷所推行者，不過簿書期會不切之細務，至於攻討防守之策，國之大計，皆未嘗留意。夫天下無不可爲之事，亦無不可爲之時。惟失其時，則事之小者日益大，事之易者日益難矣。

何謂務盡人事？天人之道，其實一致，人之所爲，卽天之所爲也。人事盡於前，則天理應於後，此自然之符也。故創業、中興之主，盡其在我，而以其成功歸之於天。今未嘗盡人事，敵至而先自退屈，而欲責功於天，其可乎？臣願陛下詔二三大臣，協心同力，盡人事以聽天命，則恢復土宇，剪屠鯨鯢，迎還兩宮，必有日矣。

何謂寅畏天威？夫天之於王者，猶父母之於子，愛之至，則所以爲之戒者亦至。故人主之於天戒，必恐懼修省，以致其寅畏之誠。比年以來，熒惑失次，太白晝見，地震水溢，或久陰不雨，或久雨不霽，或當暑而寒，乃正月之朔，日有食之。此皆天意眷佑陛下，丁寧反覆，以致告戒。惟陛下推至誠之意，正厥事以應之，則變災而爲祥矣。

凡此六者，皆中興之業所關，而陛下所當先務者。

今朝廷人才不乏，將士足用，財用有餘，足爲中興之資。陛下春秋鼎盛，欲大有爲，何施不可？要在改前日之轍，斷而行之耳。昔唐太宗謂魏徵爲敢言，徵謝曰：「陛下導臣使言，不然，其敢批逆鱗哉。」今臣無魏徵之敢言，然展盡底蘊，亦思慮之極也。惟陛下赦其愚直，而取其拳拳之忠。

疏奏，上爲賜詔褒諭。除江西安撫制置大使兼知洪州。有旨，赴行在奏事畢之官。六年，綱至，引對內殿。朝廷方銳意大舉，綱陛辭，言今日用兵之失者四，措置未盡善者五，宜預備者三，當善後者二。

時宋師與金人、僞齊相持於淮、泗者半年，綱奏：「兩兵相持，非出奇不足以取勝。願速遣驍將，自淮南約岳飛爲掎角，夾擊之，大功可成。」已而宋師屢捷，劉光世、張俊、楊沂中大破僞齊兵於淮、淝之上。

車駕進發幸建康。綱奏乞益飭戰守之具，修築沿淮城壘，且言：「願陛下勿以去冬驟勝而自怠，勿以目前粗定而自安，凡可以致中興之治者無不爲，凡可以害中興之業者無不去。要以修政事，信賞罰，明是非，別邪正，招徠人材，鼓作士氣，愛惜民力，順導衆心爲先。數者既備，則將帥輯睦，士卒樂戰，用兵其有不勝者哉？」

淮西酈瓊以全軍叛歸劉豫，綱指陳朝廷有措置失當者、深可痛惜者及當監前失以圖方來者凡十有五事，奏之。張浚引咎去相位，言者引漢武誅王恢爲比。綱奏曰：「臣竊見張浚罷相，言者引武帝誅王恢事以爲比。臣恐智謀之士卷舌而不談兵，忠義之士扼腕而無所發憤，將士解體而不用命，州郡望風而無堅城，陛下將誰與立國哉？張浚措置失當，誠爲有罪，然其區區徇國之心，有可矜者。願少寬假，以責來效。」

時車駕將幸平江，綱以爲平江去建康不遠，徒有退避之名，不宜輕動。復具奏曰：

臣聞自昔用兵以成大業者，必先固人心，作士氣，據地利而不肯先退，盡人事而不肯先屈。是以楚、漢相距於滎陽、成皋間，高祖雖屢敗，不退尺寸之地；既割鴻溝，羽引而東，遂有垓下之亡。曹操、袁紹戰於官渡，操雖兵弱糧乏，荀彧止其退避；既焚紹輜重，紹引而歸，遂喪河北。由是觀之，今日之事，豈可因一叛將之故，望風怯敵，遽自退屈？果出此謀，六飛回馭之後，人情動搖，莫有固志，士氣銷縮，莫有鬥心。我退彼進，使敵馬南渡，得一邑則守一邑，得一州則守一州，得一路則守一路；亂臣賊子，黠吏姦氓，從而附之，虎踞鴟張，雖欲如前日返駕還轅，復立朝廷於荊棘瓦礫之中，不可得也。

借使敵騎衝突，不得已而權宜避之，猶爲有說。今疆場未有警急之報，兵將初無不利之失，朝廷正可懲往事，修軍政，審號令，明賞刑，益務固守。而遽爲此擾擾，棄前功，蹈後患，以自趨於禍敗，豈不重可惜哉！

八年，王倫使北還，綱聞之，上疏曰：

臣竊見朝廷遣王倫使金國，奉迎梓宮。今倫之歸，與金使偕來，乃以「詔諭江南」爲名，不著國號而曰「江南」，不云「通問」而曰「詔諭」，此何禮也？臣請試爲陛下言之。金人毀宗社，逼二聖，而陛下應天順人，光復舊業。自我視彼，則仇讎也；自彼視我，則腹心之疾也，豈復有可和之理？然而朝廷遣使通問，冠蓋相望於道，卑辭厚幣，無所愛惜者，以二聖在其域中，爲親屈己，不得已而然，猶有說也。至去年春，兩宮凶問既至，遣使以迎梓宮，亟往遄返，初不得其要領。今倫使事，初以奉迎梓宮爲指；而金使之來，乃以詔諭江南爲名。循名責實，已自乖戾，則其所以罔朝廷而生後患者，不待詰而可知。

臣在遠方，雖不足以知其曲折，然以愚意料之，金以此名遣使，其邀求大略有五：必降詔書，欲陛下屈體降禮以聽受，一也。必有赦文，欲朝廷宣布，班示郡縣，二也。必立約束，欲陛下奉藩稱臣，稟其號令，三也。必求歲賂，廣其數目，使我坐困，四也。必求割地，以江爲界，淮南、荊襄、四川，盡欲得之，五也。此五者，朝廷從其一，則大事去矣。

金人變詐不測，貪婪無厭，縱使聽其詔令，奉藩稱臣，其志猶未已也。必繼有號令，或使親迎梓宮，或使單車入覲，或使移易將相，或改革政事，或竭取租賦，或朘削土宇。從之則無有紀極，一不從則前功盡廢，反爲兵端。以謂權時之宜，聽其邀求，可以無後悔者，非愚則誣也。使國家之勢單弱，果不足以自振，不得已而爲此，固猶不可；況土宇之廣猶半天下，臣民之心戴宋不忘，與有識者謀之，尚足以有爲，豈可忘祖宗之大業，生靈之屬望，弗慮弗圖，遽自屈服，冀延旦暮之命哉？臣願陛下特留聖意，且勿輕許，深詔羣臣，講明利害、可以久長之策，擇其善而從之。

疏奏，雖與衆論不合，上不以爲忤，曰：「大臣當如此矣。」

九年，除知潭州、荆湖南路安撫大使，綱具奏力辭，曰：「臣迂疎無周身之術，動致煩言。今者罷自江西，爲日未久，又蒙湔祓，畀以帥權。昔漢文帝聞季布賢，召之，既而罷歸，布曰：『陛下以一人之譽召臣，一人之毁去臣，臣恐天下有以窺陛下之淺深。』顧臣區區進退，何足少多。然數年之間，亟奮亟躓，上累陛下知人任使之明，實有係於國體。」詔以綱累奏，不欲重違，遂允其請。次年薨，年五十八。訃聞，上爲軫悼，遣使賻贈，撫問其家，給喪葬之費。贈少師，官其親族十人。

綱負天下之望，以一身用捨爲社稷生民安危。雖身或不用，用有不久，而其忠誠義氣，凛然動乎遠邇。每宋使至燕山，必問李綱、趙鼎安否，其爲遠人所畏服如此。綱有著易傳內篇十卷、外篇十二卷，論語詳說十卷，文章、歌詩、奏議百餘卷，又有靖康傳信錄、奉迎錄、建炎時政記、建炎進退志、建炎制詔表箚集、宣撫荆廣記、制置江右錄。

論曰：以李綱之賢，使得畢力殫慮於靖康、建炎間，莫或撓之，二帝何至於北行，而宋豈至爲南渡之偏安哉？夫用君子則安，用小人則危，不易之理也。人情莫不喜安而惡危。然綱居相位僅七十日，其謀數不見用，獨於黃潛善、汪伯彥、秦檜之言，信而任之，恆若不及，何高宗之見，與人殊哉？綱雖屢斥，忠誠不少貶，不以用舍爲語默，若赤子之慕其母，怒呵猶嗷嗷焉挽其裳裾而從之。嗚呼，中興功業之不振，君子固歸之天，若綱之心，其可謂非諸葛孔明之用心歟？

校勘記

〔一〕而以進禦爲誤國　「以」字原脫，據梁谿先生文集卷七八奉詔條具邊防利害奏狀、同書附錄李綱行狀下補。

宋史卷三百六十

列傳第一百一十九

宗澤 趙鼎

宗澤字汝霖，婺州義烏人。母劉，夢天大雷電，光燭其身，翌日而澤生。澤自幼豪爽有大志，登元祐六年進士第。廷對極陳時弊，考官惡直，寘末甲。

調大名館陶尉。呂惠卿帥鄜延，檄澤與邑令視河埽，檄至，澤適喪長子，奉檄遽行。惠卿聞之，曰：「可謂國爾忘家者。」適朝廷大開御河，時方隆冬，役夫僵仆于道，中使督之急。澤曰浚河細事，乃上書其帥曰：「時方凝寒，徒苦民而功未易集，少需之，至初春可不擾而辦。」卒用其言上聞，從之。惠卿辟爲屬，辭。

調衢州龍游令。民未知學，澤爲建庠序，設師儒，講論經術，風俗一變，自此擢科者相繼。

調晉州趙城令。下車，請升縣爲軍，書聞，不盡如所請。澤曰：「承平時固無慮，它日有警，當知吾言矣。」

知萊州掖縣。部使者得旨市牛黃，澤報曰：「方時疫癘，牛飲其毒則結爲黃。今和氣橫流，牛安得黃？」使者怒，欲劾邑官。澤曰：「此澤意也。」獨銜以聞。

通判登州。境內官田數百頃，皆不毛之地，歲輸萬餘緡，率橫取於民，澤奏免之。朝廷遣使由登州結女眞，盟海上，謀夾攻契丹，澤語所親曰：「天下自是多事矣。」退居東陽，結廬山谷間。

靖康元年，中丞陳過庭等列薦，假宗正少卿，充和議使。澤曰：「是行不生還矣。」或問之，澤曰：「敵能悔過退師固善，否則安能屈節北庭以辱君命乎。」議者謂澤剛方不屈，恐害和議，上不遣，命知磁州。

時太原失守，官兩河者率託故不行。澤曰：「食祿而避難，不可也。」卽日單騎就道，從羸卒十餘人。磁經敵騎蹂躪之餘，人民逃徙，帑廩枵然。澤至，繕城壁，浚隍池，治器械，募義勇，始爲固守不移之計。上言：「邢、洺、磁、趙、相五州各蓄精兵二萬人，敵攻一郡則四郡皆應，是一郡之兵常有十萬人。」上嘉之，除河北義兵都總管。金人破眞定，引兵南取慶源，自李固渡渡河，恐澤兵躡其後，遣數千騎直扣磁州城。澤擐甲登城，令壯士以神臂弓射走之，開門縱擊，斬首數百級。所獲羊馬金帛，悉以賞軍士。

康王再使金，行至磁，澤迎謁曰：「肅王一去不反，今敵又詭辭以致大王，願勿行。」王遂回相州。

有詔以澤爲副元帥，從王起兵入援。澤言宜急會兵李固渡，斷敵歸路，衆不從，乃自將兵趨渡，道遇北兵，遣秦光弼、張德夾擊，大破之。金人既敗，乃留兵分屯。澤遣壯士夜擣其軍，破三十餘砦。

時康王開大元帥府，檄兵會大名。澤履冰渡河見王，謂京城受圍日久，入援不可緩。會簽書樞密院事曹輔賫蠟封欽宗手詔，至自京師，言和議可成。澤曰：「金人狡譎，是欲款我師爾。君父之望入援，何啻饑渴，宜急引軍直趨澶淵，次第進壘，以解京城之圍。萬一敵有異謀，則吾兵已在城下。」汪伯彥等難之，勸王遣澤先行，自是澤不得預府中謀議矣。

二年正月，澤至開德，十三戰皆捷，以書勸王檄諸道兵會京城。又移書北道總管趙野、河東北路宣撫范訥、知興仁府曾楙合兵入援。三人皆以澤爲狂，不答。澤以孤軍進，都統陳淬言敵方熾，未可輕舉。澤怒，欲斬之，諸將乞貸淬，使得效死。澤命淬進兵，遇金人，敗之。金人攻開德，澤遣孔彥威與戰，又敗之。澤度金人必犯濮，先遣三千騎往援，金人果至，敗之。金人復向開德，權邦彥、孔彥威合兵夾擊，又大敗之。

澤兵進至衞南，度將孤兵寡，不深入不能成功。先驅云前有敵營，澤揮衆直前與戰，敗之。轉戰而東，敵益生兵至，王孝忠戰死，前後皆敵壘。澤下令曰：「今日進退等死，不可不從死中求生。」士卒知必死，無不一當百，斬首數千級。金人大敗，退却數十餘里。澤計敵衆十倍於我，今一戰而却，勢必復來，使悉其鐵騎夜襲吾軍，則危矣。乃暮徙其軍。金人夜至，得空營，大驚，自是憚澤，不敢復出兵。澤出其不意，遣兵過大河〔二〕襲擊，敗之。王承制以澤爲徽猷閣待制。

時金人逼二帝北行，澤聞，卽提軍趨滑，走黎陽，至大名，欲徑渡河，據金人歸路邀還二帝，而勤王之兵卒無一至者。又聞張邦昌僭位，欲先行誅討。會得大元帥府書，約移師近都，按甲觀變。澤復書于王曰：「人臣豈有服赭袍、張紅蓋、御正殿者乎？自古姦臣皆外爲恭順而中藏禍心，未有竊據寶位、改元肆赦、惡狀昭著若邦昌者。今二聖、諸王悉渡河而北，惟大王在濟，天意可知。宜亟行天討，興復社稷。」且言：「邦昌僞赦，或啓姦雄之意，望遣使分諭諸路，以定民心。」

又上書言：「今天下所屬望者在於大王，大王行之得其道，則有以慰天下之心。所謂道者，近剛正而遠柔邪，納諫諍而拒諛佞，尙恭儉而抑驕侈，體憂勤而忘逸樂，進公實而退私僞。」因累表勸進。

王卽帝位于南京，澤入見，涕泗交頣，陳興復大計。時與李綱同入對，相見論國事，慷慨流涕，綱奇之。上欲留澤，潛善等沮之。除龍圖閣學士、知襄陽府。

時金人有割地之議，澤上疏曰：「天下者，太祖、太宗之天下，陛下當兢兢業業，思傳之萬世，奈何遽議割河之東、西，又議割陝之蒲、解乎。自金人再至，朝廷未嘗命一將、出一師，但聞姦邪之臣，朝進一言以告和，暮入一說以乞盟，終致二聖北遷，宗社蒙恥。臣意陛下赫然震怒，大明黜陟，以再造王室。今卽位四十日矣，未聞有大號令，但見刑部指揮云『不得謄播赦文於河之東、西，陝之蒲、解』者，是褫天下忠義之氣，而自絕其民也。臣雖駑怯，當躬冒矢石爲諸將先，得捐軀報國恩足矣。」上覽其言壯之。改知青州，時年六十九矣。

開封尹闕，李綱言綏復舊都，非澤不可。尋徙知開封府。時敵騎留屯河上，金鼓之聲，日夕相聞，而京城樓櫓盡廢，兵民雜居，盜賊縱横，人情恟恟。澤威望素著，既至，首捕誅舍賊者數人。下令曰：「爲盜者，贓無輕重，並從軍法。」由是盜賊屏息，民賴以安。

王善者，河東巨寇也。擁衆七十萬、車萬乘，欲據京城。澤單騎馳至善營，泣謂之曰：「朝廷當危難之時，使有如公一二輩，豈復有敵患乎。今日乃汝立功之秋，不可失也。」善感泣曰：「敢不效力。」遂解甲降。時楊進號沒角牛，兵三十萬，王再興、李貴、王大郎等各擁衆數萬，往來京西、淮南、河南北，侵掠爲患。澤遣人諭以禍福，悉招降之。上疏請上還京。俄有詔：荆、襄、江、淮悉備巡幸。澤上疏言：「開封物價市肆，漸同平時。將士、農民、商旅、士大夫之懷忠義者，莫不願陛下亟歸京師，以慰人心。其唱爲異議者，非爲陛下忠謀，不過如張邦昌輩，陰與金人爲地爾。」除延康殿學士、京城留守、兼開封尹。

時金遣人以使僞楚爲名，至開封府，澤曰：「此名爲使，而實覘我也。」拘其人，乞斬之。有詔所拘金使延置別館，澤曰：「國家承平二百年，不識兵革，以敵國誕謾爲可憑信，恬不置疑。不惟不嚴攻討之計，其有實欲賈勇思敵所愾之人，士大夫不以爲狂，則以爲妄，致有前日之禍。張邦昌、耿南仲輩所爲，陛下所親見也。今金人假使僞楚，來覘虛實，臣愚乞斬之，以破其姦。而陛下惑於人言，令遷置別館，優加待遇，臣愚不敢奉詔，以彰國弱。」上乃親札諭澤，竟縱遣之。言者附潛善意，皆以澤拘留金使爲非。尙書左丞許景衡抗疏力辨，且謂：「澤之爲尹，威名政績，卓然過人，今之搢紳，未見其比。乞厚加任使，以成禦敵治民之功。」

眞定、懷、衞間，敵兵甚盛，方密修戰具爲入攻之計，而將相恬不爲慮，不修武備，澤以爲憂。乃渡河約諸將共議事宜，以圖收復，而於京城四壁，各置使以領招集之兵。又據形勢立堅壁二十四所於城外，沿河鱗次爲連珠砦，連結河東、河北山水砦忠義民兵，於是陝西、京東西諸路人馬咸願聽澤節制。有詔如淮甸。澤上表諫，不報。

秉義郎岳飛犯法將刑，澤一見奇之，曰：「此將材也。」會金人攻汜水，澤以五百騎授飛，使立功贖罪。飛大敗金人而還，遂升飛爲統制，飛由是知名。

澤視師河北還，上疏言：「陛下尚留南都，道路籍籍，咸以爲陛下舍宗廟朝廷，使社稷無依，生靈失所仰戴。陛下宜亟回汴京，以慰元元之心。」不報。復抗疏言：「國家結好金人，欲以息民，卒之劫掠侵欺，靡所不至，是守和議果不足以息民也。當時固有阿意順旨以叨富貴者，亦有不相詭隨以獲罪戾者。陛下觀之，昔富貴者爲是乎？獲罪戾者爲是乎？今之言還幸者，猶前之言和議爲可行者也；今之言不可還者，猶前日之言和議不可行者也。惟陛下熟思而審用之。且京師二百年積累之基業，陛下奈何輕棄以遺敵國乎。」

詔遣官迎奉六宮往金陵，澤上疏曰：「京師，天下腹心也。兩河雖未敉寧，特一手臂之不信爾。今遽欲去之，非惟一臂之弗瘳，且并與腹心而棄之矣。昔景德間，契丹寇澶淵，王欽若江南人，卽勸幸金陵，陳堯叟蜀人，卽勸幸成都，惟寇準毅然請親征，卒用成功。臣何敢望寇準，然不敢不以章聖望陛下。」又條上五事，其一言黃潛善、汪伯彥贊南幸之非。澤前後建議，經從三省、樞密院，輒爲潛善等所抑，每見澤奏疏，皆笑以爲狂。

金將兀朮渡河，謀攻汴京。諸將請先斷河梁，嚴兵自固，澤笑曰：「去冬，金騎直來，正坐斷河梁耳。」乃命部將劉衍趨滑、劉達趨鄭，以分敵勢，戒諸將極力保護河梁，以俟大兵之集。金人聞之，夜斷河梁遁去。

二年，金人自鄭抵白沙，去汴京密邇，都人震恐。僚屬入問計，澤方對客圍碁，笑曰：「何事張皇，劉衍等在外必能禦敵。」乃選精銳數千，使繞出敵後，伏其歸路。金人方與衍戰，伏兵起，前後夾擊之，金人果敗。

金將黏罕據西京，與澤相持。澤遣部將李景良、閻中立、郭俊民領兵趨鄭，遇敵大戰，中立死之，俊民降，景良遁去。澤捕得景良，謂曰：「不勝，罪可恕；私自逃，是無主將也。」斬其首以徇。既而俊民與金將史姓者及燕人何仲祖等持書來招澤，澤數俊民曰：「汝失利死，尚爲忠義鬼，今反爲金人持書相誘，何面目見我乎。」斬之。謂史曰：「我受此土，有死而已。汝爲人將，不能以死敵我，乃欲以兒女子語誘我乎。」亦斬之。謂仲祖脅從，貸之。

劉衍還，金人復入滑，部將張撝請往救，澤選兵五千付之，戒毋輕戰以需援。撝至滑迎戰，敵騎十倍，諸將請少避其鋒，撝曰：「避而偷生，何面目見宗公。」力戰死之。澤聞撝急，遣王宣領騎五千救之。撝死二日，宣始至，與金人大戰，破走之。澤迎撝喪歸，恤其家，以宣權知滑州，金人自是不復犯東京。

山東盜起，執政謂其多以義師爲名，請下令止勤王。澤疏曰：「自敵圍京城，忠義之士憤懣爭奮，廣之東西、湖之南北、福建、江、淮，越數千里，爭先勤王。當時大臣無遠識大略，不能撫而用之，使之饑餓困窮，弱者塡溝壑，強者爲盜賊。此非勤王者之罪，乃一時措置乖謬所致耳。今河東、西不從敵國而保山砦者，不知其幾；諸處節義之夫，自黥其面而爭先救駕者，復不知其幾。此詔一出，臣恐草澤之士一旦解體，倉卒有急，誰復有願忠效義之心哉。」

王策者，本遼酋，爲金將，往來河上。澤擒之，解其縛坐堂上，爲言：「契丹本宋兄弟之國，今女眞辱吾主，又滅而國，義當協謀雪恥。」策感泣，願效死。澤因問敵國虛實，盡得其詳，遂決大舉之計，召諸將謂曰：「汝等有忠義心，當協謀剿敵，期還二聖，以立大功。」言訖泣下，諸將皆泣聽命。金人戰不利，悉引兵去。

澤疏諫南幸，言：「臣爲陛下保護京城，自去年秋冬至于今春，又三月矣。陛下不早回京城，則天下之民何所依戴。」除資政殿學士。

又遣子潁詣行闕上疏曰：「天下之事，見幾而爲，待時而動，則事無不成。今收復伊、洛而金酋渡河，捍蔽滑臺而敵國屢敗，河東、河北山砦義民，引領舉踵，日望官兵之至。以幾以時而言之，中興之兆可見，而金人滅亡之期可必，在陛下見幾乘時而已。」又言：「昔楚人城郢，史氏鄙之。今聞有旨於儀眞教習水戰，是規規爲偏霸之謀，非可鄙之甚者乎？傳聞四方，必謂中原不守，遂爲江寧控扼之計耳。」

先是，澤去磁，以州事付兵馬鈐轄李侃，統制趙世隆殺之。至是，世隆及弟世興以兵三萬來歸，衆懼其變，澤曰：「世隆本吾一校爾，何能爲。」世隆至，責之曰：「河北陷沒，吾宋法令與上下之分亦陷沒邪？」命斬之。時世興佩刀侍側，衆兵露刃庭下，澤徐謂世興曰：「汝兄誅，汝能奮志立功，足以雪恥。」世興感泣。金人攻滑州，澤遣世興往救，世興至，掩其不備，敗之。

澤威聲日著，北方聞其名，常尊憚之，對南人言，必曰宗爺爺。

澤疏言：「丁進數十萬衆願守護京城，李成願扈從還闕，即渡河勦敵，楊進等兵百萬，亦願渡河，同致死力。臣聞『多助之至，天下順之』。陛下及此時還京，則衆心翕然，何敵國之足憂乎？」又奏言：「聖人愛其親以及人之親，所以教人孝；敬其兄以及人之兄，所以教人弟。陛下當與忠臣義士合謀肆討，迎復二聖。今上皇所御龍德宮儼然如舊，惟淵聖皇帝未有宮室，望改修寶籙宮以爲迎奉之所，使天下知孝於父、弟於兄，是以身教也。」上乃降詔擇日還京。

澤前後請上還京二十餘奏，每爲潛善等所抑，憂憤成疾，疽發于背。諸將入問疾，澤矍然曰：「吾以二帝蒙塵，積憤至此。汝等能殲敵，則我死無恨。」衆皆流涕曰：「敢不盡力！」

諸將出，澤歎曰：「『出師未捷身先死，長使英雄淚滿襟。』」翌日，風雨晝晦。澤無一語及家事，但連呼「過河」者三而薨。都人號慟。遺表猶贊上還京。贈觀文殿學士、通議大夫，謚忠簡。

澤質直好義，親故貧者多依以爲活，而自奉甚薄。常曰：「君父側身嘗膽，臣子乃安居美食邪！」始，澤招集羣盜，聚兵儲糧，結諸路義兵，連燕、趙豪傑，自謂渡河尅復可指日冀。有志弗就，識者恨之。

子穎，居戎幕，素得士心。澤薨數日，將士去者十五，都人請以穎繼父任。會朝廷已命杜充留守，乃以穎爲判官。充反澤所爲，頗失人心，穎屢爭之，不從，乃請持服歸。自是豪傑不爲用，羣聚城下者復去爲盜，而中原不守矣。穎官終兵部郎中。

趙鼎字元鎮，解州聞喜人。生四歲而孤，母樊教之，通經史百家之書。登崇寧五年進士第，對策斥章惇誤國。累官爲河南洛陽令，宰相吳敏知其能，擢爲開封士曹。金人陷太原，朝廷議割三鎮地，鼎曰：「祖宗之地不可以與人，何庸議？」已而京師失守，二帝北行。金人議立張邦昌，鼎與胡寅、張浚逃太學中，不書議狀。

高宗即位，除權戶部員外郎。知樞密院張浚薦之，除司勳郎官。上幸建康，詔條具防秋事宜，鼎言：「宜以六宮所止爲行宮，車駕所止爲行在，擇精兵以備儀衞，其餘兵將分布江、淮，使敵莫測巡幸之定所。」上納之。

久雨，詔求闕政。鼎言：「自熙寧間王安石用事，變祖宗之法，而民始病。假闢國之謀，造生邊患；興理財之政，窮困民力；設虛無之學，敗壞人才。至崇寧初，蔡京託紹述之名，盡祖安石之政。凡今日之患始於安石，成於蔡京。今安石猶配享廟廷，而京之黨未除，時政之闕無大於此。」上爲罷安石配享。擢右司諫，又遷殿中侍御史。

劉光世部將王德擅殺韓世忠之將，而世忠亦率部曲奪建康守府廨。鼎言：「德總兵在外，專殺無忌，此而不治，孰不可爲？」命鼎鞫德。鼎又請下詔切責世忠，而指取其將吏付有司治罪，諸將肅然。上曰「肅宗興靈武得一李勉，朝廷始尊。今朕得卿，無愧昔人矣。」中丞范宗尹言，故事無自司諫遷殿中者，上曰：「鼎在言路極舉職，所言四十事，已施行三十有六。」遂遷侍御史。

北兵至江上，上幸會稽，召臺諫議去留，鼎陳戰、守、避三策，拜御史中丞。請督王𤫉進軍宣州，邀望分軍出廣德，劉光世渡江駐蘄、黃，爲邀擊之計。又言：「經營中原當自關中始，經營關中當自蜀始，欲幸蜀當自荆、襄始。吳、越介在一隅，非進取中原之地。荆、襄左潁川、陝，右控湖湘，而下瞰京、洛，三國所必爭。宜以公安爲行闕，而屯重兵于襄陽，運江、浙之粟以資川、陝之兵，經營大業，計無出此。」

韓世忠敗金人于黃天蕩，宰相呂頤浩請上幸浙西，下詔親征，鼎以爲不可輕舉。頤浩惡其異己，改鼎翰林學士，鼎不拜，改吏部尙書，又不拜，言：「陛下有聽納之誠，而宰相陳拒諫之說；陛下有眷待臺臣之意，而宰相挾挫沮言官之威。」堅臥不出，疏頤浩過失凡千言。上罷頤浩，詔鼎復爲中丞，謂鼎曰：「朕每聞前朝忠諫之臣，恨不之識，今於卿見之。」除端明殿學士、簽書樞密院事。

金人攻楚州，鼎奏遣張俊往援之。俊不行，山陽遂陷。金人留淮上，范宗尹奏敵未必能再渡，鼎曰：「勿恃其不來，恃吾有以待之。三省常以敵退爲陛下援人才、修政事，密院常虞敵至爲陛下申軍律、治甲兵，卽兩得之。」上曰：「卿等如此，朕復何憂。」鼎以楚州之失，上章丐去。會辛企宗除節度使，鼎言企宗非軍功，忤旨，出奉祠，除知平江府，尋改知建康，又移知洪州。

京西招撫使李橫欲用兵復東京，鼎言：「橫烏合之衆，不能當敵，恐遂失襄陽。」已而橫戰不利走，襄陽竟陷。召拜參知政事。宰相朱勝非言：「襄陽國之上流，不可不急取。」上問：「岳飛可使否？」鼎曰：「知上流利害無如飛者。」簽樞徐俯不以爲然。飛出師竟復襄陽。

鼎乞令韓世忠屯泗上，劉光世出陳、蔡。光世請入奏，俯欲許之，鼎不可。僞齊宿遷令來歸，俯欲斬送劉豫，鼎復爭之。俯積不能平，乃求去。朱勝非兼知樞密院，言者謂當國者不知兵，乞令參政通知。由是爲勝非所忌。除鼎知樞密院、川陝宣撫使，鼎辭以非才。上曰：「四川全盛半天下之地，盡以付卿，黜陟專之可也。」時吳玠爲宣撫副使，鼎奏言：「臣與玠同事，或節制之耶？」上乃改鼎都督川、陝諸軍事。

鼎所條奏，勝非多沮抑之。鼎上疏言：「頃張浚出使川、陝，國勢百倍於今。浚有補天浴日之功，陛下有礪山帶河之誓，君臣相信，古今無二，而終致物議，以被竄逐。今臣無浚之功而當其任，遠去朝廷，其能免於紛紛乎？」又言：「臣所請兵不滿數千，半皆老弱，所賫金帛至微，薦舉之人除命甫下，彈墨已行。臣日侍宸衷，所陳已艱難，況在萬里之外乎？」時人士皆惜其去，臺諫有留行者。會邊報沓至，鼎每陳用兵大計，及朝辭，上曰：「卿豈可遠去，當遂相卿。」九月〔三〕，拜尚書右僕射、同中書門下平章事兼知樞密院事。制下，朝士相慶。

時劉豫子麟與金人合兵大入，舉朝震恐。鼎論戰禦之計，諸將各異議，獨張俊以爲當進討，鼎是其言。有勸上他幸者，鼎曰：「戰而不捷，去未晚也。」上亦曰：「朕當親總六師，臨江決戰。」鼎喜曰：「累年退怯，敵志益驕，今聖斷親征，成功可必。」於是詔張俊以所部援韓世忠，而命劉光世移軍建康，且促世忠進兵。世忠至揚州，大破金人於大儀鎮。方讐報交馳，劉光世遣人諷鼎曰：「相公自入蜀，何事爲他人任患。」世忠亦謂人曰：「趙丞相眞敢爲者。」鼎聞之，恐上意中變，乘間言：「陛下養兵十年，用之正在今日。若少加退沮，卽人心渙散，長江之險不可復恃矣。」及捷音日至，車駕至平江，下詔聲逆豫之罪，欲自將渡江決戰。鼎曰：「敵之遠來，利於速戰，遽與爭鋒，非策也。且豫猶遣其子，豈可煩至尊耶？」帝爲止不行。未幾，簽書樞密院事胡松年自江上還，云北兵大集，然後知鼎之有先見也。

張浚久廢，鼎言浚可大任，乃召除知樞密院，命浚往江上視師。時敵兵久駐淮南，知南兵有備，漸謀北歸。鼎曰：「金人無能爲矣。」命諸將邀諸淮，連敗之，金人遁去。上謂鼎曰：「近將士致勇爭先，諸路守臣亦翕然自效，乃朕用卿之力也。」鼎謝曰：「皆出聖斷，臣何力之有焉。」或問鼎曰：「金人傾國來攻，衆皆恟懼，公獨言不足畏，何耶？」鼎曰：「敵衆雖盛，然以豫邀而來，非其本心，戰必不力，以是知其不足畏也。」上嘗語張浚曰：「趙鼎眞宰相，天使佐朕中興，可謂宗社之幸也。」鼎奏金人遁歸，尤當博采羣言，爲善後之計。於是詔呂頤浩等議攻戰備禦、措置綏懷之方。

五年，上還臨安，制以鼎守左僕射知樞密院事，張浚守右僕射兼知樞密院事，都督諸路軍馬。鼎以政事先後及人才所當召用者，條而置之座右，次第奏行之。制以貴州防禦使瑗爲保慶軍節度使，封建國公，於行宮門外建資善堂。鼎薦范冲爲翊善、朱震爲贊讀，朝論謂二人極天下之選。

建炎初，嘗下詔以姦臣誣蔑宣仁保佑之功，命史院刊修，未及行，朱勝非爲相，上諭之曰：「神宗、哲宗兩朝史事多失實，非所以傳信後世，宜召范沖刊定。」勝非言：「神宗史增多王安石日錄，哲宗史經京、卞之手，議論多不正，命官删修，誠足以彰二帝盛美。」會勝非去位，鼎以宰相監修二史，是非各得其正。上親書「忠正德文」四字賜鼎，又以御書尙書一帙賜之，曰：「書所載君臣相戒飭之言，所以賜卿，欲共由斯道。」鼎上疏謝。

劉豫遣子麟、猊分路入寇，時張俊屯盱眙，楊沂中屯泗，韓世忠屯楚，岳飛駐鄂，劉光世駐廬，沿江上下無兵，上與鼎以爲憂。鼎移書浚，欲令俊與沂中合兵剿敵。光世乞捨廬還太平，又乞退保采石，鼎奏曰：「豫逆賊也，官軍與豫戰而不能勝，或更退守，何以立國？今賊已渡淮，當亟遣張俊合光世之軍盡掃淮南之寇，然後議去留。」上善其策，詔二將進兵。俊軍至藕塘與猊戰，大破之。鼎命沂中趣合肥以援光世，光世已棄廬回江北。浚以書告鼎，鼎白上詔浚：有不用命者，聽以軍法從事。光世大駭，復進至淝河與麟戰，破之，麟、猊拔栅遁去。

浚在江上，嘗遣其屬呂祉入奏事，所言誇大，鼎每抑之。上謂鼎曰：「他日張浚與卿不和，必呂祉也。」後浚因論事，語意微侵鼎，鼎言：「臣初與浚如兄弟，因呂祉離間，遂爾睽異。

今浚成功，當使展盡底蘊，浚當留，臣當去。」上曰：「俟浚歸議之。」浚嘗奏乞幸建康，而鼎與折彥質請回蹕臨安。暨浚還，乞乘勝攻河南，且罷劉光世軍政。鼎言：「擒豫固易耳，然得河南，能保金人不內侵乎？光世累世爲將，無故而罷之，恐人心不安。」浚滋不悅。鼎以觀文殿大學士知紹興府。

七年，上幸建康，罷劉光世，以王德爲都統制，酈瓊副之，並聽參謀、兵部尚書呂祉節制。瓊與德有宿怨，訴于祉，不得直，執祉以全軍降僞齊。浚引咎去位，乃以萬壽觀使兼侍讀召鼎，入對，拜尚書左僕射、同中書門下平章事兼樞密使，進四官。上言：「淮西之報初至，執政奏事皆失措，惟朕不爲動。」鼎曰：「今見諸將，尤須靜以待之，不然益增其驕蹇之心。」臺諫交論淮西無備，鼎曰：「行朝擁兵十萬，敵騎直來，自足抗之，設有他虞，鼎身任其責。」淮西迄無驚。

鼎嘗乞降詔安撫淮西，上曰：「俟行遣張浚，朕當下罪己之詔。」鼎言：「浚已落職。」上曰：「浚罪當遠竄。」鼎奏：「浚母老，且有勤王功。」上曰：「功過自不相掩。」已而內批出，浚謫置嶺南，鼎留不下。詰旦，約同列救解，上怒殊未釋，鼎力懇曰：「浚罪不過失策耳。凡人計慮，豈不欲萬全，儻因一失，便置之死地，後有奇謀秘計，誰復敢言者。此事自關朝廷，非獨私浚也。」上意乃解，遂以散官分司，居永州。

鼎既再相，或議其無所施設，鼎聞之曰：「今日之事如人患羸，當靜以養之。若復加攻砭，必傷元氣矣。」金人廢劉豫，鼎遣間招河南守將，壽、亳、陳、蔡之間，往往舉城或率部曲來歸，得精兵萬餘，馬數千。知廬州劉錡亦奏言：「淮北歸正者不絕，度今歲可得四五萬。」上喜曰：「朕常慮江、池數百里備禦空虛，今得此軍可無患矣。」

金人遣使議和，朝論以為不可信，上怒。鼎曰：「陛下於金人有不共戴天之讎，今屈己請和，不憚為之者，以梓宮及母后耳。羣臣憤懣之辭，出於愛君，不可以為罪。陛下宜諭之曰：『講和非吾意，以親故，不得已為之。但得梓宮及母后還，敵雖渝盟，吾無憾焉。』」上從其言，羣議遂息。

潘良貴以向子諲奏事久，叱之退。上欲抵良貴罪，常同為之辨，欲併逐同。鼎奏：「子諲雖無罪，而同與良貴不宜逐。」二人竟出。給事中張致遠謂不應以一子諲出二佳士，不書黃，上怒，顧鼎曰：「固知致遠必繳駁。」鼎問：「何也？」上曰：「與諸人善。」蓋已有先入之言，由是不樂於鼎矣。秦檜繼留身奏事，既出，鼎問：「帝何言？」檜曰：「上無他，恐丞相不樂耳。」

御筆和州防禦使璩除節鉞，封國公。鼎奏：「建國雖未正名，天下皆知陛下有子，社稷大計也。在今禮數不得不異，所以繫人心不使之二三而惑也。」上曰：「姑徐之。」檜後留身，不知所云。

鼎嘗闢和議，與檜意不合，及鼎以爭璩封國事拂上意，檜乘間擠鼎，又薦蕭振爲侍御史。振本鼎所引，及入臺，劾參知政事劉大中罷之。鼎曰：「振意不在大中也。」振亦謂人曰：「趙丞相不待論，當自爲去就。」會殿中侍御史張戒論給事中勾濤，濤言：「戒之擊臣，乃趙鼎意。」因詆鼎結臺諫及諸將。上聞益疑，鼎引疾求免，言：「大中持正論，爲章惇、蔡京之黨所嫉。臣議論出處與大中同，大中去，臣何可留？」乃以忠武節度使出知紹興府，尋加檢校少傅，改奉國軍節度使。檜率執政往餞其行，鼎不爲禮，一揖而去，檜益憾之。

鼎既去，王庶入對，上謂庶曰：「趙鼎兩爲相，於國有大功，再贊親征皆能決勝，又鎭撫建康，回鑾無患，他人所不及也。」先是，王倫使金，從鼎受使指。問禮數，則答以君臣之分已定；問地界，則答以大河爲界。二者使事之大者，或不從則已。倫受命而行。至是，倫與金使俱來，以撫諭江南爲名，上歎息謂庶曰：「使五日前得此報，趙鼎豈可去耶？」

初，車駕還臨安，內侍移竹栽入內，鼎見，責之曰：「艮嶽花石之擾，皆出汝曹，今欲蹈前轍耶？」因奏其事，上改容謝之。有戶部官進錢入宮者，鼎召至相府切責之。翌日，問上曰：「某人獻錢耶？」上曰：「朕求之也。」鼎奏：「某人不當獻，陛下不當求。」遂出其人與郡。

鼎嘗薦胡寅、魏矼、晏敦復、潘良貴、呂本中、張致遠等數十人分布朝列。暨再相，奏曰：「今清議所與，如劉大中〔三〕、胡寅、呂本中、常同、林季仲之流，陛下能用之乎？妬賢長惡，如趙霈、胡世將、周秘、陳公輔之徒，陛下能去之乎？」上爲徙世將，而公輔等尋補外。上嘗中批二人付廟堂升擢。鼎奏：「疎遠小臣，陛下何由得其姓名？」上謂：「常同實稱之。」鼎曰：「同知其賢，何不露章薦引？」

始，浚薦秦檜可與共大事，鼎再相亦以爲言。然檜機穽深險，外和而中異。浚初求去，有旨召鼎。鼎至越丐祠，檜惡其逼己，徙知泉州，又諷謝祖信論鼎嘗受張邦昌僞命，遂奪節。御史中丞王次翁論鼎治郡廢弛，命提舉洞霄宮。鼎自泉州歸，復上書言時政，檜忌其復用，諷次翁又論其嘗受僞命，乾沒都督府錢十七萬緡，謫官居興化軍。論者猶不已，移漳州，又責清遠軍節度副使，潮州安置。

在潮五年，杜門謝客，時事不掛口，有問者，但引咎而已。中丞詹大方誣其受賄，屬潮守放編置人移吉陽軍，鼎謝表曰：「白首何歸，悵餘生之無幾；丹心未泯，誓九死以不移。」檜見之曰：「此老倔強猶昔。」

在吉陽三年，潛居深處，門人故吏皆不敢通問，惟廣西帥張宗元時饋醪米。檜知之，令本軍月具存亡申。鼎遣人語其子汾曰：「檜必欲殺我。我死，汝曹無患；不爾，禍及一家矣。」先得疾，自書墓中石，記鄉里及除拜歲月。至是，書銘旌云：「身騎箕尾歸天上，氣作山河壯本朝。」遺言屬其子乞歸葬，遂不食而死，時紹興十七年也，天下聞而悲之。明年，得旨歸葬。孝宗即位，謚忠簡，贈太傅，追封豐國公。高宗祔廟，以鼎配享廟庭，擢用其孫十有二人。

鼎爲文渾然天成，凡高宗處分軍國機事，多其視草，有擬奏表疏、雜詩文二百餘篇，號得全集，行於世。論中興賢相，以鼎爲稱首云。

論曰：夫謀國用兵之道，有及時乘銳而可以立功者，有養威持重而後能有爲者，二者之設施不同，其爲忠一而已。方金人逼二帝北行，宗社失主，宗澤一呼，而河北義旅數十萬衆若響之赴聲，實由澤之忠忱義氣有以風動之，抑斯民目睹君父之陷於塗淖，孰無憤激之心哉。使當其時，澤得勇往直前，無或齟齬牽制之，則反二帝，復舊都，特一指顧間耳。黃潛善、汪伯彥嫉能而惎功，使澤不得信其志，發憤而薨，豈不悲哉！

及趙鼎爲相，則南北之勢成矣。兩敵之相持，非有灼然可乘之釁，則養吾力以俟時，否則，徒取危困之辱。故鼎之爲國，專以固本爲先，根本固而後敵可圖、讎可復，此鼎之心也。惜乎一見忌於秦檜，斥逐遠徙，卒齎其志而亡，君子所尤痛心也。

竊嘗論澤、鼎之終而益有感焉。澤之易簀也，猶連呼「渡河」者三；而鼎自題其銘旌，有「氣作山河壯本朝」之語。何二臣之愛君憂國，雖處死生禍變之際，而猶不渝若是！而高宗惑於憸邪之口，乍任乍黜，所謂「善善而不能用」，千載而下，忠臣義士猶爲之撫卷扼腕，國之不競，有以哉！

校勘記

〔一〕大河　繫年要錄卷三、宗澤忠簡公集卷七遺事均作「大溝河」。按此次衞南、韋城、南華之戰，戰區在當時黃河以南，疑「大溝河」是。

〔二〕九月　本書卷二七高宗紀、十朝綱要卷二二繫此事於紹興四年九月，此處失書紀年。

〔三〕劉大中　原作「劉大本」，據上文及李幼武四朝名臣言行別錄上集卷四改。

宋史卷三百六十一

列傳第一百二十

張浚 子栻

張浚字德遠，漢州綿竹人，唐宰相九齡弟九皐之後。父咸，舉進士、賢良兩科。浚四歲而孤，行直視端，無誑言，識者知爲大器。入太學，中進士第。靖康初，爲太常簿。張邦昌僭立，逃入太學中。聞高宗卽位，馳赴南京，除樞密院編修官，改虞部郎，擢殿中侍御史。駕幸東南，後軍統制韓世忠所部逼逐諫臣墜水死，浚奏奪世忠觀察使，上下始知有國法。遷侍御史。

時乘輿在揚州，浚言：「中原天下之根本，願下詔葺東京、關陝、襄鄧以待巡幸。」咈宰相意，除集英殿修撰、知興元府。未行，擢禮部侍郎，高宗召諭曰：「卿知無不言，言無不盡，朕將有爲，正如欲一飛沖天而無羽翼，卿勉留輔朕。」除御營使司參贊軍事〔一〕。浚度金人必來攻，而廟堂晏然，殊不爲備，力言之宰相，黃潛善、汪伯彥皆笑其過計。

建炎三年春，金人南侵，車駕幸錢塘，留朱勝非于吳門捍禦，以浚同節制軍馬。已而勝非召，浚獨留。時潰兵數萬，所至剽掠，浚招集甫定。會苗傅、劉正彥作亂，改元赦書至平江，浚命守臣湯東野秘不宣。未幾，傅等以檄來，浚慟哭，召東野及提點刑獄趙哲謀起兵討賊。

時傅等以承宣使張俊爲秦鳳路總管，俊將萬人還，將卸兵而西。浚知上遇俊厚，而俊純實可謀大事，急邀俊，握手語故，相持而泣，因告以將起兵問罪。時呂頤浩節制建業，劉光世領兵鎭江，浚遣人齎蠟書，約頤浩、光世以兵來會，而命俊分兵扼吳江。上疏請復辟。傅等謀除浚禮部尙書，命將所部詣行在，浚以大兵未集，未欲誦言討賊，乃託云張俊驟回，人情震讋，不可不少留以撫其軍。

會韓世忠舟師抵常熟，張俊曰：「世忠來，事濟矣。」白浚以書招之。世忠至，對浚慟哭曰：「世忠與俊請以身任之。」浚因大犒俊、世忠將士，呼諸將校至前，抗聲問曰：「今日之舉，孰順孰逆？」衆皆曰：「賊逆我順。」浚曰：「聞賊以重賞購吾首，若浚此舉違天悖人，汝等可取浚頭去；不然，一有退縮，悉以軍法從事。」衆咸感憤。於是，令世忠以兵赴闕，而戒其急趨秀州，據糧道以竢大軍之至。世忠至秀，卽大治戰具。

會傅等以書招浚，浚報云：「自古言涉不順，謂之指斥乘輿；事涉不遜，謂之震驚宮闕；廢立之事，謂之大逆不道，大逆不道者族。今建炎皇帝不聞失德，一旦遜位，豈所宜聞。」傅等得書恐，乃遣重兵扼臨平，亟除俊、世忠節度使，而誣浚欲危社稷，責郴州〔三〕安置。俊、世忠拒不受。會呂頤浩、劉光世兵踵至，浚乃聲傅、正彥罪，傳檄中外，率諸軍繼進。

初，浚遣客馮轓以計策往說傅等，會大軍且至，傅、正彥憂恐不知所出。轓知其可動，即以大義白宰相朱勝非，使率百官請復辟。高宗御筆除浚知樞密院事。浚進次臨平，賊兵拒不得前，世忠等搏戰，大破之，傅、正彥脫遁。浚與頤浩等入見，伏地涕泣待罪，高宗問勞再三，曰：「曩在睿聖，兩宮隔絕。一日啜羹，小黃門忽傳太母之命，不得已貶卿郴州。朕不覺羹覆于手，念卿被謫，此事誰任。」留浚，引入內殿，曰：「皇太后知卿忠義，欲識卿面，適垂簾，見卿過庭矣。」解所服玉帶以賜。高宗欲相浚，浚以晚進，不敢當。傅、正彥走閩中，浚命世忠追縛之以獻，與其黨皆伏誅。

初，浚次秀州，嘗夜坐，警備甚嚴，忽有客至前，出一紙懷中曰：「此苗傅、劉正彥募賊公賞格也。」浚問欲何如，客曰：「僕河北人，粗讀書，知逆順，豈以身爲賊用？特見爲備不嚴，恐有後來者耳。」浚下執其手，問姓名，不告而去。浚翌日斬死囚狥于衆，曰：「此苗、劉刺客也。」私識其狀貌物色之，終不遇。

巨盜薛慶嘯聚淮甸，至數萬人。浚恐其滋蔓，徑至高郵，入慶壘，喻以朝廷恩意。慶感服下拜，浚留撫其衆。或傳浚爲賊所執，呂頤浩等遽罷浚樞筦。浚歸，高宗驚嘆，即日趣就職。

浚謂中興當自關陝始，慮金人或先入陝取蜀，則東南不可保，遂慷慨請行。詔以浚爲川、陝宣撫處置使，得便宜黜陟。將行，御營平寇將軍范瓊，擁衆自豫章至行在。先是，靖康城破，金人逼脅君、后、太子、宗室北行，多瓊之謀；又乘勢剽掠，左右張邦昌，爲之從衞。至是入朝，悖傲無禮，且乞貸逆黨傅、正彥等死罪。浚奏瓊大逆不道，乞伸典憲。翌日，召瓊至都堂，數其罪切責之，送棘寺論死。分其軍隸神武軍，然後行。與沿江襄、漢守臣議儲蓄，以待臨幸。

高宗問浚大計，浚請身任陝、蜀之事，置幕府於秦川，別遣大臣與韓世忠鎭淮東，令呂頤浩扈蹕來武昌，復以張俊、劉光世與秦川相首尾。議既定，浚行，未及武昌，而頤浩變初議。浚既抵興元，金人已取鄜延，驍將婁宿孛堇引大兵渡渭，攻永興，諸將莫肯相援。浚至，即出行關陝，訪問風俗，罷斥姦贓，以搜攬豪傑爲先務，諸將惕息聽命。

會諜報金人將攻東南，浚命諸將整軍向敵。已而金人大攻江、淮，浚即治軍入衞。至房州，知金人北歸，復還關陝。

時金帥兀朮猶在淮西，浚懼其復擾東南，謀牽制之，遂決策治兵，合五路之師以復永興。金人大恐，急調兀朮等由京西入援，大戰於富平。涇原帥劉錡身率將士薄敵陳，殺獲頗衆。會環慶帥趙哲擅離所部，哲軍將校望見塵起，驚遁，諸軍皆潰。浚斬哲以狥，退保興州。命吳玠聚兵扼險于鳳翔之和尙原、大散關，以斷敵來路；關師古等聚熙河兵于岷州大潭，孫渥、賈世方等聚涇原、鳳翔兵于階、成、鳳三州，以固蜀口。浚上書待罪，帝手詔慰勉。

紹興元年，金將烏魯攻和尙原，吳玠乘險擊之，金人大敗走。兀朮復合兵至，玠及其弟璘復邀擊，大破之，兀朮僅以身免，亟鬄其須髯遁歸。始，粘罕病篤，語諸將曰：「自吾入中國，未嘗有敢攖吾鋒者，獨張樞密與我抗。我在，猶不能取蜀；我死，爾曹宜絕意，但務自保而已。」兀朮怒曰：「是謂我不能邪！」粘罕死，竟入攻，果敗。拜浚檢校少保、定國軍節度使。

浚在關陝三年，訓新集之兵，當方張之敵，以劉子羽爲上賓，任趙開爲都轉運使，擢吳玠爲大將守鳳翔。子羽慷慨有才略，開善理財，而玠每戰輒勝。西北遺民，歸附日衆。故關陝雖失，而全蜀按堵，且以形勢牽制東南，江、淮亦賴以安。

將軍曲端者，建炎中，嘗迫逐帥臣王庶而奪其印。吳玠敗于彭原，訴端不整師。富平之役，端議不合，其腹心張忠彥等降敵。浚初超用端，中坐廢，猶欲再用之，後卒下端獄論死。

會有言浚殺趙哲、曲端無辜，而任子羽、開、玠非是，朝廷疑之。三年，遣王似副浚。會金將撒離曷及劉豫叛黨聚兵入攻，破金州。子羽爲興元帥，約吳玠同守三泉。金人至金牛，宋師掩擊之，斬馘及墮溪谷死者，以數千計。浚聞王似來，求解兵柄，且奏似不可任。宰相呂頤浩不悅，而朱勝非以宿憾日毀短浚，詔浚赴行在。

四年初，辛炳知潭州，浚在陝，以檄發兵，炳不遣，浚奏劾之。至是，炳爲御史中丞，率同列劾浚，以本官提舉洞霄宮，居福州。浚既去國，慮金人釋川、陝之兵，必將併力窺東南，而朝廷已議講解，乃上疏極言其狀。未幾，劉豫之子麟果引金人入攻。高宗思浚前言，策免朱勝非；而參知政事趙鼎請幸平江，乃召浚以資政殿學士提舉萬壽觀兼侍讀。入見，高宗手詔辨浚前誣，除知樞密院事。

浚既受命，卽日赴江上視師。時兀朮擁兵十萬于揚州，約日渡江決戰。浚長驅臨江，召韓世忠、張俊、劉光世議事。將士見浚，勇氣十倍。浚既部分諸將，身留鎭江節度之。世忠遣麾下王愈詣兀朮約戰，且言張樞密已在鎭江。兀朮曰：「張樞密貶嶺南，何得乃在此。」愈出浚所下文書示之。兀朮色變，夕遁。

五年，除尚書右僕射、同中書門下平章事兼知樞密院事，都督諸路軍馬，趙鼎除左僕射。浚與鼎同志輔治，務在塞倖門，抑近習。時巨寇楊么據洞庭，屢攻不克，浚以建康東南都會，而洞庭據上流，恐滋蔓爲害，請因盛夏乘其怠討之，具奏請行。至醴陵，釋邑囚數百，皆楊么諜者，給以文書，俾招諭諸砦，囚讙呼而往。至潭，賊衆二十餘萬相繼來降，湖寇盡平。上賜浚書，謂：「上流既定，則川陝、荆襄形勢接連，事力增倍，天其以中興之功付卿乎。」浚遂奏遣岳飛屯荆、襄以圖中原，乃自鄂、岳轉淮東，大會諸將，議防秋之宜。高宗遣使賜詔趣歸，勞問之曰：「卿暑行甚勞，湖湘羣寇既就招撫，成朕不殺之仁，卿之功也。」召對便殿，進中興備覽四十一篇，高宗嘉嘆，置之坐隅。

浚以敵勢未衰，而叛臣劉豫復據中原，六年，會諸將議事江上，榜豫僭逆之罪。命韓世忠據承、楚以圖淮陽；命劉光世屯合肥以招北軍；命張俊練兵建康，進屯盱眙；命楊沂中領精兵爲後翼以佐俊；命岳飛進屯襄陽以窺中原。浚渡江，偏撫淮上諸戍。時張俊軍進屯盱眙，岳飛遣兵入至蔡州，浚入覲，力請幸建康。車駕進發，浚先往江上，諜報劉豫與姪猊〔三〕挾金人入攻，浚奏：「金人不敢悉衆而來，此必豫兵也。」邊遽不一，俊、光世皆張大敵勢，浚謂：「賊豫以逆犯順，不剿除何以爲國？今日之事，有進無退。」且命楊沂中往屯濠州。

劉麟逼合肥，張俊請益兵，劉光世欲退師，趙鼎及簽書折彥質欲召岳飛兵東下。御書付浚，令俊、光世、沂中等還保江。浚奏：「俊等渡江，則無淮南，而長江之險與敵共矣。且岳飛一動，襄、漢有警，復何所恃乎？」詔書從之。沂中兵抵濠州，光世舍廬州而南，淮西洶動。浚聞，疾馳至采石，令其衆曰：「有一人渡江者斬！」光世復駐軍，與沂中接。劉猊攻沂中，沂中大破之，猊、麟皆拔柵遁。高宗手書嘉獎，召浚還，勞之。

時趙鼎等議回蹕臨安，浚奏：「天下之事，不倡則不起，三歲之間，陛下一再臨江，士氣百倍。今六飛一還，人心解體。」高宗幡然從浚計。鼎出知紹興府。浚以親民之官，治道所急，條具郡守、監司、省郎、館閣出入迭補之法；又以災異奏復賢良方正科。

七年，以浚卻敵功，制除特進。未幾，加金紫光祿大夫。問安使何蘚歸報徽宗皇帝、寧德皇后相繼崩殂，上號慟擗踊，哀不自勝。浚奏：「天子之孝，不與士庶同，必思所以奉宗廟社稷，今梓宮未返，天下塗炭，願陛下揮涕而起，斂髮而趨，一怒以安天下之民。」上乃命浚草詔告諭中外，辭甚哀切。浚又請命諸大將率三軍發哀成服，中外感動。浚退上疏曰：「陛下思慕兩宮，憂勞百姓。臣之至愚，獲遭任用，臣每感慨自期，誓殲敵讎。十年之間，親養闕然，爰及妻孥，莫之私顧，其意亦欲遂陛下孝養之心，拯生民於塗炭。昊天不弔，禍變忽生，使陛下抱無窮之痛，罪將誰執。念昔陝、蜀之行，陛下命臣曰：『我有大隙于北，刷此至恥，惟爾是屬。』而臣終隳成功，使敵無憚，今日之禍，端自臣致，乞賜罷黜。」上詔浚起視事。浚再疏待罪，不許，乃請乘輿發平江，至建康。

浚總中外之政，幾事叢委，以一身任之。每奏對，必言讎恥之大，反復再三，上未嘗不改容流涕。時天子方厲精克己，戒飭宮庭內侍，無敢越度，事無巨細，必以咨浚，賜諸將詔，往往命浚草之。

劉光世在淮西，軍無紀律，浚奏罷光世，以其兵屬督府，命參謀兵部尚書呂祉往廬州節制。而樞密院以督府握兵爲嫌，乞置武帥，乃以王德爲都統制，卽軍中取酈瓊副之。浚奏其不當，瓊亦與德有宿怨，列狀訴御史臺，乃命張俊爲宣撫使，楊沂中、劉錡爲制置判官以撫之。未至，瓊等舉軍叛，執呂祉以歸劉豫。祉不行，詈瓊等，碎齒折首而死。浚引咎求去位，高宗問可代者，且曰：「秦檜何如？」浚曰：「近與共事，方知其闇。」高宗曰：「然則用趙鼎。」檜由是憾浚。浚以觀文殿大學士提舉江州太平興國宮。

先是，浚遣人持手榜入僞地間劉豫，及酈瓊叛去，復遣間持蠟書遺瓊，金人果疑豫，尋廢之。臺諫交詆，浚落職，以秘書少監分司西京，居永州。九年，以赦復官，提舉臨安府洞霄宮。未幾，除資政殿大學士、知福州兼福建安撫大使。

金遣使來，以詔諭爲名，浚五上疏爭之。十年，金敗盟，復取河南。浚奏願因權制變，則大勳可集，因大治海舟千艘，爲直指山東之計。十一年，除檢校少傅、崇信軍節度使，充萬壽觀使，免奉朝請。十二年，封和國公。

十六年，彗星出西方，浚將極論時事，恐貽母憂。母訝其瘠，問故，浚以實對。母誦其父對策之語曰：「臣寧言而死於斧鉞，不能忍不言以負陛下。」浚意乃決。上疏謂：「當今事勢，譬如養成大疽於頭目心腹之間，不決不止。惟陛下謀之於心，謹察情僞，使在我有不可犯之勢，庶幾社稷安全；不然，後將噬臍。」事下三省，秦檜大怒，令臺諫論浚，以特進提舉江州太平興國宮，居連州。二十年，徙永州。

浚去國幾二十載，天下士無賢不肖，莫不傾心慕之。武夫健將，言浚者必咨嗟太息，至兒童婦女，亦知有張都督也。金人憚浚，每使至，必問浚安在，惟恐其復用。

當是時，秦檜怙寵固位，懼浚爲正論以害己，令臺臣有所彈劾，論必及浚，反謂浚爲國賊，必欲殺之。以張柄知潭州，汪召錫使湖南，使圖浚。張常先使江西，治張宗元獄，株連及浚，捕趙鼎子汾下大理，令自誣與浚謀大逆，會檜死乃免。

二十五年，復觀文殿大學士、判洪州。浚時以母喪將歸葬。念天下事二十年爲檜所壞，邊備蕩弛，又聞金亮篡立，必將舉兵，自以大臣，義同休戚，不敢以居喪爲嫌，具奏論之。會星變求直言，浚謂金人數年間，勢決求釁用兵，而國家溺於宴安，蕩然無備，乃上疏極言。

而大臣沈該、万俟卨、湯思退等見之，謂敵初無釁，笑浚爲狂。臺諫湯鵬舉、凌哲論浚歸蜀，恐搖動遠方，詔復居永州。服除落職，以本官奉祠。

三十一年春，有旨自便。浚至潭，聞欽宗崩，號慟不食，上疏請早定守戰之策。未幾，亮兵大入，中外震動，復浚觀文殿大學士、判潭州。

時金騎充斥，王權兵潰，劉錡退歸鎮江，遂改命浚判建康府兼行宮留守。浚至岳陽，買舟冒風雪而行，遇東來者云：「敵兵方焚采石，煙炎漲天，愼無輕進。」浚曰：「吾赴君父之急，知直前求乘輿所在而已。」時長江無一舟敢行北岸者。浚乘小舟徑進，過池陽，聞亮死，餘衆猶二萬屯和州。李顯忠兵在沙上，浚往犒之，一軍見浚，以爲從天而下。浚至建康，即牒通判劉子昂辦行宮儀物，請乘輿亟臨幸。

三十二年〔四〕，車駕幸建康，浚迎拜道左，衞士見浚，無不以手加額。時浚起廢復用，風采隱然，軍民皆倚以爲重。車駕將還臨安，勞浚曰：「卿在此，朕無北顧憂矣。」兼節制建康、鎮江府、江州、池州、江陰軍軍馬。

金兵十萬圍海州，浚命鎮江都統張子蓋往救，大破之。浚招集忠義，及募淮楚壯勇，以陳敏爲統制。且謂敵長於騎，我長於步，衞步莫如弩，衞弩莫如車，命敏專制弩治車。

孝宗卽位，召浚入見，改容曰：「久聞公名，今朝廷所恃唯公。」賜坐降問，浚從容言：「人主之學，以心爲本，一心合天，何事不濟？所謂天者，天下之公理而已。必兢業自持，使淸明在躬，則賞罰舉措，無有不當，人心自歸，敵讎自服。」孝宗悚然曰：「當不忘公言。」除少傅、江淮東西路宣撫使，進封魏國公。翰林學士史浩議欲城瓜洲、采石。浚謂不守兩淮而守江干，是示敵以削弱，怠戰守之氣，不若先城泗州。及浩參知政事，浚所規畫，浩必沮之。浚薦陳俊卿爲宣撫判官，孝宗召俊卿及浚子栻赴行在。浚附奏請上臨幸建康，以動中原之心；用師淮堧，進舟山東，以爲吳璘聲援。孝宗見俊卿等，問浚動靜飲食顏貌，曰：「朕倚魏公如長城，不容浮言搖奪。」金人以十萬衆屯河南，聲言規兩淮〔五〕，移文索海、泗、唐、鄧、商州及歲幣。浚言北敵詭詐，不當爲之動，以大兵屯盱眙、濠、廬備之，卒以無事。

隆興元年，除樞密使，都督建康、鎭江府、江州、池州、江陰軍軍馬。時金將蒲察徒穆及知泗州大周仁屯虹縣，都統蕭琦〔六〕屯靈壁，積糧修城，將爲南攻計。浚欲及其未發攻之。會主管殿前司〔七〕李顯忠、建康都統邵宏淵亦獻擣二邑之策，浚具以聞。上報可，召浚赴行在，命先圖兩城。乃遣顯忠出濠州，趨靈壁；宏淵出泗州，趨虹縣，而浚自往臨之。顯忠至靈壁，敗蕭琦；宏淵圍虹縣，降徒穆、周仁，乘勝進克宿州，中原震動。孝宗手書勞之曰：「近日邊報，中外鼓舞，十年來無此克捷。」

浚以盛夏人疲，急召李顯忠等還師。會金帥紇石烈志寧率兵至宿州，與顯忠戰。連日南軍小不利，忽諜報敵兵大至，顯忠夜引歸。浚上疏待罪，有旨降授特進，更爲江、淮宣撫使。

宿師之還，士大夫主和者皆議浚之非，孝宗復賜浚書曰：「今日邊事倚卿爲重，卿不可畏人言而懷猶豫。前日舉事之初，朕與卿任之，今日亦須與卿終之。」浚乃以魏勝守海州，陳敏守泗州，戚方守濠州，郭振守六合。治高郵、巢縣兩城爲大勢，修滁州關山以扼敵衝，聚水軍淮陰、馬軍壽春，大飭兩淮守備。

孝宗復召栻奏事，浚附奏云：「自古有爲之君，腹心之臣相與協謀同志，以成治功。今臣以孤蹤，動輒掣肘，陛下將安用之。」因乞骸骨。孝宗覽奏，謂栻曰：「朕待魏公有加，不爲浮議所惑。」帝眷遇浚猶至，對近臣言，必曰魏公，未嘗斥其名。每遣使來，必令視浚飲食多寡，肥瘠何如。尋詔復浚都督之號。

金帥僕散忠義貽書三省、樞密院，索四郡及歲幣，不然，以農隙治兵。浚言：「金強則來，弱則止，不在和與不和。」時湯思退爲右相。思退，秦檜黨也，急於求和，遂遣盧仲賢持書報金。浚言仲賢小人多妄，不可委信。已而仲賢果以許四郡辱命。朝廷復以王之望爲通問使，龍大淵副之，浚爭不能得。未幾，召浚入見，復力陳和議之失。孝宗爲止誓書，留之望、大淵待命，而令通書官胡昉、楊由義往，諭金以四郡不可割；若金人必欲得四郡，當追還使人，罷和議。拜浚尚書右僕射、同中書門下平章事兼樞密使，都督如故；思退爲左僕射。

胡昉等至宿，金人械繫迫脅之，昉等不屈，更禮而歸之。孝宗諭浚曰：「和議之不成，天也，自此事當歸一矣。」二年，議進幸建康，詔之望等還。思退聞之大駭，陽爲乞祠狀，而陰與其黨謀爲陷浚計。

俄詔浚行視江、淮。時浚所招徠山東、淮北忠義之士，以實建康、鎮江兩軍，凡萬二千餘人，萬弩營所招淮南壯士及江西羣盜又萬餘人，陳敏統之，以守泗州。凡要害之地，皆築城堡；其可因水爲險者，皆積水爲匱；增置江、淮戰艦，諸軍弓矢器械悉備。時金人屯重兵于河南，爲虛聲脅和，有刻日決戰之語。及聞浚來，亟徹兵歸。淮北之來歸者日不絕，山東豪傑，悉願受節度。浚以蕭琦契丹望族，沈勇有謀，欲令盡領契丹降衆，且以檄諭契丹，約爲應援，金人益懼。思退乃令王之望盛毀守備，以爲不可恃；令尹穡論罷督府參議官馮方；又論浚費國不貲，奏留張深守泗不受趙廓之代爲拒命。浚亦請解督府，詔從其請。左司諫陳良翰、侍御史周操言浚忠勤，人望所屬，不當使去國。浚留平江，凡八章乞致仕，除少師、保信軍節度、判福州。浚辭，改醴泉觀使。朝廷遂決棄地求和之議。

浚既去，猶上疏論尹穡姦邪，必誤國事，且勸上務學親賢。或勉浚勿復以時事爲言，浚曰：「君臣之義，無所逃於天地之間。吾荷兩朝厚恩，久尸重任，今雖去國，猶日望上心感悟，苟有所見，安忍弗言。上如欲復用浚，浚當卽日就道，不敢以老病爲辭。如若等言，是誠何心哉！」聞者聳然。行次餘干，得疾，手書付二子曰：「吾嘗相國，不能恢復中原，雪祖宗之恥，卽死，不當葬我先人墓左，葬我衡山下足矣。」訃聞，孝宗震悼，輟視朝，贈太保，後加贈太師，謚忠獻。

浚幼有大志，及爲熙河幕官，徧行邊壘，覽觀山川形勢，時時與舊戍守將握手飲酒，問祖宗以來守邊舊法，及軍陣方略之宜。故一旦起自疏遠，當樞筦之任，悉能通知邊事本末。在京城中，親見二帝北行，皇族係虜，生民塗炭，誓不與敵俱存，故終身不主和議。每論定都大計，以爲東南形勢，莫如建康，人主居之，可以北望中原，常懷憤惕。至如錢塘，僻在一隅，易於安肆，不足以號召北方。與趙鼎共政，多所引擢，從臣朝列，皆一時之望，人號「小元祐」。所薦虞允文、汪應辰、王十朋、劉珙等爲名臣；拔吳玠、吳璘於行間，謂韓世忠忠勇，可倚以大事，一見劉錡奇之，付以事任，卒皆爲名將，有成功，一時稱浚爲知人。浚事母以孝稱，學邃於易，有易解及雜說十卷，書、詩、禮、春秋、中庸亦各有解，文集十卷，奏議二十卷。子二人：栻、杓。栻自有傳。

杓字定叟，以父恩授承奉郎，歷廣西經略司機宜、通判嚴州。方年少，已有能稱，浙西使者薦所部吏而不及杓，孝宗特令再薦。召對，差知袁州，戢豪彊，弭盜賊。尉獲盜上之州，杓察知其枉，縱去，莫不怪之，未幾，果獲眞盜。改知衢州。

兄栻喪，無壯子，請祠以營葬事，主管玉局觀，遷湖北提舉常平。奏事，帝大喜，諭輔臣曰：「張浚有子如此。」改浙西，督理荒政，蘇、湖二州皆闕守，命兼攝焉。有執政姻黨閉糶，杓首治之，帝獎其不畏彊禦，遷兩浙轉運判官。

未幾，以直徽猷閣升副使，改知臨安府。奏除逋欠四萬緡，米八百斛，進直龍圖閣。都城浩穰，姦盜聚慝，杓畫分地以警捕，夜戶不閉。張師尹納女掖庭供給使，恃以恣橫，杓因事痛繩之，徙其家信州，其類帖伏。南郊禮成，賜五品服，權兵部侍郎，仍知臨安，加賜三品服。修三牐，復六井。府治火，延及民居，上疏自劾，詔削二秩。杓再疏乞罷，移知鎭江。尋改明州，辭，仍知鎭江。召爲戶部侍郎，面對言事，迕時相意。高宗崩，以集英殿修撰知紹興府，董山陵事。召還，爲吏部侍郎。

光宗卽位，權刑部侍郎，復兼知臨安府。紹熙元年，爲刑部侍郎，仍爲府尹。內侍毛伯益冒西湖茭地爲亭，外戚有殺其僕者，獄具，夤緣宣諭求免，杓皆執奏論如律。孝宗觀湖，杓以彈壓伏謁道左，孝宗止輦問勞，賜以酒炙。

京西謀帥，進煥章閣學士、知襄陽府，賜金二百兩，別賜金百兩，白金倍之。未幾，進徽猷閣學士、知建康府，繼復命還襄陽。寧宗嗣位，歸正人陳應祥、忠義人党琪等謀襲均州，副都統馮湛間道疾馳以聞。杓不爲動，徐部分掩捕，獄成，斬其爲首者二人，盡釋黨與，反側以安。升寶文閣學士、知平江府。未行，改知建康府。升龍圖閣學士、知隆興府兼江西安撫使。奉新縣舊有營田，募民耕之，畝賦米斗五升，錢六十，其後議臣請鬻之。始，征兩稅和買，且加折變，民重爲困，杓悉奏蠲之。進端明殿學士，復知建康府。以疾乞祠，卒。

杓天分高爽，吏材敏給，遇事不凝滯，多隨宜變通，所至以治辦稱。南渡以來，論尹京者，以杓爲首。子忠純、忠恕，自有傳。

論曰：儒者之於國家，能養其正直之氣，則足以正君心，一衆志，攘凶逆，處憂患，蓋無往而不自得焉。若張浚者，可謂善養其氣者矣。觀其初逃張邦昌之議，平苗、劉之亂，其才識固有非偷懦之所敢望。及其攘卻勍敵，招降劇盜，能使將帥用命，所嚮如志。遠人伺其用舍爲進退，天下占其出處爲安危，豈非卓然所謂人豪者歟！羣言沸騰，屢奮屢躓，而辭氣慨然。嘗曰：「上如欲復用浚，當卽日就道，不敢以老病辭。」其言如是，則其愛君憂國之心，爲何如哉！時論以浚之忠大類漢諸葛亮，然亮能使魏延、楊儀終其身不爲異同，浚以吳玠故遂殺曲端，亮能容法孝直，浚不能容李綱、趙鼎而又詆之，茲所以爲不及歟！至於富平之潰師，淮西之兵變，則成敗利鈍，雖亮不能逆睹也。

校勘記

〔一〕御營使司參贊軍事　「軍」原作「公」。按朝野雜記甲集卷一〇御營使條，御營使司有「參贊軍事，以從官兼」；繫年要錄卷一八，建炎二年十二月「禮部侍郎張浚兼御營使司參贊軍事」。此處「公」字當爲「軍」字之誤，據改。

〔二〕郴州　原作「柳州」，據本書卷二五高宗紀、朱熹朱文公文集卷九五上張浚行狀改，下文同。

〔三〕劉豫與姪猊　「姪」原作「子」。按劉猊是劉豫之姪，見本書卷二八高宗紀；張浚行狀和楊萬里誠齋集卷一一五張魏公傳都作「劉豫及其姪猊」，據改。

〔四〕三十二年　原作「二十二年」。按高宗至建康，張浚入見，事在紹興三十二年，見本書卷三二高宗紀、繫年要錄卷一九六，據改。

〔五〕聲言規兩淮　「規」，朱文公文集卷九五下張浚行狀、誠齋集卷一一五張魏公傳均作「窺」。

〔六〕都統蕭琦　「都統」原作「都督」，據本書卷三三孝宗紀、朝野雜記甲集卷二〇癸未甲申和戰本末條改。

〔七〕主管殿前司　「管」原作「宰」，據朱文公文集卷九五下張浚行狀、同上朝野雜記改。

宋史卷三百六十二

列傳第一百二十一

朱勝非 呂頤浩 范宗尹 范致虛 呂好問

朱勝非字藏一，蔡州人。崇寧二年，上舍登第。靖康元年，爲東道副總管，權應天府。金人攻城，勝非逃去。會韓世忠部將楊進破敵，勝非復還視事。逾年，詣濟州謂康王言，南京爲藝祖興王之地，請幸之以圖大計。王卽位南京。

建炎改元，試中書舍人兼權直學士院。時方草創，勝非憑敗鼓草制，辭氣嚴重如平時。上疏言：「仁義者，天下之大柄，中國持之，則外夷服而諸夏尊；苟失其柄，則不免四夷交侵之患。國家與契丹結好，百有餘年，一旦乘其亂弱，遠交金人爲夾攻計，是中國失其柄，而外侮所由招也。陛下卽位，宜壹明正始之道，思其合於仁義者行之，不合者置之，則可以攘卻四夷，紹復大業矣。」上嘉之。總制使錢蓋進職，勝非言蓋爲陜西制置使棄師誤國，封還貼黃，蓋遂罷。諫官衞膚敏坐論元祐太后兄子徙官，勝非言以外戚故去諫臣，非所以示天下。

二年，除尚書右丞。時宰執蔭補多濫，勝非奏：「舊制，宰執子弟例不堂除，只就銓注，罷政不以罪，然後推恩。趙普子弟皆作武臣，普再相，長子授莊宅使；范純仁再相，子正平有文行，竟死選調；章惇子援及持皆高科，並爲州縣、幕職、監當。惟夏竦子安期累作邊帥，授待制、直學士；王安石薦子雱爲崇政殿說書，除待制。然安期猶有才幹，雱猶有學問。至蔡京子六人、孫四人，鄭居中、劉正夫子各二人，余深、王黼、白時中、蔡卞、鄧洵仁洵武子各一人，並列從班。宣和末，諫官疏謂：『尚從竹馬之遊，已造荷囊之列。』今不可以不戒。」遷中書侍郎。

三年，上自鎭江南幸，留勝非經理。未幾，命爲控扼使，已而拜宣奉大夫、尚書右僕射兼御營使。故事，命相進三官，勝非特遷五官。會王淵簽書樞密院事兼御營司都統制，內侍復用事恣橫，諸將不悅。於是苗傅、劉正彥與其徒王鈞甫、馬柔吉、王世修謀，誣淵結宦官謀反。正彥手斬淵，分捕中官，皆殺之，擁兵至行宮門外。勝非趨樓上，詰專殺之由。上親御樓撫諭，傅、正彥語頗不遜，勝非乃從皇太后出諭旨。傅等請高宗避位，太后抱皇子聽政，太后不可。傅顧勝非曰：「今日正須大臣果決，相公何無一言耶？」勝非還告上曰：「王鈞甫乃傅等腹心，適語臣云：『二將忠有餘，而學不足。』此語可爲後圖之緒。」於是太后垂簾，高宗退居顯忠寺，號睿聖宮。勝非因請降赦以安傅等。又奏：「母后垂簾，須二臣同對，此承平故事。今日事機有須密奏者，乞許臣僚獨對，而日引傅徒二人上殿，以弭其疑。」太后語上曰：「賴相此人，若汪、黄在位，事已狼籍矣。」

王鈞甫見勝非，勝非問：「前言二將學不足，如何？」鈞甫曰：「如劉將手殺王淵，軍中亦非之。」勝非因以言撼之曰：「上皇待燕士如骨肉，那無一人効力者乎？人言燕、趙多奇士，徒虛語耳。」鈞甫曰：「不可謂燕無人。」勝非曰：「君與馬參議皆燕中名人，嘗獻策滅契丹者。今金人所任，多契丹舊人，若渡江，禍首及君矣。盍早爲朝廷協力乎！」鈞甫唯唯。王世修來見，勝非諭之曰：「國家艱難，若等立功之秋也。誠能奮身立事，從官豈難得乎。」世修喜，時往來道軍中情實。擢世修爲工部侍郎。

傅、正彥乞改年號及移蹕建康，勝非以白太后，因議恐盡廢其請，則倉卒變生，乃改元明受。以詔示世修曰：「已從若請矣。」傅等欲挾上幸徽、越，勝非諭之以禍福而止。傅聞韓世忠起兵，取其妻子爲質。勝非紿傅曰：「今當啓太后召二人慰撫，使報知平江，諸君益安。」傅許諾。勝非喜曰：「二凶眞無能爲也。」諸將將至，傅等懼，勝非因謂之曰：「勤王之師未進者，使是間自反正耳。不然，下詔率百官六軍請上還宮，公等置身何地乎？」卽召學士李邴、張守作百官章及太后手詔。

四月朔，勝非率百官詣睿聖宮，親掖上乘馬還宮。苗傅請以王世修爲參議，勝非曰：「世修已爲從官，豈可復從軍？」上既復辟，勝非曰：「臣昔遇變，義當即死，偷生至此，欲圖今日之事耳。」乃乞罷政。上問誰可代者，勝非曰：「呂頤浩、張浚。」問孰優，曰：「頤浩練事而暴，浚喜事而踈。」上曰：「浚太年少。」勝非曰：「臣向被召，軍旅錢穀悉付浚，此舉浚實主之。」御史中丞張守論勝非不能預防，致賊猖獗，宜罷。不報。授觀文殿大學士、知洪州，尋除江西安撫大使兼知江州。

紹興元年，馬進陷江州，侍御史沈與求論九江之陷，由勝非赴鎮太緩。降授中大夫，分司南京，江州居住。二年，呂頤浩薦兼侍讀，又薦都督江、淮、荆、浙諸軍事，給事中胡安國、侍御史江躋〔二〕交章論罷之。頤浩力引其入，再除兼侍讀，尋拜尚書右僕射、同中書門下平章事。丁母憂去，起復右僕射兼知樞密院事，上吏部七司敕令格式一百八十卷。

時員外郎江端友請營宗廟，議者非之，以爲國家期於恢復，不常厥居，勝非方主和議，遂白上營宗廟于臨安。徐俯罷參政，勝非薦胡松年。侍御史常同劾松年乃王黼客，勝非徙同左史。莫儔謫曲江，其家蒼頭奴爲勝非治疽而愈，奴爲儔請，得復官。姻家劉式嘗言爲兵官獲盜，勝非不以付部用，特旨改官。會久雨，勝非累章乞免，且自論當罷者十一事。魏矼亦劾其罪，遂罷。

五年，應詔言戰守四事，起知湖州，引疾歸。勝非與秦檜有隙，檜得政，勝非廢居八年，卒，謚忠靖。

勝非，張邦昌友壻也。始，邦昌僭位，勝非嘗械其使，及金人過江，勝非請尊禮邦昌，錄其後以謝敵。苗、劉之變，保護聖躬，功居多。既去，力薦張浚。然李綱罷，勝非受黃潛善風旨草制，極言其狂妄。再相，忌趙鼎，鼎宣撫川、陝，欲重使名以制吳玠，勝非曰：「元樞出使，豈論此耶？」蓋因事出鼎而輕其權。人以此少之。及著閑居錄，亦多其私說云。

呂頤浩字元直，其先樂陵人，徙齊州。中進士第。父喪家貧，躬耕以贍老幼。後爲密州司戶參軍，以李清臣薦，爲邠州教授。除宗子博士，累官入爲太府少卿、直龍圖閣、河北轉運副使，升待制徽猷閣、都轉運使。

伐燕之役，頤浩以轉輸隨种師道至白溝。既得燕山，郭藥師衆二萬，契丹軍萬餘，皆仰給縣官，詔以頤浩爲燕山府路轉運使。頤浩奏：「開邊極遠，其勢難守，雖竭力竭財，無以善後。」又奏燕山、河北危急五事，願博議久長之策。徽宗怒，命褫職貶官，而領職如故；尋復焉。進徽猷閣直學士。金人入燕，郭藥師劫頤浩與蔡靖等以降。敵退得歸，復以爲河北都轉運使，以病辭，提舉崇福宮。

高宗卽位，除知揚州。車駕南幸，頤浩入見，除戶部侍郞兼知揚州，進戶部尚書。劇賊張遇衆數萬屯金山，縱兵焚掠。頤浩單騎與韓世忠造其壘，說之以逆順，遇黨釋甲降。進吏部尚書。

建炎二年，金人逼揚州，車駕南渡鎭江，召從臣問去留。頤浩叩頭願且留此，爲江北聲援；不然，敵乘勢渡江，事愈急矣。駕幸錢塘，拜同簽書樞密院事、江淮兩浙制置使，還屯京口。金人去揚州，改江東安撫、制置使兼知江寧府。

時苗傅、劉正彥爲逆，逼高宗避位。頤浩至江寧，奉明受改元詔赦，會監司議，皆莫敢對。頤浩曰：「是必有兵變。」其子抗曰：「主上春秋鼎盛，二帝蒙塵沙漠，日望拯救，其肯遽遜位于幼沖乎？灼知兵變無疑也。」頤浩卽遣人寓書張浚曰：「時事如此，吾儕可但已乎？」浚亦謂頤浩有威望，能斷大事，書來報起兵狀。頤浩乃與浚及諸將約，會兵討賊。時江寧士民洶懼，頤浩乃檄楊惟忠留屯，以安人心。且恐苗傅等計窮挾帝繇廣德渡江，戒惟忠先爲控扼備。俄有旨，召頤浩赴院供職。上言：「今金人乘戰勝之威，羣盜有蠭起之勢，興衰撥亂，事屬艱難，豈容皇帝退享安逸？請亟復明辟，以圖恢復。」遂以兵發江寧，舉鞭誓衆，士皆感厲。

將至平江，張浚乘輕舟迓之，相持而泣，咨以大計。頤浩曰：「頤浩曩諫開邊，幾死宦臣之手；承乏漕挽，幾陷腥羶之域。今事不諧，不過赤族，爲社稷死，豈不快乎？」浚壯其言。即舟中草檄，進韓世忠爲前軍，張俊翼之，劉光世爲游擊，頤浩、浚總中軍，光世分軍殿後。頤浩發平江，傅黨託旨請頤浩單騎入朝。頤浩奏：所統將士，忠義所激，可合不可離。傅等恐懼，乃請高宗復辟。師次秀州，頤浩勉勵諸將曰：「今雖反正，而賊猶握兵居內。事若不濟，必反以惡名加我，翟義、徐敬業可監也。」次臨平，苗傅等拒戰。頤浩被甲立水次，出入行陣，督世忠等破賊，傅、正彥引兵遁。頤浩等以勤王兵入城，都人夾道聳觀，以手加額。

朱勝非罷相，以頤浩守尙書右僕射、中書侍郎兼御營使，改同中書門下平章事。車駕幸建康，聞金人復入，召諸將問移蹕之地，頤浩曰：「金人謀以陛下所至爲邊面，今當且戰且避，奉陛下於萬全之地，臣願留常、潤死守。」上曰：「朕左右不可以無相。」乃以韓世忠守鎭江，劉光世守太平。駕至平江，聞杜充敗績，上曰：「事迫矣，若何？」頤浩遂進航海之策。

初，建炎御營使本以行幸總齊軍政，而宰相兼領之，遂專兵柄，樞府幾無所預。頤浩在位尤顓恣，趙鼎論其過。四年，移鼎爲翰林學士、吏部尙書。鼎辭，且攻頤浩，章十數上，頤浩求去。除鎮南軍節度、開府儀同三司、醴泉觀使，詔以頤浩倡義勤王，故從優禮焉。

奉化賊蔣璉乘亂爲變，劫頤浩寘軍中，高宗以頤浩故，赦而招之。尋除江東安撫、制置大使兼知池州。頤浩請兵五萬屯建康等處，又請王𤫉、巨師古兵自隸。將之鎮，而李成遣將馬進圍江州。乃駐軍鄱陽，會楊惟忠兵，請與俱趨南康，遣師古救江州。賊衆鏖戰，頤浩、惟忠失利，師古敗奔洪州。頤浩乞濟師討李成，高宗曰：「頤浩奮不顧身，爲國討賊，羣臣所不及，但輕進，其失也。」詔王𤫉以萬人速往策應。頤浩復軍左蠡，又得閤門舍人崔增之衆萬餘，軍勢復振。命𤫉、增擊賊敗之，乘勝至江州，則馬進已陷城矣。朝廷命張俊爲招討使，俊既至，遂敗馬進。進遁，成以餘衆降劉豫。

詔以淮南民未復業，須威望大臣措置，以頤浩兼宣撫，領壽春府、滁廬和州、無爲軍。招降趙延壽于分寧，得其精銳五千，分隸諸將。張琪自徽犯饒州，有衆五萬。時頤浩自左蠡班師，帳下兵不滿萬人，郡人皇駭。頤浩命其將閻皋、姚端、崔邦弼列陣以待。琪犯皋軍，皋力戰，端、邦弼兩軍夾擊，大破之。拜少保、尙書左僕射、同中書門下平章事兼知樞密院事。

二年〔三〕，上自越州還臨安。時桑仲在襄陽，欲進取京城，乞朝廷舉兵爲聲援。頤浩乃大議出師，而身自督軍北向。高宗諭頤浩、秦檜曰：「頤浩治軍旅，檜理庶務，如種、蠡分職可也。」二人同秉政，檜知頤浩不爲公論所與，多引知名士爲助，欲傾之而擅朝權。高宗乃下詔以戒朋黨，除頤浩都督江、淮、荊、浙諸軍事，開府鎭江。頤浩辟文武士七十餘人，以神武後軍及御前忠銳崔增、趙延壽二軍從行，百官班送。頤浩次常州，延壽軍叛，劉光世殲其衆；又聞桑仲已死，遂不進，引疾求罷。詔還朝，以知紹興府朱勝非同都督諸軍事。

頤浩既還，欲傾秦檜，乃引勝非爲助。給事中胡安國論勝非必誤大計，勝非復知紹興府，尋以醴泉觀使兼侍讀。安國持錄黃不下，頤浩持命〔三〕檢正諸房文字黃龜年書行。安國以失職求去，罷之。檜上章乞留安國，不報。侍御史江躋、左司諫吳表臣皆以論救安國罷，程瑀、胡世將、劉一止、張燾〔四〕、林待聘、樓炤亦坐論檜黨斥，臺省一空，遂罷檜相。

頤浩獨秉政，屢請興師復中原，謂：「太祖取天下，兵不過十萬，今有兵十六七萬矣。然自金人南牧，莫敢嬰其鋒。比年韓世忠、張俊、陳思恭、張榮〔五〕屢奏，人有戰心，天將悔禍。又金人以中原付劉豫，三尺童子知其不能立國。願睿斷早定，決策北向。今之精銳皆中原人，恐久而消磨，他日難以舉事。」時盜賊稍息，頤浩請遣使循行郡國，平獄訟，宣德意。李綱宣撫湖南，頤浩言綱縱暴無善狀，請罷諸路宣撫之名，綱止爲安撫使。時李光在江東，與頤浩書，言綱有大節，四夷畏服。頤浩稱光結黨，言者因論光罷之。時方審量濫賞，頤浩時有縱舍，右司郎官王岡持不可，曰：「公秉國鈞，不平謂何。」

頤浩再秉政凡二年，高宗以水旱、地震，下詔罪己求言，頤浩連章待罪。高宗一日謂大臣曰：「國朝四方水旱，無不上聞。近蘇、湖地震，泉州大水，輒不以奏，何也？」侍御史辛炳、殿中常同論其罪，遂罷頤浩爲鎭南軍節度使、開府儀同三司、提舉洞霄宮，改特進、觀文殿大學士。五年，詔問宰執以戰守方略，頤浩條十事以獻，除湖南安撫、制置大使兼知潭州。時郴、衡、桂陽盜起，頤浩遣人悉平之。帝在建康，除頤浩少保、浙西安撫制置大使、知臨安府、行宮留守。明堂禮成，進封成國公。

八年，上將還臨安，除少傅、鎭南定江軍節度使、江東安撫制置大使兼知建康府、行宮留守。頤浩引疾求去，除醴泉觀使。九年，金人歸河南地，高宗欲以頤浩往陝西，命中使召赴行在。頤浩以老病辭，且條陝西利害，謂金人無故歸地，其必有意。召趣赴闕，既至，以疾不能見，乃聽歸。未幾，卒，贈太師，封秦國公，謚忠穆。

頤浩有膽略，善鞍馬弓劍，當國步艱難之際，人倚之爲重。自江東再相，胡安國以書勸其法韓忠獻，以至公無我爲先，報復恩讎爲戒，頤浩不能用。時軍用不足，頤浩與朱勝非創立江、浙、湖南諸路大軍月椿錢，於是郡邑多橫賦，大爲東南患云。

范宗尹字覺民，襄陽鄧城人。少篤學，工文辭。宣和三年，上舍登第。累遷侍御史、右諫議大夫。王雲使北還，言金人必欲得三鎮。宗尹請棄之以紓禍，言者非之，宗尹罷歸。張邦昌僭位，復其職，遣同路允迪詣康王勸進。

建炎元年，李綱拜右僕射，宗尹論其名浮於實，有震主之威。不報，出知舒州。言者論宗尹嘗汚僞命，責置鄂州。既，召爲中書舍人，遷御史中丞，拜參知政事。

呂頤浩罷相，宗尹攝其位。時諸盜據有州縣，朝廷力不能制。宗尹言：「太祖收藩鎮之權，天下無事百五十年，可謂良法。然國家多難，四方帥守單寡，束手環視，此法之弊。今當稍復藩鎮之法，裂河南、江北數十州之地，付以兵權，俾蕃王室。較之棄地夷狄，豈不相遠？」上從其言。授宗尹通議大夫、守尚書右僕射、同中書門下平章事兼御營使，時年三十〔六〕。近世宰相年少，未有如宗尹者。

宗尹奏以京畿東西、淮南、湖北地並分爲鎮，授諸將，以鎮撫使爲名；軍興，聽便宜從事。然李成、薛慶、孔彥舟、桑仲輩起於羣盜，翟興、劉位土豪，李彥光、郭仲威皆潰將，多不能守其地。宗尹請有司討論崇、觀以來濫賞，修書、營繕、應奉、開河、免夫、獄空之類，皆釐正之。宣靖執政、圍城、明受僞命之人，反用赦申雪；徐秉哲、吳幵、莫儔等並量移；吳敏、王孝迪、耿南仲、孫覿、蔡懋等並敍復。侍郎季陵希宗尹意，乞詔宰執於罪累中選眞材實能，量付以事。沈與求劾陵，因及宗尹，宗尹求去。上爲罷與求，宗尹乃復視事。

初，宗尹廷對，詳定官李邦彥特取旨寘宗尹乙科，宗尹德之，贈邦彥觀文殿大學士。樞密院副都承旨闕，宗尹擬邢煥、藍公佐、辛道宗三人，煥戚里，公佐管客省，道宗不知兵，人以此咎宗尹。密院計議官王佾結公佐，宗尹請除佾爲宗正丞，侍御史張延壽劾之，上罷佾。

紹興元年二月辛巳，日有黑子，宗尹以輔政無狀請免，上不許。魏滂爲江東通判，諫官言其貪盜官錢，滂遂罷；李弼孺領營田，諫官言其媚事朱勔，弼孺亦罷：二人皆宗尹所薦。台州守臣晁公爲儲峙豐備，論者以爲擾民，宗尹陰佑之。會公爲妻受囚金事覺，上罷公爲〔七〕，宗尹不自安。時明堂覃恩，宗尹請舉行討論之事，上手劄云：「朕不欲歸過君父，斂怨士大夫。」始，宗尹建此議，秦檜力贊之，及見上意堅，反擠宗尹。上亦惡其與辛道宗兄弟往來，遂罷。沈與求奏其罪狀，落職，未幾，命知溫州。退居天台，卒，年三十七。

宗尹有才智，當北敵肆行之衝，毅然自任，建議分鎭，以是得相位。然其置帥多授劇盜，又無總率統屬，且不遣援，不通餉，故諸鎭守鮮能久存者。及爲政多私，屢爲議者所詆云。

范致虛字謙叔，建州建陽人。舉進士，爲太學博士。鄒浩以言事斥，致虛坐祖送獲罪，停官。徽宗嗣位，召見，除左正言，出通判郢州。崇寧初，以右司諫召，道改起居舍人，進中書舍人。蔡京建請置講議司，引致虛爲詳定官，議不合，改兵部侍郎。自是入處華要，出典大郡者十五年。以附張商英，貶通州。政和七年，復官，入爲侍讀、修國史，尋除刑部尚書、提舉南京鴻慶宮。

初，致虛在講議司，延康殿學士劉昺嘗乘蔡京怒擠之。後王寀坐妖言繫獄，事連昺論死，致虛爭之，昺得減竄，士論賢之。遷尚書右丞，進左丞。

母喪踰年，起知東平府，改大名府。入見，時朝廷欲用師契丹，致虛言邊隙一開，必有意外之患。宰相謂其懷異。致虛乞終喪，從之。免喪，知鄧州，改河南府。中人規景華苑，欲奪故相富弼園宅。致虛言：「弼和戎有大功，使朝廷享百年之安，乃不保數畝之居邪？」弼園宅得不取。復移鄧州、提舉亳州明道宮。帝方好老氏，致虛希時好，營飭道宇，賜名鍊眞宮。

靖康元年，召赴闕，道除知京兆府。時金人圍太原，聲震關中，致虛修戰守備甚力。朝廷命錢蓋節制陝西，除致虛陝西宣撫使。金人分道再犯京師，詔致虛會兵入援。錢蓋兵十萬至潁昌，聞京師破而遁，西道總管王襄南走。致虛獨與西道副總管孫昭遠合兵，環慶帥臣王似、熙河帥臣王倚以兵來會。致虛合步騎號二十萬，以右武大夫馬昌祐統之，命杜常將民兵萬人趨京師，夏俶將萬人守陵寢。

有僧趙宗印者，喜談兵，席益薦之。致虛以便宜假官，俾充宣撫司參議官兼節制軍馬。致虛以大軍遵陸，宗印以舟師趨西京。金人破京師，遣人持登城不下之詔，以止入援之師，致虛斬之。

初，金人守潼關，致虛奪之，作長城，起潼關迄龍門，所築僅及肩。宗印又以僧爲一軍，號「尊勝隊」，童子行爲一軍，號「淨勝隊」。致虛勇而無謀，委己以聽宗印。宗印徒大言，實未嘗知兵。至是，宗印舟師至三門津，致虛使整兵出潼關。金守臣高世由謂其帥粘罕曰：「致虛儒者，不知兵，遣斥候三千，自足殺之。」致虛軍出武關，至鄧州千秋鎮，金將婁宿以精騎衝之，不戰而潰，死者過半。杜常、夏俶先遁，致虛斬之。孫昭遠、王似、王倚等留陝府，致虛收餘兵入潼關。方致虛之鼓行出關也，裨將李彥仙曰：「行者利速，多爲支軍，則舍不至淹，敗不至覆。若衆羣聚而出殽、澠，一蹴於險，則皆潰矣。」致虛不聽，遂底于敗。

高宗卽位，言者論其逗撓不進，徙知鄧州。尋加觀文殿學士，復知京兆府；致虛力辭，而薦席益、李彌大、唐重自代。詔以重守京兆，致虛復知鄧州。次年，宗印領兵出武關，與致虛合。會金將銀朱兵壓境，致虛遁，宗印兵不戰走，轉運使劉汲力戰死焉。致虛坐落職，責授安遠軍節度副使，英州安置。高宗幸建康，召復資政殿學士、知鼎州。行至巴陵卒，贈銀青光祿大夫。

呂好問字舜徒，侍講希哲子也。以蔭補官。崇寧初，治黨事，好問以元祐子弟坐廢。兩監東嶽廟，司揚州儀曹。時蔡卞爲帥，欲扳附善類，待好問特異。好問以禮自持，卞不得親。及卞得政，當時據屬拔擢略盡〔九〕，獨好問留滯，卞諷之曰：「子少親我，即階顯列矣。」好問笑不答。

靖康元年，以薦召爲左司諫、諫議大夫，擢御史中丞。欽宗諭之曰：「卿元祐子孫，朕特用卿，令天下知朕意所嚮。」先是，徽宗將內禪，詔解黨禁，除新法，盡復祖宗之故。而蔡京黨戚根據中外，害其事，莫肯行。好問言：「時之利害，政之闕失，太上皇詔旨備矣。雖使直言之士抗疏論列，無以過此，願一一施行之而已。」又言：「陛下宵衣旰食，有求治之意；發號施令，有求治之言。逮今半載，治效邈邈，良由左右前後，不能推廣德意，而陛下過於容養。臣恐淳厚之德，變爲頹靡，且今不盡革京、貫等所爲，太平無由可致。」欽宗嚮納。好問疏蔡京過惡，乞投海外，黜朋附之尤者以厲其餘。又建白削王安石王爵，正神宗配饗，褒表江公望、張庭堅、任伯雨、龔夬等，除靑苗之令，凘元符上書獲譴者，章前後疏十上。每奏對，帝雖當食，輒使畢其說。

時金人旣退，大臣不復顧慮，武備益弛。好問言：「金人得志，益輕中國，秋冬必傾國復來，禦敵之備，當速講求。今邊事經畫旬月，不見施設，臣僚奏請皆不行下，此臣所深懼也。」及邊警急，大臣不知所出，遣使講解。金人佯許而攻略自如，諸將以和議故，皆閉壁不出。好問言：「彼名和而實攻，朝廷不謀進兵遣將，何也？請亟集滄、滑、邢、相之戍，以遏奔衝，而列勤王之師于畿邑，以衞京城。」疏上不省。

金人陷眞定，攻中山，上下震駭，廷臣狐疑相顧，猶以和議爲辭。好問率臺屬劾大臣畏懦誤國，出好問知袁州。欽宗憫其忠，下遷吏部侍郎。旣而金人薄都城，欽宗思好問言，進兵部尙書。都城失守，召好問入禁中，軍民數萬斧左掖門求見天子，好問從帝御樓諭遣之。衞士長蔣宣帥其徒數百，欲邀乘輿犯圍而出，左右奔竄，獨好問與孫傅、梅執禮侍，宣抗聲曰：「國事至此，皆宰相信任姦臣，不用直言所致。」傅叱之。宣以語侵傅，好問曉之曰：「若屬忘家族，欲冒重圍衞上以出，誠忠義。然乘輿將駕，必甲乘無闕而後動，詎可輕邪？」宣詘服曰：「尙書眞知軍情。」麾其徒退。

帝再幸金營，好問扈從，帝既留，遣好問還，尉拊都城。已而金人立張邦昌，以好問爲事務官。邦昌入居都省，好問曰：「相公眞欲立邪，抑姑塞敵意而徐爲之圖爾？」邦昌曰：「是何言也？」好問曰：「相公知中國人情所向乎？特畏女眞兵威耳。女眞既去，能保如今日乎？大元帥在外，元祐皇太后在內，此殆天意，盍亟還政，可轉禍爲福。且省中非人臣所處，宜寓直殿廬，毋令衞士俠陛。敵所遺袍帶，非戎人在旁，弛勿服。車駕未還，所下文書，不當稱聖旨。」以好問攝門下省。好問既繫銜，仍行舊職。時邦昌雖不改元，而百司文移，必去年號，獨好問所行文書，稱「靖康二年」。吳幵、莫儔請邦昌見金使於紫宸、垂拱殿，好問曰：「宮省故吏驟見御正衙，必將憤駭，變且不測，奈何？」邦昌矍然止。王時雍議肆赦，好問曰：「四壁之外，皆非我有，將誰赦？」乃先赦城中。

始，金人謀以五千騎取康王，好問聞，卽遣人以書白王，言：「大王之兵，度能擊則邀擊之，不然，卽宜遠避。」且言：「大王若不自立，恐有不當立而立者。」既，又語邦昌曰：「天命人心，皆歸大元帥，相公先遣人推戴，則功無在相公右者。若撫機不發，他人聲義致討，悔可追邪？」於是邦昌謀遣謝克家奉傳國寶往大元帥府，須金人退乃發。金將將還，議留兵以衞邦昌。好問曰：「南北異宜，恐北兵不習風土，必不相安。」金人曰：「留一勃堇統之可也。」好問曰：「勃堇貴人，有如觸發致疾，則負罪益深。」乃不復留兵。金人既行，好問趣遣使詣大元帥府勸進，請元祐太后垂簾，邦昌易服歸太宰位。太后自延福宮入聽政。高宗卽位，太后遣好問奉手書詣行在所，高宗勞之曰：「宗廟獲全，卿之力也。」除尙書右丞。丞相李綱以羣臣在圍城中不能執節，欲悉按其罪。好問曰：「王業艱難，政宜含垢，繩以峻法，懼者衆矣。」侍御史王賓論好問嘗汙僞命，不可以立新朝。高宗曰：「邦昌僭號之初，好問募人齎白書，具道京師內外之事。金人甫退，又遣人勸進。考其心跡，非他人比。」好問自慙，力求去，且言：「邦昌僭號之時，臣若閉門潔身，實不爲難。徒以世被國恩，所以受賢者之責，冒圍齎書於陛下。」疏入，除資政殿學士、知宣州、提舉洞霄宮，以恩封東萊郡侯。避地，卒于桂州。

子本中、揆中、弸中、用中、忱中。孫祖謙、祖儉。本中、祖謙、祖儉別有傳。

論曰：朱勝非、呂頤浩處苗、劉之變，或巽用其智，或震奮其威，其於復辟討賊之功，固有可言矣。然李綱、趙鼎當世之所謂賢者，而勝非、頤浩視之若冰炭然，其中之所存，果何如哉。范宗尹忍於汙張邦昌之僞命，而誣李綱以震主之威，何其繆於是非也。范致虛佞附權臣，大誼已失，其總勤王之師，輕而寡謀，以底于敗，宜哉。若呂好問處艱難之際，其跡與宗尹同，而屈己就事，以規興復，亦若勝非之處苗、劉，其心有足亮云。

校勘記

〔一〕江躋　原作「張躋」。按本卷下文呂頤浩傳作「江躋」，本書卷四三五胡安國傳、中興聖政卷一二同。據改。

〔二〕二年　上文已記建炎四年，此處不應又出「二年」。按高宗自越州（即紹興府）返臨安，事在紹興二年，見本書卷二七高宗紀、繫年要錄卷五一，此處失書「紹興」紀元。

〔三〕持命　繫年要錄卷五七、中興聖政卷一二皆作「特命」。

〔四〕張燾　原作「張壽」，據中興聖政卷一二、繫年要錄卷五七改。

〔五〕張榮　原作「張崇」，據繫年要錄卷六〇、中興小紀卷一二改。

〔六〕時年三十　按范宗尹做宰相時的年齡，各書記載不同。朝野雜記甲集卷九本朝未三十知制誥未四十拜相者條，記爲三十一；徐度卻掃編卷中、莊季裕鷄肋編卷中，爲三十二；中興聖政卷七、繫年要錄卷三三，爲三十三。

〔七〕上龍公爲　「爲」字原脫，據上文及繫年要錄卷四六補。

〔八〕當時據屬拔擢略盡　按上文說呂司揚州儀曹，而蔡卞爲帥，呂正是蔡的掾屬。此處「據屬」當爲

「掾屬」之譌。

宋史卷三百六十三

列傳第一百二十二

李光子孟傳　許翰　許景衡　張慤　張所　陳禾　蔣猷

李光字泰發，越州上虞人。童稚不戲弄，父高稱曰：「吾兒雲間鶴，其興吾門乎！」親喪，哀毀如成人，有致賻者，悉辭之。及葬，禮皆中節。服除，遊太學，登崇寧五年進士第。調開化令，有政聲，召赴都堂審察，時宰不悅，處以監當，改秩，知平江府常熟縣。朱勔父沖倚勢暴橫，光械治其家僮。沖怒，風部使者移令吳江，光不爲屈。改京東西學事司管勾文字。

劉安世居南京，光以師禮見之。安世告以所聞於溫公者曰：「學當自無妄中入。」光欣然領會。除太常博士，遷司封。首論士大夫諛佞成風，至妄引荀卿「有聽從，無諫諍」之說，以杜塞言路；又言怨嗟之氣，結爲妖沴。王黼惡之，令部注桂州陽朔縣。安世聞光以論事貶，貽書偉之。李綱亦以論水災去國，居義興，伺光于水驛〔一〕，自出呼曰：「非越州李司封船乎？」留數日，定交而別。除司勳員外郎，遷符寶郎。

郭藥師叛，光知徽宗有內禪意，因納符，謂知樞密院蔡攸曰：「公家所爲，皆咈衆心。今日之事，非皇太子則國家俱危。」攸矍然，不敢爲異。欽宗受禪，擢右司諫。上皇東幸，險人間兩宮，光請集議奉迎典禮。又奏：「東南財用，盡於朱勔；西北財用，困於李彥；天下根本之財，竭於蔡京、王黼。名爲應奉，實入私室，公家無半歲之儲，百姓無旬日之積。乞依舊制，三省、樞密院通知兵民財計，與戶部量一歲之出入，以制國用，選吏考核，使利源歸一。」

金人圍太原，援兵無功。光言：「三鎭之地，祖宗百戰得之，一旦舉以與敵，何以爲國？望詔大臣別議攻守之策，仍間道遣使檄河東、北兩路，盡起強壯策應，首尾掩擊。」遷侍御史。

時言者猶主王安石之學，詔榜廟堂。光又言：「祖宗規摹宏遠，安石欲盡廢法度，則謂人主制法而不當制於法；欲盡逐元老，則謂人主當化俗而不當化於俗。蔡京兄弟祖述其說，五十年間，毒流四海。今又風示中外，鼓惑民聽，豈朝廷之福？」

蔡攸欲以扈衞上皇行宮因緣入都，光奏：「攸若果入，則百姓必致生變，萬一驚犯屬車之塵，臣坐不預言之罪。望早黜責。」時已葺擷景園爲寧德宮，而太上皇后乃欲入居禁中。光奏：「禁中者，天子之宮。正使陛下欲便温凊，奉迎入內，亦當躬稟上皇，下有司討論典禮。」乃下光章，使兩宮臣奏知，於是太上皇后居寧德宮。

金人逼京城，士大夫委職而去者五十二人，罪同罰異，士論紛然，光請付理寺公行之。太原圍急，奏：「乞就委折彥質盡起晉、絳、慈、隰、澤、潞、威勝、汾八州民兵〔二〕及本路諸縣弓手，俾守令各自部轄。其土豪、士人願爲首領者，假以初官，應副器甲，協力赴援。女眞劫質親王，以三鎭爲辭，勢必深入，請大修京城守禦之備，以伐敵人之謀。」

又言〔三〕：「朱勔託應奉脅制州縣，田園第宅，富擬王室。乞擇清強官置司，追攝勔父子及奉承監司、守令，如胡直孺、盧宗原、陸賓、王仲閎、趙霖、宋晦等，根勘驅磨，計資沒入，其強奪編戶產業者還之。」

李會、李擢復以諫官召。光奏：「蔡京復用，時會、擢迭爲臺官，禁不發一語；金人圍城，與白時中、李邦彥專主避敵割地之謀。時中、邦彥坐是落職，而會、擢反被召用，復預諫諍之列。乞寢成命。」不報。光丐外，亦不報。

彗出寅、艮間，耿南仲輩皆謂應在外夷，不足憂。光奏：「孔子作春秋，不書祥瑞者，蓋欲使人君恐懼修省，未聞以災異歸之外夷也。」疏奏，監汀州酒稅。

高宗即位，擢祕書少監，除知江州；未幾，擢侍御史，皆以道梗不赴。建炎三年，車駕自臨安移蹕建康，除知宣州。時范瓊將過軍，光先入視事，瓊至則開門延勞，留三日而去，無敢譁者。光以宣密邇行都，乃繕城池，聚兵糧，籍六邑之民，保伍相比，謂之義社。擇其健武者，統以土豪，得保甲萬餘，號「精揀軍」。又柵險要二十三所謹戍之，釐城止爲十地分，分巡內外，晝則自便，夜則守城，有警則戰。苗租歲輸邑者，悉命輸郡。初譁言不便，及守城之日，贍軍養民，迄賴以濟。事聞，授管內安撫，許便宜從事，進直龍圖閣。

杜充以建康降，金人奪馬家渡。御營統制王燮、王琨素不相能，至是，擁潰兵砦城外索門。光親至營，諭以先國家後私讎之義，皆感悟解去。時奔將、散卒至者，光悉厚賞給遣。有水軍叛于繁昌，逼宣境，卽遣兵援擊，出賊不意，遂宵遁。進右文殿修撰。光奏：「金人雖深入江、浙，然違天時地利，臣已移文劉光世領大兵赴州，併力攻討。乞速委宣撫使周望，約日水陸並進。」

潰將邵青自眞州擁舟數百艘，剽當塗、蕪湖兩邑間，光招諭之，遺米二千斛。青喜，謂使者曰：「我官軍也，所過皆以盜賊見遇，獨李公不疑我。」於是秋毫無犯。他日，舟過繁昌，或給之曰：「宣境也。」乃掠北岸而去。

劇盜戚方破寧國縣，抵城下，分兵四擊。光募勇敢拟之，賊驚擾，自相屠蹂。朝廷遣統制官巨師古、劉晏兼程來援。賊急攻朝京門，纜竹木爲浮梁以濟。須臾，軍傅城，列砲具，立石對樓。光命編竹若簾揭之，砲至卽反墜，不能傷。取椏木爲撞竿，倚女牆以禦對樓，賊引卻。劉晏率赤心隊直擣其砦，賊陽退，晏追之，伏發遇害。師古以中軍大破賊，賊遁去。初，戚方圍宣，與其副並馬巡城，指畫攻具。光以書傅矢射其副馬前，言：「戚方窮寇，天誅必加，汝爲將家子，何至附賊。」二人相疑，攻稍緩，始得爲備，而援師至矣。嘗寘匕首枕匣中，與家人約曰：「城不可必保，若使人取匕首，我必死。汝輩宜自殺，無落賊手。」除徽猷閣待制、知臨安府。

紹興元年正月，除知洪州，固辭，提舉臨安府洞霄宮。除知婺州，甫至郡，擢吏部侍郎。光奏疏極論朋黨之害：「議論之臣，各懷顧避，莫肯以持危扶顚爲己任。駐蹕會稽，首尾三載。自去秋迄今，敵人無復南渡之意，淮甸咫尺，了不經營，長江千里，不爲限制，惴惴焉日爲乘桴浮海之計。晉元帝區區草創，猶能立宗社，修宮闕，保江、浙。劉琨、祖逖與逆胡拒戰於幷、冀、兗、豫、司、雍諸州，未嘗陷沒也。石季龍重兵已至歷陽，命王導都督中外諸軍以禦之，未聞專主避狄如今日也。陛下駐蹕會稽，江、浙爲根本之地，使進足以戰、退足以守者，莫如建康。建康至姑熟一百八十里，其隘可守者有六：曰江寧鎭，曰碙砂夾，曰采石，曰大信，其上則有蕪湖、繁昌，皆與淮南對境。其餘皆蘆篠之場，或碕岸水勢湍悍，難施舟楫。莫若預於諸隘屯兵積粟，命將士各管地分，調發旁近鄉兵，協力守禦。乞明詔大臣，參酌施行。」

時有詔，金人深入，諸郡守臣相度，或守或避，令得自便。光言：「守臣任人民、社稷之重，固當存亡以之。若預開遷避之門，是誘之遁也，願追寢前詔。」上欲移蹕臨安，被旨節制臨安府見屯諸軍，兼戶部侍郎、督營繕事。光經營撙節，不擾而辦。奏蠲減二浙積負及九邑科配，以示施德自近之意。戚方以管軍屬節制，甚懼，拜庭下。光握手起之，曰：「公昔爲盜，某爲守，分當相直；今俱爲臣子，當共勉力忠義，勿以前事爲疑。」方謝且泣。兼侍讀，因奏：「金人內寇，百姓失業爲盜賊，本非獲已，尚可誠感。自李成北走，羣盜離心，儻因斯時顯用一二酋豪，以風厲其黨，必更相效慕，以次就降。」擢吏部尚書。

大將韓世清本苗傅餘黨，久屯宣城，擅據倉庫，調發不行。光請先事除之，乃授光淮西招撫使。光假道至郡，世清入謁，縛送闕下伏誅。初，光於上前面稟成算，宰相以不預聞，怒之。未至，道除端明殿學士、江東安撫大使、知建康府、壽春滁濠廬和無爲宣撫使。時太平州卒陸德囚守臣據城叛，光多設方略，盡擒其黨。

秦檜既罷，呂頤浩、朱勝非並相，光議論素與不合。言者指光爲檜黨，落職奉祠。尋復寶文閣待制、知湖州，除顯謨閣直學士，移守平江，除禮部尚書。光言：「自古創業中興，必有所因而起。漢高因關中，光武因河內，駐蹕東南，兩浙非根本所因之地乎？自冬及春，雨雪不已，百姓失業，乞選臺諫察實以聞。兼比歲福建、湖南盜作，范汝爲、楊么相挺而起，朝廷發大兵誅討，殺戮過當。今諸路旱荒，流丐滿路，盜賊出入。宜選良吏招懷撫納，責諸路監司按貪贓，恤流殍。」

議臣欲推行四川交子法於江、浙，光言：「有錢則交子可行。今已謂樁辦若干錢，行若干交子，此議者欲朝廷欺陛下，使陛下異時不免欺百姓也。若已樁辦見錢，則目今所行錢關子，已是通快，何至紛紛？其工部鑄到交子務銅印，臣未敢給降。」除端明殿學士，守台州，俄改溫州。

劉光世、張俊連以捷聞。光言：「觀金人布置，必有主謀。今已據東南形勢，敵人萬里遠來，利於速戰，宜戒諸將持重以老之。不過數月，彼食盡，則勝算在我矣。」除江西安撫、知洪州兼制置大使，擢吏部尚書；踰月，除參知政事。

時秦檜初定和議，將揭榜，欲籍光名鎭壓。上意不欲用光，檜言：「光有人望，若同押榜，浮議自息。」遂用之。同郡楊煒上光書，責以附時相取尊官，墮黠虜姦計，墮平時大節。光本意謂但可因和而爲自治之計。既而檜議徹淮南守備，奪諸將兵權，光極言戎狄狼子野心，和不可恃，備不可徹。檜惡之。檜以親黨鄭億年爲資政殿學士，光於榻前面折之；又與檜語難上前，因曰：「觀檜之意，是欲壅蔽陛下耳目，盜弄國權，懷姦誤國，不可不察。」檜大怒。明日，光丐去。高宗曰：「卿昨面叱秦檜，舉措如古人。朕退而歎息，方寄卿以腹心，何乃引去？」光曰：「臣與宰相爭論，不可留。」章九上，乃除資政殿學士、知紹興府，改提舉臨安府洞霄宮。

十一年冬，中丞万俟卨論光陰懷怨望，責授建寧軍節度副使，藤州〔四〕安置。越四年，移瓊州。居瓊州八年〔五〕，仲子孟堅坐陸升之誣以私撰國史，獄成；呂愿中又告光與胡銓詩賦倡和，譏訕朝政，移昌化軍。論文考史，怡然自適。年踰八十，筆力精健。又三年〔六〕，始以郊恩，復左朝奉大夫，任便居住。至江州而卒。孝宗卽位，復資政殿學士，賜謚莊簡。

孟傳字文授，光幼子也。光南遷之日，才六歲。以光遺表恩，累官至太府丞。韓侂胄願見之，孟傳曰：「行年六十，去計已決，不敢聞也。」由是出知江州。以朝請大夫、直寶謨閣致仕。卒，年八十。有磐溪詩二十卷，文稿三十卷，宏辭類稿十卷，左氏說十卷，讀史十卷，雜誌十卷。博學多聞，持身甚嚴，時推能世其家。

許翰字崧老，拱州襄邑人。中元祐三年進士第。宣和七年，召爲給事中。爲書抵時相，謂百姓困弊，起爲盜賊，天下有危亡之憂。願罷雲中之師，修邊保境，與民休息。高麗入貢，調民開運河，民間騷然。中書舍人孫傅論高麗於國無功，不宜興大役，傅坐罷。翰謂傅不當黜，時相怒，落職，提舉江州太平觀。

靖康初，復以給事中召。時金人攻京師甫退，翰造闕，卽日賜對，除翰林學士，尋改御史中丞。上疏言邊事，因陳決勝之策。張邦昌爲太宰，翰上疏力爭之。种師道罷爲中太一宮使，翰言：「師道名將，沉毅有謀，山西士卒，人人信服，不可使解兵柄。」欽宗謂其老難用，翰曰：「秦始皇老王翦而用李信，兵辱於楚；漢宣帝老趙充國，而卒能成金城之功。自呂望以來，用老將收功者，難一二數。以古揆今，師道雖老，可用也。」且謂：「金人此行，存亡所係，令一大創，使失利去，則中原可保，四夷可服。不然，將來再舉，必有不救之憂。宜起師道邀擊之。」上不能用。擢中大夫、同知樞密院，論益不合，以病去，除延康殿學士、知亳州。坐言者落職，提舉南京鴻慶宮。

高宗卽位，用李綱薦，召復延康殿學士。既至，拜尚書右丞兼權門下侍郎。時建炎大變之後，河北山東大盜李成、孔彥舟等，聚衆各數十萬，皆以勤王爲名，願得張所爲帥。所爲御史，嘗論黃潛善姦邪不可用，由此得罪。李綱爲相，乃以所爲河北等路招撫使，率成等衆渡河，號召諸路，爲興復計。潛善力沮之。宗澤論車駕不宜南幸，宜還京師，且詆潛善等。潛善等請罷澤，翰極論以爲不可。李綱罷，翰言：「綱忠義英發，捨之無以佐中興，今罷綱，臣留無益。」力求去，高宗未許。時潛善奏誅陳東，翰謂所親曰：「吾與東，皆爭李綱者。東戮東市，吾在廟堂可乎？」求去益力，章八上，以資政殿大學士提舉洞霄宮。復以言者落職。

紹興元年，召復端明殿學士、提舉萬壽觀，辭不至。二月，復資政殿學士。三年五月，卒，贈光祿大夫。

翰通經術，正直不撓，歷事三朝，致位政府，徒以黼、攸、潛善輩薰蕕異味，横遭口語，志卒不展。綱雖力引之，不旋踵去，翰亦斥逐而死。所著書有論語解、春秋傳。

許景衡字少伊，温州瑞安人。登元祐九年進士第。宣和六年，召爲監察御史，遷殿中侍御史。是時，王黼、蔡攸用事，景衡言：「尚書省比闕長官，而同知樞密院亦久闕。雖三公通治三省，然文昌政事之本，樞密總兵之地〔七〕，各有攸屬，安可久虛其位？願博採公議，遴選忠賢，以補政府之闕。」遂大忤黼意。朝廷用童貫爲河東、北宣撫使，將北伐，景衡論其貪繆不可用者數十事，不報。

睦寇平，江、浙郡縣殘燬，而茶鹽比較之法如故。景衡奏：「茶鹽之法，當以食之衆寡爲歲額之高下。今收復之後，戶版半耗，民力蕭然，而茶鹽比較不減於昔。民欲無困得乎？」奏上，詔兩浙、江東路權免茶鹽比較，賊平日仍舊。

朝廷既興燕雲之師，調度不繼，誅求益急。景衡奏：「財力匱乏在節用，民力困弊在恤民。今不急之務，若營繕諸役，花石綱運，其名不一。吏員猥多，軍額冗濫。又無名功賞，非常賜予，皆夤緣僥倖，干請無厭，宜節以祖宗之制而省去之。」且極論和買、和糴、鹽法之害，不報。會知洋州吳嚴夫以私書抵執政子，道景衡之賢。因從子壻符寶郎周離亨以達，離亨繆以其書誤致王黼，黼用是中景衡，逐之。

欽宗卽位，以左正言召，旋改太常少卿兼太子諭德，遷中書舍人。侍御史李光、正言程瑀以鯁亮忤執政斥，景衡爲辨白，坐落職予祠。

高宗卽位，以給事中召，既至，除御史中丞。宗澤爲東京留守，言者附黃潛善等，多攻其短，欲逐去之。景衡奏曰：「臣自浙渡淮，以至行在。聞澤之爲尹，威名政事，卓然過人，雖不識其人，竊用歎慕。臣以爲去冬京城內，有赤心爲國如澤等數輩，其禍變未至如是之酷。今若較其小短，不顧盡忠徇國之節，則不恕已甚。且開封宗廟社稷所在，苟欲罷澤，別遣留守，不識搢紳中威名政事有加於澤者乎？」疏入，上大悟，封以示澤，澤乃安。

杭州叛卒陳通作亂，權浙西提刑趙叔近招降之，請授以官。景衡曰：「官吏無罪而受誅，叛卒有罪而蒙賞，賞罰倒置，莫此爲甚。」卒奏罷之。除尙書右丞。有大政事，必請間極論。潛善、伯彥以景衡異己，共排沮之。或言正、二月之交，乃太一正遷之日，宜於禁中設壇望拜。高宗以問景衡，曰：「修德愛民，天自降福，何迎拜太一之有？」

初，李綱議建都，以關中爲上，南陽次之，建康爲下。綱既相，遂主南陽之議。景衡爲中丞，奏：「南陽無險阻，且密邇盜賊，漕運不繼，不若建康天險可據，請定計巡幸。」潛善等傾綱使去，南陽之議遂格。至是，諜報金人攻河陽、汜水，景衡又奏請南幸建康。已而有詔還京，罷景衡爲資政殿學士〔八〕、提舉杭州洞霄宮。至瓜洲，得暍疾，及京口卒，年五十七，謚忠簡。

景衡得程頤之學，志慮忠純，議論不與時俯仰。建炎初，李綱議幸南陽，宗澤請還京，景衡乃請幸建康。黃潛善等素惡其異己，暨車駕駐揚州，怵於傳聞，不得已下還京之詔，遂借渡江之議罪之，斥逐而死。既沒，高宗思之曰：「朕自卽位以來，執政忠直，遇事敢言，惟許景衡。」詔賜景衡家溫州官舍一區。

張慤字誠伯，河間樂壽人。登元祐六年進士第。累遷龍圖閣學士、計度都轉運使。高宗爲兵馬大元帥，募諸道兵勤王，慤飛輓踵道，建議即元帥府印給鹽鈔，以便商旅。不閱旬，得緡錢五十萬以佐軍。高宗器重之，命以便宜權大名尹兼北京留守、馬步軍都總管。慤初聞二帝北行，率副總管顏岐等三上牋勸進。最後，慤上書，極論中原不可一日無君，高宗爲之感悟。

建炎改元，爲戶部尚書，除同知樞密院事、措置戶部財用兼御營副使。建言：「三河之民，怨敵深入骨髓，恨不殲殄其類，以報國家之仇。請依唐人澤潞步兵、雄邊子弟遺意，募民聯以什伍，而寓兵於農，使合力抗敵，謂之巡社。」爲法精詳，前此論民兵者莫及也。詔集爲書行之。遷尚書左丞，官至中書侍郎。

慤善理財，論錢穀利害，猶指諸掌。在朝諤諤有大臣節，然論議可否，不形辭色，未嘗失同列之歡。卒，謚忠穆。上每念之，謂慤謀國盡忠，遇事敢諫，古之遺直也。

張所，青州人。登進士第，歷官爲監察御史。高宗即位，遣所按視陵寢，還，上疏言：

「河東、河北，天下之根本。昨者誤用姦臣之謀，始割三鎮，繼割兩河，其民怨入骨髓，至今無不扼腕。若因而用之，則可藉以守；不則兩河兵民，無所係望，陛下之事去矣。」且論還京師有五利，謂國之安危，在乎兵之強弱、將相之賢不肖，不在乎都之遷不遷。又條上兩河利害。上欲以其事付所，會所言黃潛善姦邪不可用，恐害新政。乃罷所御史，改兵部郎中。尋責所鳳州團練副使，江州安置。

後李綱入相，欲薦所經略兩河，以其嘗言潛善故，難之。一日，與潛善從容言曰：「今河北未有人，獨一張所可用，又以狂言抵罪。不得已拔拭用之，使爲招撫，冒死立功以贖過，不亦善乎？」潛善許諾，乃借所直龍圖閣，充河北招撫使。賜內府錢百萬緡，給空名告千餘道；以京西卒三千爲衞，將佐官屬，許自辟置，一切以便宜從事。所入見，條上利害。上賜五品服遣行，命直祕閣王圭爲宣撫司參謀官佐之。

河北轉運副使張益謙附黃潛善意，奏所置司北京非是；且言自置招撫，河北盜賊愈熾，不若罷之，專以其事付帥司。李綱言：「張所今留京師，招集將佐，尙未及行，益謙何以知其擾？朝廷以河北民無所歸，聚而爲盜，故置司招撫，因其力而用之，豈由置司乃有盜賊乎？今京東、西羣盜公行，攻掠郡縣，亦豈招撫司過耶？時方艱危，朝廷欲有所經理，益謙小臣，乃以非理沮抑，此必有使之者。」上乃命益謙分析〔九〕，命下樞密院，汪伯彥猶用其奏詰責招撫司。李綱與伯彥爭於上前，伯彥語塞。所方招來豪傑，以王彥爲都統制，岳飛爲準備將，而李綱已罷相。朝廷以王圭代之，所落直龍圖閣，嶺南安置。卒于貶所。子宗本，以岳飛奏補官。

陳禾字秀實，明州鄞縣人。舉元符三年進士。累遷辟廱博士。時方以傳注記問爲學，禾始崇尙義理，黜抑浮華。入對契旨，擢監察御史、殿中侍御史。

蔡京遺酷吏李孝壽窮治章綖鑄錢獄，連及士大夫甚衆，禾奏免孝壽。京子儵爲太常少卿，何執中壻蔡芝爲將作監，皆疏其罪，罷之。天下久平，武備寬弛，東南尤甚。禾請增戍、繕城壁，以戒不虞。或指爲生事，格不下。其後盜起，人服其先見。遷左正言，俄除給事中。

時童貫權益張，與黃經臣胥用事，御史中丞盧航表裏爲姦，搢紳側目。禾曰：「此國家安危之本也。吾位言責，此而不言，一遷給舍，則非其職矣。」未拜命，首抗疏劾貫。復劾經臣：「怙寵弄權，誇衒朝列。每云詔令皆出其手，言上將用某人，舉某事，已而詔下，悉如其言。夫發號施令，國之重事，黜幽陟明，天子大權，奈何使宦寺得與？臣之所憂，不獨經臣，此塗一開，類進者衆，國家之禍，有不可遏，願亟竄之遠方。」論奏未終，上拂衣起。禾引上衣，請畢其說。衣裾落，上曰：「正言碎朕衣矣。」禾言：「陛下不惜碎衣，臣豈惜碎首以報陛下？此曹今日受富貴之利，陛下他日受危亡之禍。」言愈切，上變色曰：「卿能如此，朕復何憂？」內侍請上易衣，上却之曰：「留以旌直臣。」翌日，貫等相率前愬，謂國家極治，安得此不祥語。盧航奏禾狂妄，謫監信州酒。遇赦，得自便還里。

初，陳瓘歸自嶺外，居于鄞，與禾相好，遣其子正彙從學。後正彙告京罪，執詣闕，瓘亦就逮。經臣泣其獄，檄禾取證，禾答以事有之，罪不敢逃。或謂其失對，禾曰：「禍福死生，命也，豈可以死易不義耶？願得分賢者罪。」遂坐瓘黨停官。遇赦，復起知廣德軍，移知和州。尋遭內艱，服除，知秀州。王黼新得政，禾曰：「安能出黼門下？」力辭，改汝州。辭益堅，曰：「寧餓死。」黼聞而銜之。禾兄秉時爲壽春府教授，禾侍兄官居。適童貫領兵道府下，謁不得入，餽之不受。貫怒，歸而譖之，上曰：「此人素如此，汝不能容耶？」久之，知舒州，命下而卒，贈中大夫，謚文介。

禾性不苟合，立朝挺挺有風操。有易傳九卷，春秋傳十二卷，論語、孟子解各十卷。

蔣猷字仲遠，潤州金壇縣人。舉進士。政和四年，拜御史中丞兼侍讀，有直聲。嘗論士風浮薄，廷臣伺人主意，承宰執風旨向背，以特立不回者爲愚，共嗤笑之，此風不可長；輔臣奏事殿上，雷同唱和，略無所可否，非論道獻替之禮；內侍省不隸臺察，紊元豐官制；楊戩不當除節度使；趙良嗣不宜出入禁中。上皆嘉納，至揭其章內侍省，且詔自今無得規圖節鉞。又疏孟昌齡、徐鑄等姦狀。遷兵部尚書兼禮制局詳議官。七年，知貢舉，改工部、吏部尚書。

以徽猷閣直學士知婺州。明年，請祠歸。宣和末，召爲刑部尚書兼資善堂翊善。靖康初，奉上表起居太上皇帝於淮陰，且特詔貶童貫。猷奏貫得罪天下，願黜遠之。太上以爲然，亟令宣詔，趣貫赴貶所。逡奉太上還京，移兵部尚書，累官正議大夫。引疾，授徽猷閣直學士、提舉嵩山崇福宮。卒，贈特進。

論曰：夫拯溺救焚之際，必以任人爲急。靖康、建炎之禍變，亦甚於焚溺矣。當時非乏人才也，然而國恥卒不能雪者，豈非任之之道有所未至歟？夫以李光之才識高明，所至有聲；許翰、許景衡之論議剴切；張慤之善理財；張所之習知河北利害：皆一時之雋也。是數臣者，使其言聽計從，不爲讒邪所抑，得以直行其志，其效宜可待也。然或斥遠以死，或用之不竟其才，世之治亂安危，雖非人力所爲，君子於此，則不能無咎於時君之失政焉。蔣猷歷仕五朝，當建炎初，避地而終，則無足稱也。陳禾引裾盡言，有古諫臣之風，其行事在宣和之前，孝宗以後乃加褒謚云。

校勘記

〔一〕伺光于水驛　「伺光」二字原倒。按李慈銘越縵堂日記光緒乙酉六月初二日記，謂「光伺」二字誤，當作「伺光」。並謂：據李綱傳，忠定未嘗爲司封；忠定邵武人，不得稱「越州」；忠定早謫外，莊簡亦不得候之於水驛，是爲忠定出候莊簡無疑。「忠定」謂李綱，「莊簡」謂李光，據乙正。

〔二〕晉絳慈隰澤潞威勝汾八州民兵　「澤」字原脫，只得七州軍；「慈」原作「磁」，磁州在河北，於地理上不合。據李光莊簡集卷九乞用河東土豪援太原箚子補改。

〔三〕又言　本句以下至「還之」一段，莊簡集奏議門中未見此疏，其卷八論制國用箚子雖亦論及朱勔等，而內容並不相同；靖康要錄卷四載元年三月十八日御史中丞許翰上言，則與此文略同。疑此是誤將許翰奏語竄入。

〔四〕藤州　原作「瓊州」，據中興聖政卷二七、宋會要職官七〇之二四和本書卷二九高宗紀改。

〔五〕越四年移瓊州居瓊州八年　按李光紹興十一年貶藤州，十四年轉移至瓊州，見繫年要錄卷一五二，在藤只有三年。紹興二十年又移昌化軍，見同書卷一六一，居瓊實只六年。此處作「四年」、「八年」，疑誤。

〔六〕又三年　據繫年要錄卷一七〇、卷一八〇，李光復官是在紹興二十八年；而在二十五年秦檜死後，尚有內遷至郴州的經歷，距復官恰爲三年。此上疑失書量移郴州事。

〔七〕樞密總兵之地　「總」原作「本」，據胡寅斐然集卷二六許景衡墓誌銘改。

〔八〕資政殿學士　「殿」上原衍「大」字，據本書卷二一三宰輔表、斐然集卷二六許景衡墓誌銘刪。

〔九〕上乃命盆謙分析　「析」原作「折」，據繫年要錄卷八、北盟會編卷一一二改。

宋史卷三百六十四

列傳第一百二十三

韓世忠 子彥直

韓世忠字良臣，延安人。風骨偉岸，目瞬如電。早年鷙勇絕人，能騎生馬駒。家貧無產業，嗜酒尙氣，不可繩檢。日者言當作三公，世忠怒其侮己，毆之。年十八，以敢勇應募鄉州，隸赤籍，挽強馳射，勇冠三軍。

崇寧四年，西夏騷動，郡調兵捍禦，世忠在遣中。至銀州，夏人嬰城自固，世忠斬關殺敵將，擲首陴外，諸軍乘之，夏人大敗。既而以重兵次蒿平嶺，世忠率精銳鏖戰，解去。俄復出間道，世忠獨部敢死士殊死鬭，敵少卻，顧一騎士銳甚，問俘者，曰：「監軍駙馬兀啰也。」躍馬斬之，敵衆大潰。經略司上其功，童貫董邊事，疑有所增飾，止補一資，衆弗平。從劉延慶築天降山砦，爲敵所據，世忠夜登城斬二級，割護城氈以獻。繼遇敵佛口砦，又斬數級，始補進義副尉。至藏底河，斬三級，轉進勇副尉〔一〕。

宣和二年，方臘反，江、浙震動，調兵四方，世忠以偏將從王淵討之。次杭州，賊奄至，勢張甚，大將惶怖無策。世忠以兵二千伏北關堰，賊過，伏發，衆蹂亂，世忠追擊，賊敗而遁。淵嘆曰：「眞萬人敵也。」盡以所隨白金器賞之，且與定交。時有詔能得臘首者，授兩鎭節鉞。世忠窮追至睦州清溪峒，賊深據巖屋爲三窟，諸將繼至，莫知所入。世忠潛行溪谷，問野婦得徑，卽挺身仗戈直前，渡險數里，擣其穴，格殺數十人，禽臘以出。辛興宗領兵截峒口，掠其俘爲己功，故賞不及世忠。別帥楊惟忠還闕，直其事，轉承節郎。

三年〔二〕，議復燕山，調諸軍，至則皆潰。世忠往見劉延慶，與蘇格等五十騎俱抵滹沱河。逢金兵二千餘騎，格失措，世忠從容令格等列高岡，戒勿動。屬燕山潰卒舟集，卽命艤河岸，約鼓譟助聲勢。世忠躍馬薄敵，迴旋如飛。敵分二隊據高阜，世忠出其不意，突二執旗者，因奮擊，格等夾攻之，舟卒鼓譟，敵大亂，追斬甚衆。時山東、河北盜賊蠭起，世忠從王淵、梁方平討捕，禽戮殆盡，積功轉武節郎。

欽宗卽位，從梁方平屯濬州。金人壓境，方平備不嚴，金人迫而遁，王師數萬皆潰。世忠陷重圍中，揮戈力戰，突圍出，焚橋而還。欽宗聞，召對便殿，詢方平失律狀，條奏甚悉。轉武節大夫。詔諸路勤王兵領所部入衞，會金人退，河北總管司辟選鋒軍統制。

時勝捷軍張師正敗，宣撫副使李彌大斬之，大校李復鼓衆以亂，淄、靑之附者合數萬人，山東復擾。彌大檄世忠將所部追擊，至臨淄河，兵不滿千，分爲四隊，布鐵蒺藜自塞歸路，令曰：「進則勝，退則死，走者命後隊剿殺。」於是莫敢返顧，皆死戰，大破之，斬復，餘黨奔潰。乘勝逐北，追至宿遷，賊尚萬人，方擁子女椎牛縱酒。世忠單騎夜造其營，呼曰：「大軍至矣，亟束戈卷甲，吾能保全汝，共功名。」賊駭慄請命，因跪進牛酒。世忠下馬解鞍，飲啖之盡，於是衆悉就降。黎明，見世忠軍未至〔三〕，始大悔失色。以功遷左武大夫、果州團練使。

詔入朝，授正任單州團練使，屯滹沱河。時眞定失守，世忠知王淵守趙，遂亟往。金人至，聞世忠在，攻益急，糧盡援絕，人多勉其潰圍去，弗聽。會大雪，夜半，以死士三百擣敵營。敵驚亂，自相擊刺，及旦盡遁。後有自金國來者，始知大酋是日被創死，故衆不能支。遷嘉州防禦使。

還大名，趙野辟爲前軍統制。時康王如濟州，世忠領所部勸進。金人縱兵逼城〔四〕，人心恟懼，世忠據西王臺力戰，金人少卻。翌日，酋帥率衆數萬至，時世忠麾下僅千人，單騎突入，斬其酋長，遂大潰。

康王卽皇帝位，授光州觀察使、帶御器械。世忠請移都長安，下兵收兩河，時論不從。

初建御營，爲左軍統制。是歲，命王淵、張俊討陳州叛兵，劉光世討黎驛叛兵，喬仲福討京東賊李昱，世忠討單州賊魚臺。世忠已破魚臺，又擊黎驛叛兵敗之，皆斬以獻。於是羣盜悉平，入備宿衞。而河北賊丁順、楊進等皆赴招撫司，宗澤收而用之。

建炎二年〔五〕，升定國軍承宣使。帝如揚州，世忠以所部從。時張遇自金山來降，抵城下，不解甲，人心危懼，世忠獨入其壘，曉以逆順，衆悉聽命。李民衆十萬亦降，比至，有反覆狀。王淵遣世忠諭旨，世忠知其黨劉彥異議，即先斬彥，毆李民出〔六〕，縛小校二十九人，送淵斬之。事定，授京西等路捉殺內外盜賊。

金人再攻河南，翟進合世忠兵夜襲悟室營，不克，反爲所敗。會丁進失期，陳思恭先遁，世忠被矢如棘，力戰得免。還汴，詰一軍之先退者皆斬，左右懼〔七〕。進由是與世忠有隙，尋以叛誅。

召世忠還，授鄜延路副總管，加平寇左將軍，屯淮陽，會山東兵拒敵。粘罕聞世忠扼淮陽，乃分兵萬人趨揚州，自以大軍迎世忠戰。世忠不敵，夜引歸，敵躡之，軍潰于沭陽，閤門宣贊舍人張遇死之。

三年〔八〕，帝召諸將議移蹕，張俊、辛企宗請往湖南，世忠曰：「淮、浙富饒，今根本地，詎可舍而之他？人心懷疑，一有退避，則不逞者思亂，重湖、閩嶺之遙，安保道路無變乎？淮、江當留兵爲守，車駕當分兵爲衞，約十萬人，分半扈江、淮上下，止餘五萬，可保防守無患乎？」在陽城收合散亡，得數千人，聞帝如錢塘，卽繇海道赴行在。

苗傅、劉正彥反，張浚等在平江議討亂，知世忠至，更相慶慰，張俊喜躍不自持。世忠得俊書，大慟，舉酒酹神曰：「誓不與此賊共戴天！」士卒皆奮。見浚曰：「今日大事，世忠願與張俊身任之，公無憂。」欲卽進兵。浚曰：「投鼠忌器，事不可急，急則恐有不測，已遣馮轓甘言誘賊矣。」

三月戊戌，以所部發平江。張俊慮世忠兵少，以劉寶兵二千借之。舟行載甲士，綿亙三十里。至秀州，稱病不行，造雲梯，治器械，傅等始懼。初，傅、正彥聞世忠來，檄以其兵屯江陰。世忠以好語報之，且言所部殘零，欲赴行在。傅等大喜，許之至，矯制除世忠及張俊爲節度使，皆不受。

時世忠妻梁氏及子亮爲傅所質，防守嚴密。朱勝非紿傅曰：「今白太后，遣二人慰撫世忠，則平江諸人益安矣。」於是召梁氏入，封安國夫人，俾迓世忠，速其勤王。梁氏疾驅出城，一日夜會世忠於秀州。

未幾，明受詔至，世忠曰：「吾知有建炎，不知有明受。」斬其使，取詔焚之，進兵益急。傅等大懼。次臨平，賊將苗翊、馬柔吉負山阻河爲陣，中流植鹿角，梗行舟。世忠舍舟力戰，張俊繼之，劉光世又繼之。軍少卻，世忠復舍馬操戈而前，令將士曰：「今日當以死報國，面不被數矢者皆斬。」於是士皆用命。賊列神臂弩持滿以待，世忠瞋目大呼，挺刃突前，賊辟易，矢不及發，遂敗。傅、正彥擁精兵二千，開湧金門以遁。

世忠馳入，帝步至宮門，握世忠手慟哭曰：「中軍吳湛佐逆爲最，尚留朕肘腋，能先誅乎？」世忠卽謁湛，握手與語，折其中指，戮于市；又執賊謀主王世修以屬吏。詔授武勝軍節度使、御營左軍都統制。請于帝曰：「賊擁精兵，距甌、閩甚邇，儻成巢窟，卒未可滅，臣請討之。」於是以爲江、浙制置使，自衢、信追擊，至漁梁驛，與賊遇。世忠步走挺戈而前，賊望見，咋曰：「此韓將軍也！」皆驚潰。擒正彥及傅弟翊送行在，傅亡建陽，追禽之，皆伏誅。世忠初陛辭，奏曰：「臣誓生獲賊，爲社稷刷恥，乞殿前二虎賁護俘來獻。」至是，卒如其言。帝手書「忠勇」二字，揭旗以賜。授檢校少保、武勝昭慶軍節度使〔九〕。

兀朮將入侵，帝召諸將問移蹕之地，張俊、辛企宗勸自鄂、岳幸長沙，世忠曰：「國家已失河北、山東，若又棄江、淮，更有何地？」於是以世忠爲浙西制置使，守鎭江。既而兀朮分道渡江，諸屯皆敗，世忠亦自鎭江退保江陰。杜充以建康降敵，兀朮自廣德破臨安，帝如浙東。世忠以前軍駐青龍鎭，中軍駐江灣，後軍駐海口，俟敵歸邀擊之。帝召至行在，奏：「方留江上截金人歸師，盡死一戰。」帝謂輔臣曰：「比呂頤浩在會稽，嘗建此策，世忠不謀而同。」賜親札，聽其留。

會上元節，就秀州張燈高會，忽引兵趨鎭江。及金兵至，則世忠軍已先屯焦山寺。金將李選降，受之。兀朮遣使通問，約日大戰，許之。戰將十合，梁夫人親執桴鼓，金兵終不得渡。盡歸所掠假道，不聽；請以名馬獻，又不聽。撻辣在濰州，遣孛菫太一趨淮東以援兀朮，世忠與二酋相持黃天蕩者四十八日。太一孛菫軍江北，兀朮軍江南，世忠以海艦進泊金山下，預以鐵綆貫大鈎授驍健者。明旦，敵舟譟而前，世忠分海舟爲兩道出其背，每縋一綆，則曳一舟沉之。兀朮窮蹙，求會語，祈請甚哀。世忠曰：「還我兩宮，復我疆土，則可以相全。」兀朮語塞。

又數日求再會，言不遜，世忠引弓欲射之，亟馳去，謂諸將曰：「南軍使船如使馬，奈何？」募人獻破海舟策。閩人王某者，敎其舟中載土，平版鋪之，穴船版以櫂槳，風息則出江，有風則勿出。海舟無風，不可動也。又有獻謀者曰：「鑿大渠接江口，則在世忠上流。」兀朮一夕潛鑿渠三十里，且用方士計，刑白馬，剔婦人心，自割其額祭天。次日風止，我軍帆弱不能運，金人以小舟縱火，矢下如雨。孫世詢、嚴允皆戰死，敵得絕江遁去。世忠收餘軍還鎭江。

初，世忠謂敵至必登金山廟，觀我虛實。迺遣兵百人伏廟中，百人伏岸滸，約聞鼓聲，岸兵先入，廟兵合擊之。金人果五騎闖入，廟兵喜，先鼓而出，僅得二人。逸其三，中有絳袍玉帶、既墜而復馳者，詰之，乃兀朮也。是役也，兀朮兵號十萬，世忠僅八千餘人。帝凡六賜札，褒獎甚寵。拜檢校少師〔10〕、武成感德軍節度使、神武左軍都統制。

建安范汝爲反，辛企宗等討捕未克，賊勢愈熾。以世忠爲福建、江西、荆湖宣撫副使，世忠曰：「建居閩嶺上流，賊沿流而下，七郡皆血肉矣。」亟領步卒三萬，水陸並進。次劍潭，賊焚橋，世忠策馬先渡，師遂濟。賊盡塞要路拒王師，世忠命諸軍偃旗仆鼓，徑抵鳳凰山，瞰城邑，設雲梯火樓，連日夜併攻，賊震怖叵測。五日城破，汝爲竄身自焚，斬其弟岳、吉以徇，禽其謀主謝嚮、施逵及裨將陸必強等五百餘人。

世忠初欲盡誅建民，李綱自福州馳見世忠曰：「建民多無辜。」世忠令軍士馳城上毋下，聽民自相別，農給牛穀，商賈弛征禁，脅從者汰遣，獨取附賊者誅之。民感更生，家爲立祠。捷聞，帝曰：「雖古名將何以加。」賜黃金器皿。

世忠因奏江西、湖南寇賊尙多，乞乘勝討平。廣西賊曹成擁餘衆在郴、邵。世忠既平閩寇，旋師永嘉，若將就休息者。忽由處、信徑至豫章，連營江濱數十里，羣賊不虞其至，大驚。世忠遣人招之，成以其衆降，得戰士八萬，遣詣行在。

遂移師長沙。時劉忠有衆數萬，據白面山，營栅相望。世忠始至，欲急擊，宣撫使孟庾不可，世忠曰：「兵家利害，策之審矣，非參政所知，請期半月效捷。」遂與賊對壘，弈棋張飲，堅壁不動，衆莫測。一夕，與蘇格聯騎穿賊營，候者呵問，世忠先得賊軍號，隨聲應之，周覽以出，喜曰：「此天錫也。」夜伏精兵二千於白面山，與諸將拔營而進。賊兵方迎戰，所遣兵已馳入中軍，奪望樓，植旗蓋，傳呼如雷，賊回顧驚潰，麾將士夾擊，大破之，斬忠首，湖南遂平。授太尉，賜帶、笏，仍勑樞密以功頒示內外諸將。師還建康，置背嵬軍，皆勇鷙絕倫者。九月，爲江南東、西路宣撫使，置司建康。

三年〔二〕三月，進開府儀同三司，充淮南東、西路宣撫使〔三〕，置司泗州。時聞李橫進師討僞齊，議遣大將，以世忠忠勇，故遣之。仍賜廣馬七綱，甲千副，銀二萬兩，帛二萬匹；又出錢百萬緡，米二十八萬斛，爲半歲之用。命戶部侍郎姚舜明詣泗州，總領錢糧；倉部郎官孫逸如平江府、常秀饒州，督發軍食。李橫兵敗還鎮，世忠不果渡淮。

四年，以建康、鎮江、淮東〔三〕宣撫使駐鎮江。是歲，金人與劉豫合兵，分道入侵。帝手札命世忠飭守備，圖進取，辭旨懇切。世忠受詔，感泣曰：「主憂如此，臣子何以生爲！」遂自鎮江濟師，俾統制解元守高郵，候金步卒；親提騎兵駐大儀，當敵騎，伐木爲栅，自斷歸路。

會遣魏良臣使金，世忠撤炊爨，紿良臣有詔移屯守江，良臣疾馳去。世忠度良臣已出境，卽上馬令軍中曰：「眂吾鞭所嚮。」於是引軍次大儀，勒五陣，設伏二十餘所，約聞鼓卽起擊。良臣至金軍中，金人問王師動息，具以所見對。聶兒孛堇聞世忠退，喜甚，引兵至江口，距大儀五里；別將撻孛也擁鐵騎過五陣東。世忠傳小麾鳴鼓，伏兵四起，旗色與金人旗雜出，金軍亂，我軍迭進。背嵬軍各持長斧，上揕人胸，下斫馬足。敵被甲陷泥淖，世忠麾勁騎四面蹂躪，人馬俱斃，遂擒撻孛也等二百餘人。所遣董旼亦擊金人於天長縣之鵶口，擒女眞四十餘人。解元至高郵，遇敵，設水軍夾河陣，日合戰十三，相拒未決。世忠遣成閔將騎士往援，復大戰，俘生女眞及千戶等。世忠復親追至淮，金人驚潰，相蹈藉，溺死甚衆。

捷聞，羣臣入賀，帝曰：「世忠忠勇，朕知其必能成功。」沈與求曰：「自建炎以來，將士未嘗與金人迎敵一戰，今世忠連捷以挫其鋒，厥功不細。」帝曰：「第優賞之。」於是部將董旼、陳桷、解元、呼延通等皆峻擢有差。論者以此舉爲中興武功第一。

時撻辣屯泗州，兀朮屯竹塾鎭，爲世忠所扼，以書幣約戰，世忠許之，且使兩伶人以橘、茗報聘。會雨雪，金饋道不通，野無所掠，殺馬而食，蕃漢軍皆怨。兀朮夜引軍還，劉麟、劉猊棄輜重遁。

五年，進少保。六年，授武寧安化軍節度使、京東淮東路宣撫處置使，置司楚州。世忠披草萊，立軍府，與士同力役。夫人梁親織薄爲屋。將士有怯戰者，世忠遺以巾幗，設樂大宴，俾婦人粧以恥之，故人人奮厲。撫集流散，通商惠工，山陽遂爲重鎭。劉豫兵數入寇，輒爲世忠所敗。

時張浚以右相視師，命世忠自承、楚圖淮陽。劉豫方聚兵淮陽，世忠卽引軍渡淮，旁符離而北，至其城下。爲賊所圍，奮戈一躍，潰圍而出，不遺一鏃。呼延通與金將牙合孛堇搏戰，扼其吭而禽之，乘銳掩擊，金人敗去。旣而圍淮陽，賊堅守不下，約曰：「受圍一日，則舉一烽。」至是，六烽具舉，兀朮與劉猊皆至。世忠求援於張俊，俊以世忠有見吞意，不從。世忠勒陣向敵，遣人語之曰：「錦衣驄馬立陣前者，韓相公也。」或危之，世忠曰：「不如是，不足以致敵。」敵果至，殺其導戰二人，遂引去。尋詔班師，復歸楚州，淮陽之民，從而歸者以萬計。

三月，除京東、淮東宣撫處置使兼節制鎭江府，仍楚州置司。四月，賜號「揚武翊運功臣」，加橫海、武寧、安化三鎭節度使。九月，帝在平江，世忠自楚州來朝。十月，邊報急，劉光世欲棄廬州還太平，張俊亦請益兵。都督張浚曰：「今日之事，有進擊，無退保。」於是世忠引兵渡淮，與金將訛里也力戰。劉猊將寇淮東，爲世忠兵扼，不得進。七年，築高郵城，民益安之。

初，世忠移屯山陽，遣間結山東豪傑，約以緩急爲應，宿州馬秦及太行羣盜，多願奉約束者。金人廢劉豫，中原震動，世忠謂機不可失，請全師北討，招納歸附，爲恢復計。會秦檜主和議，命世忠徙屯鎮江。世忠言：「金人詭詐，恐以計緩我師，乞留此軍蔽遮江、淮。」又力陳和議之非，願効死節，率先迎敵；若不勝，從之未晚。又言王倫、藍公佐交河南地界，乞令明具無反覆文狀爲後證。章十數上，皆慷慨激切，且請單騎詣闕面奏，帝率優詔褒答。後金果渝盟，咸如其言。

金使蕭哲之來，以詔諭爲名，世忠聞之，凡四上疏言：「不可許，願舉兵決戰，兵勢最重處，臣請當之。」又言：「金人欲以劉豫相待，舉國士大夫盡爲陪臣，恐人心離散，士氣凋沮。」且請馳驛面奏，不許。既而伏兵洪澤鎮，將殺金使，不克。

九年，授少師。十年，金人敗盟，兀朮率撒離曷、李成等破三京，分道深入。八月，世忠圍淮陽，金人來救，世忠迎擊於泇口鎮，敗之。又遣解元擊金人於潭城〔四〕，劉寶擊於千秋湖，皆捷。親隨將成閔從統制許世安奪淮陽門而入，大戰門內。世安中四矢，閔被三十餘創，復奪門出。世忠奏其功，擢武德大夫，閔由是知名。世忠進太保，封英國公，兼河南、北諸路招討使〔五〕。

十一年，兀朮恥順昌之敗，復謀再入，詔大合兵於淮西以待。既而金敗於柘皐，復圍濠州。世忠受詔救濠，以舟師至招信縣，夜以騎兵擊金人於聞賢驛，敗之。金人攻濠州，五日而破。破三日，世忠至，楊沂中軍已南奔。世忠與金人戰于淮岸，夜遣劉寶泝流將劫之，金人伐木塞赤龍洲，扼其歸路，世忠知之，全師而還。金人自渦口渡淮北去，自是不復入侵。世忠在楚州十餘年，兵僅三萬，而金人不敢犯。

秦檜收三大將權，四月，拜樞密使，遂以所積軍儲錢百萬貫，米九十萬石，酒庫十五歸於國。世忠既不以和議爲然，爲檜所抑。及魏良臣使金，世忠又力言：「自此人情消弱，國勢委靡，誰復振之？北使之來，乞與面議。」不許，遂抗疏言檜誤國。檜諷言者論之，帝格其奏不下。世忠連疏乞解樞密柄，繼上表乞骸。十月，罷爲醴泉觀使、奉朝請，進封福國公，節鉞如故。自此杜門謝客，絕口不言兵，時跨驢攜酒，從一二奚童，縱游西湖以自樂，平時將佐罕得見其面。

十二年，改潭國公。顯仁皇后自金還，世忠詣臨平朝謁。后在北方聞其名，慰問者良久。十三年，封咸安郡王。十七年，改鎮南、武安、寧國節度使。二十一年八月薨，進拜太師，追封通義郡王。孝宗朝，追封蘄王，謚忠武，配饗高宗廟庭。

世忠初得疾，勑尙醫視療，將吏臥內問疾，世忠曰：「吾以布衣百戰，致位王公，賴天之靈，保首領沒於家，諸君尙哀其死邪？」及死，賜朝服、貂蟬冠、水銀、龍腦以歛。

世忠嘗戒家人曰：「吾名世忠，汝曹毋諱『忠』字，諱而不言，是忘忠也。」性戇直，勇敢忠義，事關廟社，必流涕極言。岳飛冤獄，舉朝無敢出一語，世忠獨攖檜怒，語在檜傳。又抵排和議，觸檜尤多，或勸止之，世忠曰：「今畏禍苟同，他日瞑目，豈可受鐵杖於太祖殿下？」時一二大將，多曲狥檜苟全，世忠與檜同在政地，一揖外未嘗與談。

嗜義輕財，錫賚悉分將士，所賜田輸租與編戶等。持軍嚴重，與士卒同甘苦，器仗規畫，精絕過人，今克敵弓、連鎖甲、狻猊鍪，及跳澗以習騎，洞貫以習射，皆其遺法也。嘗中毒矢入骨，以彊弩括取之，十指僅全四，不能動，刀痕箭瘢如刻畫。然知人善獎用，成閔、解元、王勝、王權、劉寶、岳超起行伍，秉將旄，皆其部曲云。解兵罷政，臥家凡十年，澹然自如，若未嘗有權位者。晚喜釋、老，自號清涼居士。

子彥直、彥質、彥古，皆以才見用。彥古戶部尚書。

彥直字子溫。生期年，以父任補右承奉郎，尋直祕閣。六歲，從世忠入見高宗，命作大字，卽拜命跪書「皇帝萬歲」四字。帝喜之，拊其背曰：「他日，令器也。」親解孝宗丱角之繻傅其首，賜金器、筆研、監書、鞍馬。年十二，賜三品服。

紹興十七年，中兩浙轉運司試。明年，登進士第，調太社令。二十一年，世忠薨，服除，秦檜素銜世忠不附和議，出彥直爲浙東安撫司主管機宜文字。檜死，拜光祿寺丞。二十九年，遷屯田員外郎兼權右曹郎官、工部侍郎。張浚都督江、淮軍馬，檄權計議軍事。督府罷，奉祠。

乾道二年，遷戶部郎官、主管左曹，總領淮東軍馬錢糧。會大軍倉給糧，徑乘小輿往察之，給米不如數，捕吏寘于理。初，代者以乏興罷，交承，爲緡錢僅二十萬，明年奏計乃四倍，且以其贏獻諸朝。帝嘉之。拜司農少卿，進直龍圖閣、江西轉運兼權知江州。

時朝廷還岳飛家貲產多在九江，歲久業數易主，吏緣爲姦。彥直搜剔隱匿，盡還岳氏。復爲司農少卿，總領湖北、京西軍馬錢糧，尋兼發運副使。會時相不樂，密啓換武，授利州觀察使、知襄陽府，充京西南路安撫使。

七年，授鄂州駐劄御前諸軍都統制。條奏軍中六事，乞備器械、增戰馬、革濫賞、厲奇功、選勇略、充親隨等，朝廷多從之。先是，軍中騎兵多不能步戰，彥直命騎士被甲徒行，日六十里，雖統制官亦令以身帥之，人人習於勞苦，馳騁如飛。事聞，詔令三衙、江上諸軍倣行之。

八年，丐歸文班，乃授左中奉大夫，充敷文閣待制、知台州。丐祠養親，提舉佑神觀、奉朝請。進對言：「頃自岳飛爲帥，身居鄂渚，遙領荆襄，田師中繼之，始分鄂渚爲二軍，乞復舊。」又乞併京西、湖北轉運爲一司，分官置司襄陽，可一事體，帝善之。遷刑部侍郎。

明年，兼工部侍郎，同列議：大辟三鞫之弗承，宜令以衆證就刑，欲修立爲令。彥直持不可，白丞相梁克家曰：「若是，則善類被誣，必多寃獄。且笞杖之刑，猶引伏方決，況人命至重乎？」議卒格。以議奪吳名世改正過名不當，降兩官。

會當遣使于金，在廷相顧莫肯先，帝親擇以往，聞命慨然就道。方入境，金使蒲察問接國書事，論難往復數十，蒲察理屈，因笑曰：「尙書能力爲主。」既至，幾罹禍者數，守節不屈，金卒禮遣之，帝嘉歎。遷吏部侍郎，尋權工部尙書，復中大夫，改工部尙書兼知臨安府。方控辭，以言罷，提舉太平興國宮，尋提舉佑神觀、奉朝請。

尋知漵州〔六〕，首捕巨猾王永年窮治之，杖徙他州。奏免民間積逋，以郡餘財代輸之，然以累欠內帑坊場錢不發，鐫一官。海寇出沒大洋劫掠，勢甚張，彥直授將領土豪等方略，不旬日，生禽賊首，海道爲清。樞密奏功，進敷文閣學士，以弟彥質爲兩浙轉運判官，引嫌易泉府。丐祠奉親，差提舉佑神觀，仍奉朝請，特令佩魚，示異數也。

入對，乞搜訪靖康以來死節之士，以勸忠義。又上薦舉乞選人已經關升、實歷六考、無贓私罪犯者，雜試以經術法律，限其員額，定其高下，俾孤寒者得以自達，定爲改官之制。又乞令州郡守臣任滿日，開具本州實在財賦數目，具公移與交代者，并達臺省，庶可覈實，以戢姦弊，帝悉嘉納。

淳熙十年夏旱，應詔言，邇者濫刑，爲致旱之由。明年，入對，論三衙皆所以拱扆宸居，而司馬乃遠在數百里外，乞令歸司。久之，再爲戶部尙書。會歲旱，乞廣糴爲先備。又乞追貶部曲曾誣陷岳飛者，以慰忠魂。以言降充敷文閣學士。帝追感世忠元勛，遣使諭彥直，且謂彥直有才力，言者誣之。彥直感泣奏謝。尋提舉萬壽觀，有疾，帝賜之藥。進顯謨閣學士、提舉萬壽觀。

嘗撫宋朝事，分爲類目，名水心鏡，爲書百六十七卷。禮部尙書尤袤修國史，白于朝，下取是書以進，光宗覽之，稱善。進龍圖閣學士、提舉萬壽觀，轉光祿大夫致仕。卒，特贈開府儀同三司，賜銀絹九百，爵至蘄春郡公。

論曰：古人有言：「天下安，注意相；天下危，注意將。」宋靖康、建炎之際，天下安危之機也，勇略忠義如韓世忠而爲將，是天以資宋之興復也。方兀朮渡江，惟世忠與之對陣，以閑暇示之。及劉豫廢，中原人心動搖，世忠請乘時進兵，此機何可失也？高宗惟姦檜之言是聽，使世忠不得盡展其才，和議成而宋事去矣。暮年退居行都，口不言兵，部曲舊將，不與相見，蓋懲岳飛之事也。昔漢文帝思頗、牧於前代，宋有世忠而不善用，惜哉！

校勘記

〔一〕進勇副尉　琬琰集上編卷三趙雄韓忠武王碑作「進武副尉」，按本書卷一六九職官志，進義副尉在進勇副尉之上、進武副尉之下；世忠以進義副尉轉官，不應反爲進勇副尉，疑以碑文爲是。

〔二〕三年　按上文方臘被俘事在宣和三年四月，見本書卷二二徽宗紀。此「三年」二字當移前。

〔三〕見世忠軍未至　按章穎宋南渡十將傳卷五韓世忠傳，此句無「未」字。琬琰集韓忠武王碑記此事作「黎明，見王所部止此，始悔之，而業已解甲，莫不相顧失色」。

〔四〕金人縱兵逼城　按琬琰集韓忠武王碑作「復自濟陽攻南京，虜縱兵逼城」。句上當有脫文。

〔五〕建炎二年　按韓世忠升定國軍承宣使，和高宗南逃揚州，都在建炎元年，見繫年要錄卷八、卷一〇。疑此處有誤。

〔六〕毆李民出　「李民」原作「平民」，琬琰集韓忠武王碑作「驅李民以出」；宋南渡十將傳卷五韓世忠傳作「跂李民出」。「平」字是「李」字之譌，據改。

〔七〕詰一軍之先退者皆斬左右懼　按繫年要錄卷一五、琬琰集韓忠武王碑都作「詰先退者一軍，皆斬左右趾以徇」。

〔八〕三年　按上文粘罕陷徐州，世忠潰於沭陽，本書卷二五高宗紀都繫於建炎三年正月，繫年要錄卷一九同。此「三年」二字當移前。

〔九〕武勝昭慶軍節度使　「勝」原作「寧」，據本書卷二五高宗紀、琬琰集韓忠武王碑改。

〔一〇〕檢校少師　「少師」原作「少保」，據本書卷二六高宗紀、琬琰集韓忠武王碑改。

〔一一〕三年　承上文此當指建炎三年。但下文所記諸事，據繫年要錄卷六三、北盟會編卷一五五，都在紹興三年，此處失書「紹興」紀元。

〔一二〕充淮南東西路宣撫使　按本書卷二七高宗紀、繫年要錄卷六三、琬琰集韓忠武王碑都無「西」字，疑衍。

〔一三〕淮東　原作「江東」，據繫年要錄卷七七、琬琰集韓忠武王碑改。

〔一四〕潭城　繫年要錄卷一三七、宋會要兵一四之三一都作「譚城」，北盟會編卷二〇四作「郯城」。

〔一五〕河南北諸路招討使　「南」字原脫，據繫年要錄卷一三六、琬琰集韓忠武王碑補。

〔一六〕濕州　按宋代無此州，據下文「海寇出沒大洋」語，疑是「溫州」之訛。